刘 培 / 著

出镜报道与
新闻主持

REPORTING ON CAMERA &
NEWS ANCHORING

第 2 版

中国人民大学出版社
· 北京 ·

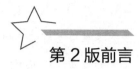

第2版前言

为了适应媒介融合发展的新趋势，国内高校新闻传播类专业普遍确立纵横交叉覆盖的"全媒体"教学思路，着力培养学生满足多种媒介工作需要的能力，越来越重视复合型人才的培养。这不仅要求学生具备系统的理论知识和实践技能，人文底蕴扎实、责任意识强烈，而且要求学生"口头、笔头、镜头、念头"等基本功都要过硬，以便能够胜任广播、电视、报刊、互联网、新媒体等媒介机构以及各级宣传部门宣传报道、编辑策划、拍摄制作等工作。

随着当今电视媒体、网络媒体、移动新媒体实践的发展，对优秀视频新闻记者的素质和能力提出了更高的要求——在新闻现场能够采访报道，回到演播室中能够主持、播报，除了能够完成客观新闻信息的采集报道，还要进行比较深入的分析和评论。记者的角色定位也由原来单一信息采集型转变为复合型——"到现场胜任记者，回演播室胜任主持人"。例如，白岩松、水均益、撒贝宁、董倩、劳春燕、鲁健、吴小莉、陈鲁豫等都是典型的代表。

近十年来，传统电台、报纸、通讯社等媒体已经基本完成了转型，实现了"新媒体化"，新华社、《人民日报》、《中国日报》等媒体在融媒体报道方面还走在了行业前列。新媒体报道、融媒体报道的核心内容是新闻报道"视听化"，这也使得出镜记者现场报道成为这些媒体的重要新闻报道方式，这些媒体培养和造就了一大批广电行业之外的出镜记者和新闻主持优秀人才。

随着社交媒体的快速发展和短视频时代的到来，信息采集和传播已经不再是专业媒体人的"专利"，普通网友既可以面对镜头进行新闻信息报道，也可以使用手机、相机、摄像机等各种设备对现场影像和声音进行记录和传播。新的媒介技术催生了新的媒介作品形态，网络直播、Vlog等成为典型的社交媒体新闻视频报道的类型。普通民众在视频新闻传播领域的广泛介入，使得媒介素养的提升成为公共需求，所有新闻信息内容的生产者、传播者都需要提高新闻素质，掌握必备的新闻采访和报道技能。只有这样，才能避免虚假新闻、新闻谣言、黄色新闻等的出现，确保此类新闻报道的质量。

与业界实践发展相适应，近年来，国内各高校的新闻学、传播学专业纷纷开设出镜报道和新闻主持方面的课程，意在提高学生视频新闻现场报道能力、镜前采访能力和新闻类节目的主持能力。这些课程都强调理论联系实践，强调实用性，培养应用型人才，普遍立足于视频新闻报道与主持的实践基础，顺应全媒体融合发展的时代潮流，在介绍视频新闻现场报道的基本理论的基础上，从出镜记者新闻现场报道训练入手，着重以出镜记者新闻现场报道业务实践的角度，介绍出镜记者现场采访、报道的一般方法和技巧，介绍出镜记者素质、能力、风格的锻造内容和方法，探究视频新闻节目主持理论及实践方法。在此基础上，组织学生进行有针对性的专项实务训练，最终使学生具备在镜头前进行新闻报道的能力，同时培养学生具备一定的新闻播报与节目主持能力。

《出镜报道与新闻主持》是顺应媒体发展需要、概括学界研究成果、结合多年教学实践编写的一本教材。第2版将出镜报道和新闻节目主持有机结合，具体内容如下：第一章明确出镜记者的概念界定，阐释其地位、作用和意义，简要介绍视频新闻现场报道在国内外的发展情况；第二章介绍出镜记者与视频新闻现场报道的关系，分析出镜记者现场报道的具体分类和实践方法，提出了出镜记者现场报道的一般方法和技巧；第三章着重从新闻采访的角度阐述出镜记者工作的可能性和可行性；第四章着重研究出镜记者采访、报道的影像表达，从静态、动态、体态语等方面讲解出镜报道影像的创作方法；第五章介绍新技术在视频新闻采集制作、出镜记者现场报道领域的运用；第六章重点阐述视频新闻节目主持人语言表达的基本技巧和创作理念；第七章具体研究视频新闻评论类节目的主持方法，对视频新闻评论的分类、新闻主持人承担的任务做了详细研究；第八章具体研究视频新闻直播类节目的主持理念和方法；第九章综合介绍出镜报道、节目主持具有共性的素质要求和能力培养策略；第十章对近年来典型的出镜报道和新闻主持案例进行重点研究和深入分析，从中得出有价值的理论观念和实践方法。

《出镜报道与新闻主持》以培养"能主持的记者，能采访的主持人"为目标，以此为主纵线，阐述出镜记者现场报道与新闻节目主持的基本理论、技巧与方法，以案例分析、专项实训等内容为横线，纵横结合，保证教材的理论性、实用性、趣味性有机结合。本教材以应用为目的，坚持理论适度超前、能力与行业同步、强化实训内容，在介绍基本概念、基本理论的基础上，梳理出理论框架，制定出针对性强化训练，把理论知识和实践技能有机结合起来。

本教材在理论上具有一定的创新性，对于现有的研究成果，既有借鉴，又有修正、完善、提高。现有的、为数不多的研究成果，通常是将记者出镜报道和节目主持分开论述的。本教材将这两部分内容综合起来论述，将两者作为当今和未来新闻专业人才培养的同等重要内容并置。本教材中论述的"新闻主持"，即时效性较强的纪实类节目的主持。在新闻纪实类节目中，纯粹的"新闻播音员"正在迅速被兼具出镜采访报道和演播室主持能力的复合型媒体人才取代。顺应业界需要，本教材将记者出镜报道与新闻主持有机结合起来，着重培养兼具"出镜报道"和"节目主持"能力的新型传媒人才。

此外，本教材将传统的"电视新闻"概念更新为"视频新闻"。这样一来，不仅能够涵盖传统的电视媒体出镜报道和新闻主持，也能够将各种网络新闻媒体、新媒体、自媒体中的出镜报道和新闻主持囊括其中，其研究领域更加宽广，研究范围更为扩大，科学性、学术性也得到了提升。

在本书的编写过程中，借鉴和参考了多位专家学者的相关专著、论文成果，大量搜集和剖析了国内外多家媒体机构的新闻报道实践案例，在此对各位学术成果的研究者、实践成果的创作者一并表示衷心的感谢！

这本书能够面世，得到了诸多方面的关怀。特别感谢中国人民大学出版社人文分社总编辑、本书策划编辑翟江虹女士的信任支持和鼎力相助，特别感谢本书责任编辑汤慧芸女士的精益求精和专业高效。

视听媒体一直处于快速的发展变化之中，故而本书涉及的内容需要不断与时俱进、持续更新。若书中存在不足或不当之处，恳请各位业界、学界专家不吝赐教、多多斧正！

2024 年 3 月

于北京

目 录

CONTENTS

第一章

出镜报道
与视频新闻传播

【学习要点】

◇ 本章介绍了中外出镜记者现场报道的发展和演变过程，出镜记者现场报道已经成为当今主流视频新闻媒体主要的新闻报道方式之一。

◇ 出镜记者是在新闻事件及其相关现场，出现在镜头画面中，以观察、体验、调查等方式，运用有声语言和非语言符号进行采访、报道或评论的视频新闻记者。

◇ 出镜记者与外景主持人、记者型主持人在工作内容、工作状态方面有相似之处，但是，他们之间也有本质的区别。

◇ 出镜记者现场报道可以形成视听媒体新闻报道的特有形式；借助人际传播的方式，实现大众传播的目的；可以增强新闻报道的现场感、真实感；提高新闻报道的时效性；现场新闻信息报道与即时评论相结合，传播媒体观点，引导公众舆论；有利于视听媒体培养和推出名记者；可以成为视频新闻直播化的重要基石和前提条件。

◇ 出镜记者在视频新闻报道中可以发挥多种积极作用，如激活新闻现场，挖掘新闻真相，寻找关键细节并搜集摄像机不能直接记录的信息。出镜记者要善于故事化表达、调动所有感官参与新闻采访和报道，而且能够与演播室播音员、节目主持人实时交流。

出镜报道是指在视频新闻报道过程中，记者直接出现在镜头画面中，对新闻人物进行采访，对新闻事件进行调查，对新闻信息进行采集、叙述和评论，是视频新闻媒体特有的新闻报道方式。出镜报道可以进行录播，也可以进行现场直播。出镜报道可以有效地增强新闻报道的现场感和真实性，现场直播与录播相比，效果更佳。

第一节 ‖ 出镜报道的发展和演变

由于受到科学技术条件的限制，世界各国的视频出镜报道都经历了由录播为主到直播为主的发展过程，以实现新闻时效性、真实性、现场感的最大化。

一 ‖ 以美国为代表的外国媒体出镜报道的发展和演变

在世界范围内，电视的诞生晚于广播。在电视发展初期，其节目形态、理念和创作方法在很多方面都模仿和借鉴了广播节目。广播中的记者现场报道可以追溯到 1940 年，美国著名广播记者爱德华·默罗（Edward Roscoe Murrow）在《这里是伦敦》（This Is London）节目中使用了现场报道的方法。爱德华·默罗后来成为著名的电视新闻主持人，先后主持《现在请看》（See It Now）、《面对面》（Person to Person）等节目。他不仅被认为是"现场报道的开山鼻祖"，还被称为广播记者的一代宗师，是电视新闻记者和主持人的先驱。

20 世纪 60 年代之后，科学技术的发展为电视新闻报道和传播提供了新的可能，电子新闻采集（ENG）系统可以使记者在新闻现场方便、快捷地采集新闻信息，通信卫星使得电视新闻可以在更广泛的范围内直播。

1963 年 11 月 22 日，美国总统肯尼迪被刺杀。11 月 24 日，刺杀肯尼迪的凶手李·哈维·奥斯瓦尔德（Lee Harvey Oswald）在被达拉斯警察押送去监狱的途中，被突然冲出的夜总会老板杰克·鲁比（Jack Ruby）近距离射杀。正在现场报道的美国哥伦比亚广播公司（CBS）记者丹·拉瑟（Dan Rather）在事先毫无准备的情况下，直接对着镜头向电视观众报道了事件的经过，并且通过卫星做了实况转播。丹·拉瑟由此成名，后来逐渐成长为世界知名的电视新闻记者和主持人。由这次直播事件开始，电视出镜报道越来越受到大家的认可和欢迎，这次直播也成为电视出镜报道正式诞生的标志。

1968 年开始，美国哥伦比亚广播公司开始播出新闻杂志节目《60 分钟》（60 Minutes）。该栏目主动采用出镜记者现场报道的形式，并且充分发挥了这种报道方式的优势。《60 分钟》的栏目理念是通过深入挖掘，探讨重大社会背景下的重大社会问题。所以在整体定位上，这是一档严肃的新闻杂志栏目。《60 分钟》由几个板块组成，其基本模式如下：新闻主持人在开始阶段作为向导展开新闻报道，然后出镜记者再带领观众一起进行调查、对话，其中多有矛盾、冲突和悬念。《60 分钟》的这种节目构成模式在随后的几十年里都没有明显变化。《60 分钟》推动了调查报道的发展，培养和造就了迈克·华莱士（Mike Wallace）、莫利·塞弗（Morley Safer）、丹·拉瑟等一批出色的出镜记者。

　　1980 年 6 月 1 日，美国有线电视新闻网（CNN）创立，这是世界上第一个 24 小时全天候播出的全新闻频道。CNN 在电视新闻领域的努力，使其逐渐成为"世界新闻领袖"，在世界电视新闻发展史中，占有重要的地位。CNN 开创了电视新闻的崭新时代，现场报道成为其标志性的报道方法。

【案例】 CNN 记者报道第一次海湾战争的开始

　　1991 年 1 月 16 日格林尼治标准时间 23 时 35 分海湾战争爆发。CNN 的三名记者彼得·阿奈特（Peter Arnett）、约翰·霍利曼（John Holliman）、博纳德·肖（Bernard Shaw）（见图 1-1）在伊拉克巴格达希德酒店的房间报道了第一次海湾战争开始的新闻。博纳德·肖报道了轰炸开始的历史时刻："我是博纳德·肖，现在外面正有情况在发生……彼得·阿奈特和我一起在这儿。让我们来给我们的观众描述我们正在看到的情况……巴格达的天空已经被照亮……我们看到满天都是爆炸的闪光。"[1]博纳德·肖躲在桌子下面报道了巡航导弹飞过其宾馆房间窗户的信息，他因为自己现场报道的话语而被人们记住——"诚然我从来没有去过地狱，但是，这种感觉就像我们现在就在地狱的中心。"[2]尽管在战争开始时，CNN 不能将现场画面和记者报道的声音同步直播，但是，来自现场报道的声音已经足以吸引全世界电视观众的注意。

图 1-1　报道第一次海湾战争的 CNN 三名记者彼得·阿奈特、

约翰·霍利曼、博纳德·肖（自左向右）

---

　　① 转引自维基百科网 CNN 词条，网址为 https：//en. wikipedia. org/wiki/CNN#Gulf _ War。

　　② Al-Shibeeb D. 海湾战争中最著名的 21 张面孔（Top 21 faces of the Gulf War）. 阿拉伯新闻报（Al Arabiya News）. （2015－08－14）［2024－04－21］. http：//english. alarabiya. net/en/perspective/features/2015/08/14/Top-21-faces-of-the-Gulf-War. html。

在第一次海湾战争的新闻报道中，记者现场报道成为基本的报道方式，身处海湾战争现场的记者出镜对最新的新闻信息进行录播报道或直播报道，并对新闻信息进行分析和评论。出镜记者和新闻主持人成为 CNN 电视新闻现场报道中屏幕形象构成的重要两极。第一次海湾战争的电视新闻现场报道使得 CNN 第一次在新闻报道领域的影响力超越美国广播公司（ABC）、美国全国广播公司（NBC）、CBS 三大电视网，并且誉满全球，一举成为全世界最有影响力的电视新闻媒体之一，其节目样态和运营方式被世界多个国家的电视媒体模仿和借鉴，具有一定的样板和标杆意义。

2003 年 3 月 20 日，以美国为首的多国部队发动第二次海湾战争。这次战争为 CNN 进行电视新闻直播报道提供了舞台，CNN 的多路记者随着美军战机、战舰、战车的活动进行采访报道，并且采用现场直播的方式予以传播。观众第一次在电视屏幕中看到了"直播中的战争"，残酷的战争就像一场游戏或者体育竞技节目一样在电视上展开，战场和各种外交场合成了相关美伊军队、政治家、军事家等角力和博弈的真人秀场，电视新闻报道也更像是一场现实版的戏剧演出。

2010 年以来，世界各大电视新闻媒体如英国广播公司（BBC）、CNN、福克斯广播公司（FOX）、日本放送协会（NHK）等已经实现了电视新闻直播的常态化，即不仅仅是对重大新闻进行现场直播，对日常的新闻报道也主要采用直播的模式进行。优秀的出镜记者成为这些电视媒体在新闻现场采访报道的重要基础，在当代电视新闻报道当中，出镜记者现场报道的表现直接决定了其所在媒体的新闻报道水平，进而决定了该媒体在观众心目当中的地位和影响力。

三 ▮▮ 中国媒体出镜报道的发展和演变

中国的出镜记者比西方国家晚了二十余年，在其出现之后，随着新闻报道理念和方式的进步，也相应经历了一些发展和变化。

在电视新闻以录播为主的时代，我国电视新闻报道中较少出现出镜报道这种形式，也没有"出镜记者"这个专用词汇。以中央电视台为例，20 世纪 90 年代之前，各个新闻节目组中只有少数记者具有出镜报道的资格，他们要像播音员一样，事先经过相关出镜资格审查委员会的审核，才能获得出镜报道的资质。即便获得出镜报道的机会，在当时的新闻报道理念指导下，他们在进行出镜报道时，也不能做较多的即兴表达和评论。语言的严谨规整、表达的流畅清晰、观点的正确无误都是当时出镜报道的重要原则。在实践操作过程中，站在新闻现场，面对摄像机镜头一遍一遍地反复播读或背诵事先组织好的文稿内容，完成录制，再一遍一遍回放审看，直至确认无误，成为当时出镜记者出镜报道的工作常态。

中国的电视新闻出镜报道最早出现在 20 世纪 70 年代末期，时任中央电视台《新闻联播》播音员的邢质斌，跟随报道当时的党和国家领导人对朝鲜、欧洲等地的出访活动。邢质斌在出访活动进行的机场、领导人驻地、会见场所等新闻现场，固定站立，面向镜头播读事先准备好的新闻导语。邢质斌可以被称作中国最早的出镜记者之一。

1980 年 7 月 12 日，中央电视台《观察与思考》栏目开始播出，首播节目是《北京居民为什么吃菜难》，播音员出身的庞啸以记者的身份采访北京居民，除了报道新闻信息，还对其做了相应的评述。庞啸开创了中国电视记者出镜报道的先河，甚至这次出镜报道被认为是中国第一次真正意义上的记者出镜报道。这一阶段的出镜记者通常由播音员转变而来，或者由播音员兼任，外在形象、声音条件、语音语貌在其素质构成中占有较重要的地位。

1993 年，中央电视台成立新闻评论部，开播新闻板块类节目《东方时空》，其中的《焦点时刻》板块和随后推出的《焦点访谈》栏目较多使用记者出镜采访、报道的方式，使得白岩松、赵微、肖晓琳等一批记者从幕后走到镜前，开始为观众所熟知。

1996 年 5 月 17 日，中央电视台推出"中国第一新闻深度报道栏目"——《新闻调查》。在《新闻调查》栏目设立之初，就设置了专门的出镜记者岗位，负责新闻人物专访、外景访问和串联词播读等出镜报道活动。每一个新闻报道小组的基本人员配置有 6 人，包括出镜记者、编导、助理编导、录音师各 1 人，还有摄影师 2 人（采用双机拍摄的方式）。编导通常不兼任出镜记者，而是负责策划、统筹、编辑整个新闻节目，协调指挥和调度整个报道小组。《新闻调查》栏目的成功，培养和造就了白岩松、敬一丹、王志等一大批电视出镜记者，他们大部分最终成功转型为新闻节目主持人。由于央视节目的示范效应，全国各级电视台在 20 世纪 90 年代纷纷推出或改版新闻评论类节目，如北京电视台的《今日话题》、上海电视台的《新闻透视》等等，记者出镜采访和报道也成为新闻评论类节目的基本报道方法。

1997 年，中央电视台相继完成"柯受良飞越黄河""黄河小浪底截流""香港回归""长江三峡大江截流"四大新闻现场直播，使得该年度被称作中国电视史上的现场直播年。在这些活动的直播过程中，央视都在新闻现场派驻了多路出镜记者进行采访和报道。尽管在实际直播过程中，由于经验和能力的欠缺，出现了一些纰漏和失误，但是瑕不掩瑜，这些大型直播活动确实锻炼了队伍、积累了经验，为中国电视新闻直播化奠定了重要的基础。

2003 年，中央电视台开播新闻频道，提出建设世界级大台的目标，"新闻立台"成为其重要内容。在不断加强调查报道、体验报道、新闻评论、电视新闻直播化的过程中，出镜记者现场报道的作用显得越来越重要。2007 年，中央电视台开始大力发展电视新闻现场报道，取消了台级出镜委员会对记者出镜的审查制度，鼓励各个新闻栏目的记者出镜进行新闻现场报道。经过实践当中的磨炼、检验和淘汰，一批年轻的、优秀的出镜记者逐渐涌现出来。

以 2008 年汶川地震、北京奥运会和 2009 年国庆六十周年为报道契机，我国各级电视台培养和造就了一大批出镜记者，如张泉灵、李小萌、欧阳夏丹、何润锋、李森等。他们中的许多人成为观众耳熟能详的名记者、名主持人，他们和传统的播音员、主持人一样，成为当时各自所属电视台的标志性"面孔"。

互联网在中国发展初期，由于受到带宽和影像采集压缩等技术条件的限制，网络新闻报道主要以文字、图片形式为主。2006 年以后，视频在网络传播中的作用逐渐凸显，视频新闻在网络新闻报道和传播中所占的比重快速增加，新闻视频影像的质量逐步由标清到高清甚至是超高清，其在社会上的影响力越来越大。近年来，面临发展困境的传统报业加速推进融合媒体发展，纷纷将自己的发展重心转移到网络平台和新媒体平台，在保持自身文字、图片的传统优势的基础上，大量增加视频新闻内容，并积极探索互动新闻模式，借助日新月异的互联网科技，不断提升自身的新闻报道水平，实现了涅槃和升级。人民网、新华网、光明网、千龙新闻网、中新网、中青网等都增加了视频新闻报道，甚至开设了专门的新闻视频频道。"青出于蓝而胜于蓝"，站在电视巨人的肩膀上，网络视频新闻报道一开始就汲取了电视新闻报道的各种先进经验和方法，出镜记者现场报道成为其基本报道方式。短短几年，娱乐新闻报道的主阵地已经被网络视频新闻占领。尽管在现行新闻管理体制下，以时政新闻为主的"硬新闻"主阵地依然由传统媒体占据，但是网络新闻媒体和各种新媒体的传播能力和传播效果着实令人瞩目。

2016 年被称作"中国短视频元年"，在这一年，短视频行业开始爆发式发展，以抖音、快手为代表的短视频平台强势崛起，视频网站传播内容中短视频也成为不可或缺的部分。短视频发展的开始阶段以 UGC（user-generated content，普通用户生产内容）

短视频为主，主打娱乐、休闲内容，随着其快速兴起，越来越多的专业人士涌入短视频创作领域，大批的 MCN（multi-channel network，多频道网络）机构应运而生，PGC（professionally-generated content，专业人士生产内容）短视频、OGC（occupationally-generated content，职业化生产内容）短视频逐渐成为头部短视频的主要来源。随着商业短视频平台影响力越来越大，各种专业媒体、社会机构纷纷在抖音、快手等平台开设账号，采用新的方式进行新闻报道、信息分享，如"央视新闻""小央视频"等，以"非新闻的方式报道新闻"逐渐成为新闻信息传播的重要方式。

2016 年 11 月 3 日，以新闻资讯类短视频为主要传播内容的商业短视频平台"梨视频"上线，其创办人为原上海"澎湃新闻"的负责人邱兵。"梨视频"以专业的策划、编辑团队结合世界各地的拍客，形成自己独特的短视频生产方式。大量拍客在新闻事件现场出镜报道，为用户提供大量的社会新闻资讯。2019 年 11 月 20 日，中央广播电视总台推出"央视频"（China Media Group Mobile），该平台是在 5G＋4K/8K＋AI 等新技术基础上推出的综合性视听新媒体旗舰平台，也是中国首个国家级 5G 新媒体平台，致力于打造主流媒体中首个"有品质的视频社交媒体"，为用户带来全新视听体验。"央视频"成为一个海量新闻资讯的传播平台，不仅引入了所有央视在播主流频道的节目，还开设了众多新的账号或专栏，同时聚合了众多媒体单位的视频账号，其中，调查报道、体验报道、介入报道、视频直播等占据相当大的比例，大量出镜记者、视频博主、UP 主等通过出镜方式完成自己的报道任务。中央广播电视总台、新华社、《人民日报》等各大主流媒体逐渐不再满足于依赖商业视频、短视频平台进行自己原创视频内容的传播，纷纷加大投入，努力做大做强自己的"两微一端"（微信、微博、App 客户端），在新媒体领域持续发力，力争继续掌握新闻报道和社会舆论的重要话语权。

2020 年 1 月 22 日腾讯公司推出"微信视频号"，利用微信"国民应用"广为普及的用户基础，发挥其强关系、高关注度等优势，通过朋友圈推送、转发等方式形成"病毒式传播"，在原有微信图文传播的基础上，拓展了短视频传播能力。如今，"微信视频号"已经成为广大社会机构、企事业单位、群众团体、公民个人进行资讯类短视频传播的重要平台。

随着"两微一端"、短视频平台、视频号等在新闻传播领域的作用日益凸显，机构媒体在新闻传播领域的地位也日渐提高，各种社会机构、企事业单位等不必依赖专业媒体，就可以发出自己的声音，推送自己的新闻资讯短视频，塑造自己的媒介形象，维护自己的机构利益。专业媒体、机构媒体、自媒体等在中国新闻传播领域各领风骚，共同构建形成了我国新闻传播的当代格局。

要 领

出镜报道的缘起与发展

新闻现场报道经历了由"广播—电视—网络"的发展历程，由最初的现场"声音"报道发展到后来的现场"出镜"报道，主要有现场"录播"报道和现场"直播"报道两种形式。在视频新闻报道直播化的大趋势下，出镜记者现场报道成为其重要的基础。在媒介融合发展的大背景下，各种新闻媒体都在大力发展视频新闻报道，出镜记者现场报道成为各种媒体报道新闻的基本方式。

第二节 出镜记者的界定

出镜记者和出镜报道、现场报道紧密相关，不同的学者对其有大同小异的阐释。按照不同的分类标准，出镜记者可以分成不同的类型。出镜记者和外景主持人、记者型主持人的工作方式、工作内容有相似之处，在实际工作中，这几种身份之间还可以相互转化。

一 出镜记者的概念

"出镜记者"一词是个舶来品，在《辞海》《现代汉语词典》中，至今也没有一个明确的解释。出镜记者在英文资料当中是"on-camera correspondent and reporter"，是指在新闻事件现场，在摄影镜头的记录状态下，运用有声语言和非语言符号进行新闻信息采集和报道的通讯员和记者。他们往往身处与新闻媒体机构有一定空间距离的新闻现场，他们不仅可以对新闻现场的各种客观情况进行报道，还可以根据自己的采访和观察，适当发表自己的观点和评论。在英国，"correspondent"通常指在某一领域具有专长的报道者，而"reporter"则一般指没有特定领域专业知识、技能专长而被新闻编辑部指派去进行新闻采访报道的记者。在我国，人们通常所说的"出镜记者"概念则比较综合，将上述两者都涵盖其中。

关于"出镜记者"，目前学界、业界还没有统一的认识。中国传媒大学教授朱羽君和中国人民大学教授雷蔚真认为，"出镜记者是指在电视采访中出现在镜头里的记者和主持人"[①]。中国传媒大学宋晓阳老师认为，"出镜记者是指在新闻现场，在镜头中从事信息传达、人物采访、事件评论的电视记者和新闻节目主持人（新闻主播）的总称"[②]。中国人民大学高贵武教授在其专著和论文中更加认同"出镜报道"概念，而对"出镜记者"概念则未有明确界定，他认为："凡是报道者以个人身份出现在常规演播室以外的场景中面对镜头、面对观众所做的报道均属出镜报道，即由报道者个人在常规演播室之外面对镜头所做的报道即为电视出镜报道。出镜报道的主体不仅限于记者，而且覆盖播音员、主持人等所有报道者，报道的范畴也不仅限于播报、提问和采访，而且包括现场发现、背景梳理及相关的观察与评论，报道者所处环境则包括演播室（包括外景演播室）以外的所有环境，可以是新闻事件的发生现场，也可以是与新闻报道相关的其他场景。"[③]

我们认为，出镜记者是在新闻事件及其相关现场，出现在镜头画面中，以观察、体验、调查等方式，运用有声语言和非语言符号进行采访、报道或评论的视频新闻记者。

概　念

出镜记者

出镜记者是在新闻事件及其相关现场，出现在镜头画面中，以观察、体验、调查等方式，运用有声语言和非语言符号进行采访、报道或评论的视频新闻记者。

上述关于出镜记者的定义包含以下几个要点：

（一）记者出镜必须要有新闻现场

这里所说的新闻现场可以是新闻事件发生发展的第一现场，如爆炸、火灾等现场，也可以是和新闻事件直接相关的第二现场，如相关新闻发布会、相关政府机构所在地等。新闻现场是出镜记者进行报道的必要条件，可以提供丰富的"场信息"。"无现场，不出镜。"如果没有具体的时空环境，也就失去了记者出镜报道的意义。从这个角度来

---

① 朱羽君，雷蔚真. 电视采访学. 北京：中国人民大学出版社，1999：13.
② 宋晓阳. 出镜记者现场报道指南. 北京：中国广播电视出版社，2008：29.
③ 高贵武，张紫赟，张瑾. 中国电视新闻出镜报道的样态及其演变. 新闻记者，2012（2）：79-82.

说，事件性新闻报道因为时间、空间元素具体明确，更加适合采用出镜记者现场报道的方式，而抽象的概念性、综述性新闻报道（如经济新闻等）由于缺乏具有标识性的具体时空环境，因此比较难发挥记者出镜报道的优势。

（二）记者必须"出镜"

与文字记者、摄影记者、节目编导等不同，出镜记者从幕后走向台前，其采访、报道的活动过程会被摄影机记录下来呈现给观众。出镜记者通常要有意识地引导摄影机进行有重点的拍摄，摄影机可以客观记录出镜记者的采访活动，出镜记者也可以直接面对摄影机进行叙述、报告和评论。摄影机镜头仿佛是"观众的眼睛"，越来越多的出镜记者注意到与镜头互动等于是和观众互动，明确的"对象感"直接影响到出镜记者的话语方式和报道内容。

（三）运用有声语言和非语言符号进行新闻报道

有声语言是出镜记者新闻报道的主要工具，它既包括出镜记者直接面对镜头进行叙述、播读和评论，也包括记者在现场的采访提问，以及其他与采访对象、与观众交流的声音内容。默片哑剧式的出镜记者现场报道，是难以想象的。非语言符号也是出镜记者进行新闻报道的必要手段，出镜记者不仅要口齿伶俐，还要具有一定的镜前表演展示的素质和能力，能够充分运用自己的肢体语言、表情神态、行为动作、穿着打扮以及与新闻有关的器物道具来补充、完善新闻信息，丰富自己的报道手段，加强最终的报道效果。对各种视听元素的综合运用，是出镜记者区别于其他类型的记者进行新闻报道的基本特征。

要　领

出镜记者的基本特征

出镜记者进行新闻报道必须要有新闻现场，新闻现场是出镜记者进行报道的必要条件，可以提供丰富的"场信息"。"无现场，不出镜。"如果没有具体的时空环境，也就失去了记者出镜报道的意义。

出镜记者进行新闻报道必须要"出镜"，直接面对摄影机进行叙述、报告和评论，出镜记者与镜头互动等于是和观众互动，明确的"对象感"直接影响到出镜记者的话语方式和报道内容。

出镜记者进行新闻报道的主要工具是有声语言，非语言符号是其报道新闻的另一种重要手段。综合运用各种视听元素报道新闻，是出镜记者区别于其他类型记者的基本特征。

三 ∥ **出镜记者的分类**

　　从工作职责属性来看，出镜记者有"专职出镜记者"和"非专职出镜记者"之分。

　　专职出镜记者是视频新闻报道发展到一定阶段的产物，通常在比较大型的新闻片、专题片、纪录片中出现。在节目组中会专门设置出镜记者的岗位，其职责主要是通过自己在镜头前的活动完成采访报道任务。专职出镜记者和策划、编导、摄影、录音等岗位的工作人员共同合作，在编导中心制的工作体制中，其主要完成新闻采访报道的画面呈现，并不决定和主导选题和报道方向。专职出镜记者的确定通常需要经过一定的遴选和审批程序，对出镜记者的外形条件、语言表达能力、新闻素养等都会有所考量。

　　非专职出镜记者又可以称作"自主出镜记者"，通常由文字记者、编导或其他工种的工作人员临时担任。这种出镜记者在消息类新闻报道中比较多见，主要考虑的是保证新闻报道的时效性和现场感。这种出镜报道方式不仅能够节约成本，还可以提高新闻报道工作效率，在一些网络视频直播中运用得更为普遍。当然，"自拍"永远取代不了专业摄影师的"他拍"，便携摄影器材无法与高端专业摄影机相提并论。出镜记者"自拍"和专业摄影师"他拍"还是有不小的差距。在条件允许的情况下，新闻报道各个工种还是各司其职、强强联合会更好，可以完成新闻报道的高端制作。

　　在消息类新闻报道中，新闻记者经常身兼数职，采访、拍摄、写稿、编辑、评论、出镜多管齐下，小型摄影机、自拍杆等技术装备的出现，使得全能型记者独立完成新闻报道任务成为可能。随着手机、GoPro（美国运动相机厂商）、大疆灵眸、大疆如影等便携摄影器材的影像品质快速提升，随着移动网络传输速度的迅速提高，结合自拍杆、手持稳定器等设备，出镜记者完全可以独立完成现场报道的采访和拍摄任务（见图1-2）。

图1-2　央视新闻《大国外交最前线》记者使用自拍杆、手机和稳定器完成报道

根据工作内容、工作任务的不同，出镜记者大体可以分为两大类：一是"现场报道出镜记者"，主要是在新闻现场出镜采访和报道新闻信息，在消息类新闻报道、调查类新闻报道、新闻直播类新闻报道中较多出现；二是"人物专访出镜记者"，是在深度访谈报道节目中专门出镜与采访对象对话的记者，如央视《面对面》中的出镜记者。这种出镜记者需要拥有良好的文化素养，专访之前需要做大量的资料搜集和知识储备工作，其学识修养、采访提问水平直接影响到采访对象的反馈和回应，进而决定着此类专访节目的最终质量。

在实际工作实践中，和出镜记者工作方式、工作任务有诸多相似点的工种有外景主持人、记者型主持人，但是，他们相互之间又有比较本质的区别，需要我们一一厘清。

要　领

出镜记者的分类

从工作职责属性来看，出镜记者有"专职出镜记者"和"非专职出镜记者"之分。

根据工作内容、工作任务的不同，出镜记者还可以被分为另外两大类，一是"现场报道出镜记者"，二是"人物专访出镜记者"。

三 出镜记者与外景主持人

外景主持人是相对于演播室主持人而言的，是指身处事件发生发展的实际场景，进行采访、报道和主持的媒体工作者。外景主持不仅仅是形式上主持人由"演播室"来到"外景"，其工作内容和工作方法也会发生一些相应的变化。外景主持人在工作场景、工作内容、工作状态方面和出镜记者有诸多相似之处。

（一）工作场景相似

出镜记者和外景主持人都是身处"现场"——真实的自然环境或社会场所，他们周围是正在发生发展的事件，和他们接触的是真实鲜活的各种人物。现场包含着丰富的场信息，需要出镜记者或外景主持人去采集和传播。出镜记者和外景主持人的工作场景通常在"户外"，这与"演播室""殿堂楼宇"等场所形成了鲜明对比，这也使得他们往往显得更加接近现实生活。

（二）工作内容相似

出镜记者和外景主持人在现场工作的内容主要都是两项——采访和报道。

采访是出镜记者和外景主持人工作的一极，他们都要在现场采访各种与内容主题相关的人物，提出各种问题，求得相关答案向观众展示。采访包括有计划、有准备的专访，可以获得比较深入和全面的信息，也包括随机的、即兴的采访，经常可以获得出乎预料的结果，使节目内容和主题得到开拓和延展。

报道是出镜记者和外景主持人工作的另一极，这里所说的报道是指他们面向摄影机镜头进行叙述、播读和报告。有声语言成为出镜记者和外景主持人完成工作任务的主要工具。

（三）工作状态相似

出镜记者和外景主持人都要在摄影机镜头前进行采访和报道，也就是都要"出镜"。

除了运用有声语言，对现场的各种情况进行描述，他们还需要运用各种非语言符号，如肢体动作、表情神态、道具等等，辅助和加强自己的内容表达，丰富自己的视听表现，以求更好地实现传播目的。因此，出镜记者和外景主持人都要求有良好的声音条件、优秀的语言表达能力，特别是即兴语言表达能力。出镜记者和外景主持人都要求有较好的外形条件，即便不是帅哥靓女，也一定要具有亲和力，比较容易获得广大观众的接受和认可。

出镜记者和外景主持人在着装上都要与所处的现场环境相契合，由于大多数情况下是在户外进行报道或主持，所以，他们的着装通常比较生活化，夹克、休闲西服、牛仔裤、T恤衫等是他们最常穿着的服装。化妆方面，出镜记者和外景主持人通常只是施以淡妆，追求自然和本真，避免夸张和矫饰。

由于出镜记者和外景主持人在诸多方面具有相似之处，所以，有人会将两者混为一谈，认为"出镜记者"就是"外景主持人"[①]。事实上，出镜记者和外景主持人还是有比较本质的区别的，其工作任务、适用节目类型存在明显差别。

出镜记者和外景主持人是分工细化后出现的不同职业角色。出镜记者的具体工作

---

① 薛宝海．"出镜记者"就是"外景主持人"．（2008－12－01）［2024－04－09］．http://media.people.com.cn/GB/40606/8440529.html.

以新闻采访、报道为主，主要出现在新闻节目当中。外景主持人的主要工作以整个节目的串联、贯穿为主，除了应用于新闻栏目，更多地应用于旅游类、生活服务类、体育或文艺直播类节目中。

要　领

外景主持人与出镜记者的异同

外景主持人和出镜记者有诸多相似之处，如：工作场景相似，都是身处外景、现场；工作内容相似，主要完成采访、报道，工作状态相似，都要"出镜"。

外景主持人和出镜记者有本质的差异，如：出镜记者的具体工作以新闻采访、报道为主，主要出现在新闻节目当中；外景主持人的主要工作以整个节目的串联、贯穿为主，更多地应用于旅游类、生活服务类、体育或文艺直播类节目中。

四 ‖ 出镜记者与记者型主持人

传统上，中国主持人的首要素质是声音条件，如语音语貌、语言表达能力，其次是外形条件，即是否长得漂亮、俊朗。一直以来，"主持人"是和"播音员"作为同一类型的人才进行选拔和培养的，"播音主持"也成为我国高等院校培养相关人才的通用专业名称。

20世纪90年代开始，中国电视新闻报道飞速发展，国外电视媒体先进的新闻节目形态、新闻报道方法被大量引进，新闻报道的各工种之间开始细分，策划、编辑、文字记者、摄影记者、出镜记者、录音师、播音员（配音员）、主持人、后期制作和技术保障人员各司其职，更加专业化，大大提高了新闻报道的质量和工作效率。为了保证各工种之间良好的协调配合，以及基于实现人力资源效益最大化的现实考虑，各个工作岗位都要求自己的工作者具备一定的综合素质和复合工作能力，也就是人们常说的"一专多能"，其中最有代表性的岗位就是新闻节目的记者和主持人。

传统意义上，中国新闻记者的培养是以文字能力训练为核心的，对于大多数新闻记者来说，其文字语言运用水平远高于自己的口头语言、镜头语言运用水平。他们更习惯于在幕后"激扬文字"或"妙笔生花"，在采访结束后，经过整理、思考和沉淀，精准地报道新闻信息，发表深刻的观点和新闻评论。相对而言，直接面对镜头进行即时性的采访和报道，对于记者的新闻素质、思维和语言表达能力、视听语言运用能力都提出了更高的要求。优秀的出镜记者已经具备了成为新闻节目主持人的必要条件。

20世纪80年代，中国电视新闻节目中开始出现与"播音员"不同的岗位名称——"主持人"。尽管称谓不同，但是，初期的新闻节目主持人大多由播音员转任或兼任，其工作方式基本上还是"照本宣科"，按照编导或策划事先写好的文稿来表达。尽管其样态由"播报"转变为"话说"，但是，其"传声筒"的本质并没有得到真正的改变。这样的主持人曾被观众和业界专家广为诟病，认为他们在主观和客观两个方面都缺乏自我提升的动力，缺乏必要的新闻素养，缺乏对新闻现场情况的了解，更缺乏长期新闻工作历练带来的对社会生活各个方面的深刻认识和理解。

随着向国际先进媒体学习和借鉴的不断深入，我们发现BBC、CNN等著名新闻媒体的主持人的培养路径和我国存在明显的差别，其新闻节目主持人通常都要经过多年一线新闻记者的工作磨炼，才能逐步脱颖而出，走进演播室主持新闻节目。以美国著名的电视新闻节目《60分钟》为例，其主持人很少是年轻的俊男靓女，而大多是人到中年甚至年过花甲的资深记者，人们并不称呼这些主持人为"主播"（anchorman）或者"主持人"（host），而是直接称其为"记者"（correspondent）。他们在节目中的主要任务不仅仅是新闻信息播报，更多的是和嘉宾、前方记者、现场观众对话、交流、互动。这种记者型主持人成为20世纪90年代以来，我国电视新闻节目主持人培养的主要模板，一批优秀的记者由幕后走到镜前，由出镜记者逐步转变为记者型主持人，白岩松、水均益、崔永元、王志、张泉灵、董倩、劳春燕等都是这种类型的代表。与此同时，一批具有播音专业背景的播音员也努力走出演播室，以记者或出镜记者的身份出现在新闻现场，参与完成或独立承担新闻采访报道任务，熟悉新闻业务和工作流程，了解新闻规律，弥补自己的短板，努力使自己胜任"记者"与"主持人"两方面的要求，从而完成播音员向记者型主持人的转变，敬一丹、章伟秋、欧阳夏丹、康辉等是这方面的优秀代表。

殊途同归，无论是由"出镜记者"成长为"记者型主持人"，还是由"播音员"转变为"记者型主持人"，都是媒体工作者采访报道能力和节目主持能力综合提升到一定水平的结果。究竟称其为"出镜记者"还是"记者型主持人"，主要取决于其工作的重心究竟是在新闻现场还是演播室，其工作任务主要是采访报道还是组织串联、分析评论。"出门能采访，回来能主持"是对记者型主持人形象生动的写照。

概　念

记者型主持人

记者型主持人与传统的播音员、主持人不同，他们不仅需要具备新闻播报、新闻主持的能力，还需要具备出镜记者在新闻现场采访、报道的能力。记者型主持人的工作重心是在演播室，其工作任务主要是节目的组织串联、分析评论。

第三节 出镜记者的作用

在视频新闻报道中，出镜记者的出现改变了新闻报道"解说（文字）＋画面＋同期声"的传统样态。记者再也不是躲在摄影机背后的"隐身人"，新闻信息采集再也不仅仅是客观记录。出镜记者从幕后走到镜头前，将自己采集新闻信息的过程呈现出来，还可以根据现场信息，在客观基础上进行主观述评，视频新闻报道进入了全新的发展阶段。出镜记者在视频新闻报道中具有不可替代的重要作用，主要体现在以下几个方面。

一 形成视听媒体新闻报道的特有形式

回顾世界传媒发展历史，人们会发现，传媒经历了由文字媒介—声音媒介—视听媒介的发展历程，文字媒介主要是报纸杂志，声音媒介主要是广播，视听媒介不仅包括电视、互联网，还包括各种综合运用视听元素的新媒体。在纸媒时代，文字是主要的信息传播工具；在广播时代，声音是主要的信息承载工具；在电视时代，视觉元素、听觉元素综合运用，成为信息承载和传播的两大支柱；进入互联网时代，视频新闻因其形象性、生动性、直观性，仍然是最重要的新闻报道形式之一。

在我国电视新闻报道领域，僵化老套、严肃刻板的新闻播报方式沿袭多年，这使得观众产生了审美疲劳，而电视记者的现场出镜，恰如一缕清新的春风带来了新闻报道形式的创新。电视记者出镜这种新颖的表现形式既吸引了受众的眼球，又活跃了电视画面，还丰富了电视的表现手段。电视记者出镜可广泛应用于一般报道、重大新闻报道，可用于录播报道也可用于直播报道。它使电视所具有的传播及时、声画并茂的优势得以全面展示，相对于其他媒体，更加直观、生动，易于被受众选择。

出镜记者是随着媒介的发展进步应运而生的，出镜记者现场报道是视听媒体进行新闻报道的特有形式，能够充分发挥自身优势，获得单一维度文字报道、声音报道难以比拟的传播效果。

三 ///　借助人际传播的方式，实现大众传播的目的

出镜记者使得新闻报道的视点和叙述方式都发生了重大的变化，出镜记者以电视观众为交流、传播对象，采用人际交流、人际传播的方式，实现大众传播的目的。

"人际传播指个人与个人之间的信息交流，也是由两个个体系统相互连接组成的新的信息传播系统。人际传播的形式可以是两个人面对面的直接传播，也可以是以媒体为中介的间接传播。前者主要以语言表达信息，或用表情、姿势来强化、补充、修正语言的不足。……后者使用的媒体主要有电话、交互电视、计算机网络、书信等，它可以使传者与受者克服空间上的距离限制，从而提高传播的效率。"[①] 在日常生活中，人际传播可以使传者与受者直接沟通，保证信息有效到达，受众还可以及时反馈信息，从而增强传播效果。借助交互电视、计算机网络等工具，出镜记者与观众之间形成了特有的人际传播关系，这种传播方式在很大程度上缩短了传者和受者之间的时空距离，互联网还使得传者和受众之间可以实现及时、充分的互动，进一步提高了新闻传播的效率，改善了新闻传播的效果。

传统的视频新闻报道，记者的视点通常是"客观视点"，即记者置身于新闻事件之外进行客观的观察和记录，进而进行"第三人称"的叙述报道。在传统视频新闻报道方式中，完成新闻事件观察和记录的是"摄影机镜头"，或者说记者的视点和摄影机镜头的视点是统一的。在出镜记者镜前报道中，记者的视点通常是"主观视点"，即出镜记者置身于新闻现场之中，现身于摄影机镜头前，进行带有一定个体特征的观察和记录，进而进行"第一人称"的叙述报道。在这种报道方式中，摄影机不仅记录新闻现场和新闻事件，还要记录出镜记者采访报道的过程，以及出镜记者直接面向镜头的新闻信息报告或评论，这使得新闻报道的内容更加丰富、报道方式更加多样。

---

① 百度百科词条：人际传播.［2024-05-18］. http：//baike. baidu. com/item/人际传播/10486595.

按照传播学理论，人际传播是最有效的信息传播方式之一。大众传播的基本模式是"点—面"，而人际传播的基本方式是"点—点"。每一个媒体机构都会在受众心目中形成一定的媒介形象，但是，这种媒介形象是一种比较抽象的、概括的、综合的印象，而不是具象的、清晰的、鲜活的个体形象。然而，每一个出镜记者都是有血有肉的生命个体，都有自己不同于他人的外在形象和内在气质。记者出镜报道使得新闻信息的传播形式上由"媒介—受众"转变为"记者—受众"，每一名观看视听媒体节目的观众都会有一种直接和出镜记者交流的感觉。久而久之，受众会将某些出镜记者当作自己喜爱或信赖的"老朋友"，关注其报道的新闻，信赖其评论的观点，心理上与他们形成微妙的情感关系。

出镜记者既代表所服务的媒体，又代表自己。出镜记者报道的新闻信息、作出的新闻评论，根本上都是符合媒介立场的，同时还会不可避免地带上自己的个性特征，这使得相同的媒介观点可以通过多样的表达方式来体现，从而吸引不同类型受众的共同关注。

出镜记者的屏幕形象既是其所服务的媒介形象的重要组成部分，也是借助媒介传播的个体公众形象。只有其个体公众形象获得观众的接受和认可，才有助于其所属媒介机构媒介形象的塑造。

三 ‖ 可以增强新闻报道的现场感、真实感

出镜记者置身于新闻事件发生的现场，对新闻事件的当事人、目击者进行采访，对了解、观察和感受到的新闻背景、事件信息进行报道。出镜记者仿佛是观众的代表，其新闻现场报道可以给观众强烈的"带入感"，其所见、所闻、所感都是第一手的新闻信息，观众在观看出镜记者现场新闻报道时极易产生身临其境的参与感、伴随感。尤其是在直播状态下，新闻事件的发生发展、出镜记者的采访报道、观众的信息接收同步进行，更容易让观众产生非常强烈的现场感，从而实现新闻报道传播效果的最大化。

在新闻事件现场出镜的记者，既是新闻事实的目击者，也是新闻事件的参与者，同时又担负着引领观众进入新闻现场的任务。这会使观众更强烈地感受到参与感，从而增强报道的真实性和可信性。

记者带领观众亲临现场，记者出镜很多情况下是"带领式"的，它消除了观众对现场的部分疑惑，使报道内容更具有可信度，往往也更有人情味。"这里是……""现在是……""这就是……"等等都是我们所熟稔的电视报道出镜词。一般情况下，这类出镜更多地为我们交代了新闻的"五个 W"要素，并增强新闻的生动性。

【案例】 日本女记者现场报道突发地震

2011年3月11日，日本当地时间14时46分，日本东北部海域发生里氏9.0级地震并引发海啸，造成重大人员伤亡和财产损失。地震发生时，日本东京电视台的一名女记者正在城市街头出镜报道其他新闻。在剧烈的晃动和颤抖中，她马上转而面向镜头报道地震的情况。女记者急促和惊慌的声音，画面背景中纷纷坠落的广告牌及其他物品，四散奔逃的市民……这一切都给观众带来了非常强烈的现场感，让大家切身感受到地震发生时的惊心动魄！（见图1-3）

图1-3 日本东京电视台女记者出镜报道突遇地震

四 ‖ 提高新闻报道的时效性

出镜记者现场报道方式出现之前，记者通常在新闻现场完成新闻信息的采集和新闻人物的采访后，才开始撰写新闻稿件，然后进行视频新闻的编辑，再请配音员将文稿录制成解说，之后进行合成包装，经有关领导审查确定后，视频新闻才能播出。由于生产方式问题，其时效性会受到一定程度影响。

出镜记者现场报道方式出现之后，记者的采访、报道过程可以直接呈现在镜头中，记者可以直接用自己的有声语言描述和报告现场的新闻信息，还可以将设想好的新闻文稿部分直接转化为现场的出镜报道话语，在现场一次录制完成，这就大大减少了后期文稿写作、配音、编辑、合成等工作量，有效地增强了新闻报道的时效性。如果采用直播的方式，出镜记者现场报道的优势会得到更加充分的发挥。

五 ‖ 现场报道与即时评论结合，传播观点，引导舆论

　　记者通过对信息的整理和挖掘，对主题的引导和升华，出镜进行报道和评论往往深得人心。通过前期认真的资料准备，加上现场的细致观察和深入调查，结合自身的生活经历和新闻专业阅历，出镜记者可以补充新闻的背景信息，剖析各种客观事件之间的必然联系，在尊重客观事实的基础上，提炼出令人信服的观点。这些镜头难以直接记录和表现的内容，都需要出镜记者来加以补足或阐释。

　　出镜记者的评论能使一些具有抽象意义的话题得到拓展，从而比较快地实现采访主题的深入。新闻评论是传媒的旗帜，有着不可低估的重要性。新闻传媒毫无疑问应当为受众提供有价值的新闻信息，坚持用事实说话，但它同时也应当对新闻事实或有关社会现象作出评判和分析。新闻评论的内容或者对象，不外乎两种情况：一种是具有新闻价值同时具有评论价值的事实，这时新闻评论往往与有关报道同时发表；另一种是当前的社会现象、社会问题，它既可以是先进的理念等正面的评论对象，又可以是坏苗头、不良倾向、问题、矛盾等带有负面性质的对象，有必要提出来加以分析评论，引起人们关注。

　　出镜记者在新闻现场的即时评论，可以大大提高评论的时效性。尽管这种评论往往比较简短，不会面面俱到，不会鸿篇大论，但是，其和新闻事实、新闻信息结合得最紧密，其对受众的思想、观点、感情具有极大的影响力，可以非常有效地引导社会舆论。

六 ‖ 有利于视听媒体培养和造就名记者

　　记者出镜报道使记者由"幕后"走到"台前"，经常地出镜报道，大大增加出镜记者在镜头前的曝光率，可以有效地提高出镜记者的知名度。口齿伶俐、外形俊朗、调查深入、观点独到等特点都可以使出镜记者被观众快速熟识，并形成一定的新闻收视黏性。归口报道体制下，不同的记者专门负责不同行业、部门的报道任务，频繁地出镜报道，可以增强记者在该行业领域的发言权和权威性。出镜记者知名度的提高，有助于其更好地开展新闻采访工作，会为其带来各种采访报道的便利条件。"名记者"的

名人效应会使其获得民众或社会机构更多的协助或支持，这有助于出镜记者选择更加重大的报道选题，进行更加深入的新闻调查，采访更高级别的领导干部或知名度更高的名人，最终完成更具新闻价值和社会影响力的新闻报道节目。

要想成为合格的出镜记者，必须要业务过硬、作风优良。记者出镜势必要求记者出现在新闻现场，否则记者出镜就是一句空话。记者出镜这种报道方式，决定了记者必须深入一线，这种约束和牵制在客观上起到了促使记者深入基层的作用。在新闻战线开展的"走基层、转作风、改文风"活动，倡导清新朴实、生动鲜活、言简意赅的文风，让百姓爱听、爱读、爱看，这就更加强调记者坚持"三贴近"的原则，深入一线和火热的生活中去。记者出镜，或在现场报道突发事件，或与受访者进行对话交流，或体验、关注事件的发生发展，不仅体现了新闻事实中作为记录者的记者的真实存在，更展现了记者深入一线的良好工作作风。

在视频新闻报道中，出镜记者应当培养镜头前的有声语言及非语言符号的运用能力。在有声语言运用方面，记者出镜采访语言要明显区别于书面语和广播语言的特点，否则，记者的出镜采访和述评就会成为变相的"现场播音"。在非语言符号运用方面，所有可见的行为举止都是传播，并且都是一种信息。生活中没有一个姿态或体态是毫无意义的，在恰当的时机运用恰当的体态语、道具等非语言符号，是出镜记者现场报道必须具备的能力。

七 ‖ 视频新闻直播的重要基石和先决条件

视频新闻报道的最佳方式就是现场直播，它可以在新闻事件发生发展的同时进行即时同步报道，给观众以"与现实共生，与历史同在"的感觉，这种新闻报道形式的优势是其他类型新闻报道无法比拟的。

20 世纪 90 年代以来，世界各大电视媒体都在积极推进"电视新闻直播化"，初始阶段是"重大新闻"采用新闻直播，逐步发展成"新闻直播常态化"，即新闻播出的基本框架是"直播"，除重大事件外，日常新闻也主要采用直播的方式制作和播出。近年来，我国以央视为代表的各级电视媒体也在努力实现"电视新闻直播化"。在推进过程中，人们发现，要想实现"直播化"，前提是电视媒体必须拥有一大批成熟的出镜记者，他们是活跃在新闻现场的"信息采集触角"，是电视新闻直播化的重要基础。如果没有这些出镜记者，"新闻直播化"就是无本之木、无源之水，根本不可能实现。

网络视频新闻报道直接继承了电视媒体新闻报道积累多年的理念和方法，再加上网络世界的海量空间、非线性的多维传播方式、传受双方的直接互动等独特优势，网络视频新闻报道立足于电视巨人的肩膀，体现出后来居上的趋势和特征。

要　领

出镜记者现场报道的七大作用

出镜记者现场报道的出现，使得视频新闻报道进入一个全新的阶段。出镜记者现场报道在视频新闻报道中具有不可替代的作用。

出镜记者现场报道是视听媒体新闻报道的特有形式；出镜记者现场报道可以借助人际传播的方式，实现大众传播的目的；出镜记者现场报道可以增强新闻报道的现场感、真实感；出镜记者现场报道可以提高新闻报道的时效性；出镜记者现场报道可以将现场报道与即时评论相结合，传播媒体观点，引导公众舆论；出镜记者现场报道有利于视听媒体培养和造就名记者；出镜记者现场报道是视频新闻直播的重要基石和先决条件。

第四节 ‖ 出镜记者现场报道的内容与方法

出镜记者在新闻现场报道过程中的工作内容、工作方法和文字记者、摄影记者不同，他们需要通过自己的有声语言、外在形象、肢体动作等将新闻内容转化为视听形象，通过摄影机以最直观、最生动、最形象的方式呈现给视听媒体受众。

一 ‖ 激活新闻现场

出镜记者所做的新闻报道必须要有新闻现场，如果是抽象主题的新闻报道，使用出镜报道方式则意义不大。在新闻现场的具体时间、空间里，出镜记者要使用能看到、听到、触到、闻到、感受到的一切实物带给观众现场的存在感。出镜记者在直播中起到提示、跟进事件进展的穿针引线的作用。通过记者的主观感受可以补充和丰富新闻现场的信息。出镜记者可以深入事件现场的各个区域，表现形式灵活多样。

在特定条件下，他们或直接面对镜头侃侃而谈，或与事件中的人物互相交流，或穿梭于事件现场之中，起到的是受众代表和替身的作用，可以使受众有一种置身于现场的感觉。

出镜背景环境是记者在现场活动的画面标识，信息含量丰富的新闻背景现场会起到衬托、强化作用，更重要的是可以向观众展示实时变化的现场画面，使背景成为传达新闻信息的重要载体。

如果是新闻直播报道，那么对于出镜活动区域是有选择的，出镜记者必须事前"走场"。至于哪一个点说什么、说多久，各个报道区之间如何过渡和衔接，如何和摄影师、导播等各岗位做到配合默契，在直播前都要做到心中有数。

二 ║ 挖掘新闻真相

出镜记者现场报道不仅仅只是观察和描述新闻现场的客观情况，还需要通过自己的采访、调查来挖掘新闻真相，揭示新闻表象背后的新闻，分析新闻信息之间的关联，阐释新闻的意义和影响。

优秀记者区别于其他记者的一点就是，拥有一个强大的"新闻鼻"，他们往往能准确地从表面洞察到敏感的新闻线索，然后顺着新闻线索找到重大的新闻选题。记者在出镜前应该做充分的准备和思考，出镜中有意识地追踪和把握新闻现场的各种动向，挖掘新闻真相。

三 ║ 寻找关键细节，搜集摄像机不能直接记录的信息

出镜记者的出现，本身就是"我在现场"和"我正在记录"的证明，重大新闻报道媒体记者的到达率，一定程度上代表着该媒体新闻报道的实力和水平。特别是在突发新闻事件发生的时刻，出镜记者从新闻现场发回的报道更是各大电视媒体之间展开竞争的重要体现。中央电视台副台长孙玉胜曾不无感慨地说道："在重大新闻事件中，是否有记者在现场是衡量一个媒体实力和权威性的重要标志。"[①]

然而，记者仅仅是出现在新闻现场并不意味着新闻报道的成功，出镜记者在新闻

---

① 孙玉胜. 十年：从改变电视的语态开始. 北京：生活·读书·新知三联书店，2003：274.

现场究竟该做什么、说什么呢？

与出镜记者同时在新闻现场的还有摄影机，摄影机可以记录下新闻现场的纪实影像，收录下新闻现场的同期声，出镜记者在新闻现场要承担起的，一定是摄影机纯客观记录所不能完成的任务。摄影机只能记录具体形象信息，而那些人际关系、内心情感、思想观念、逻辑推断等不具有直观形象的信息，则需要出镜记者以交流的方式进行激发，使隐含的、微妙的现场信息得以外显，成为能够被摄像机镜头记录的声音或者形象信息。

现场，是记者采访和评论的创作源泉和新闻依据。记者在镜头前寻找关键细节，向观众抽丝剥茧地介绍现场气氛、现场环境，并结合现场素材加入自己的印象和感受，从而带来强烈的现场冲击感，往往更能吸引观众的眼球。

四 // 进行故事化表达

讲故事是一种柔性战略的传播方法，它首先寻找感情上的突破点，用感性的、温情的力量去开启人性之门。视频新闻报道声画并重，拥有很好的讲故事的条件，通过讲故事的方式，能充分调动画面和声音的现场感，再加上切换或剪辑手法，说出编导想说的话、想衬托的主题和想放大的细节，而这些基于真实事件讲出来的故事无疑更能动人心弦，这也是出镜记者应掌握的报道技巧。

五 // 调动各种感官传达信息

出镜记者在新闻现场主要利用"眼睛"去观察，用"耳朵"去倾听，用"嘴巴"去报道，也就是说，主要利用有声语言和新闻画面去报道新闻。尽管"看"和"听"是人类获取外界信息最主要的两大途径，但是，仅仅依靠"看"和"听"，很多时候还是不能全面地掌握现场的新闻信息，新闻现场给予记者的事实性信息远远超过声音和画面二者的简单相加。

因此，出镜记者需要在现场充分调动自己的视觉、听觉、触觉、嗅觉、味觉等所有感官，将现场信息予以细化，将其与新闻画面、有声语言结合起来传达给受众，使受众感受到所营造的新闻现场感的逼真效果。

六 ‖ 与演播室播音员、节目主持人实时交流

一次成功的现场报道中，出镜记者身负重任。除了完成新闻现场报道的诸多工作外，还肩负着推进现场报道进程，与演播室播音员或节目主持人进行实时交流的工作。

【案例】　出镜记者直播连线

2004 年阿富汗总统选举，新华社驻喀布尔首席记者王军及时发回相关文字报道，同时担当出镜记者一职。但是，其缺乏出镜报道的知识和经验，面对演播室新闻主播郎永淳出现了"答非所问"的状况。因为是实时连线报道，所以，严重影响了受众对于信息的接收。

文字记者的优势在于书面语言表达，而对于出镜记者来说，强调和要求的首先是利用有声语言来完成新闻报道。一个文笔很好但不善言谈、镜头形象欠佳的记者，是不能胜任出镜记者岗位的。

各家电视台在处理出镜记者与演播室播音员、节目主持人实时交流时方法技巧不同。

凤凰卫视常使用呼唤合作伙伴的名字，以示自己的这一段报道已经结束。这样首先避免了抢话现象，同时给受众有条不紊的感觉。在日本电视新闻节目中，现场直播报道处于日常化的状态，为了告知演播室播音员或主持人，惯用的语句是"以上是×××来自××的直播报道"，这样，播音员或主持人就知道出镜记者的现场报道结束了。

在现场直播过程中进行出镜报道，对记者提出了很高的专业素质要求。此时，出镜记者只是整个直播链条上的一环，出镜记者并不能掌控新闻报道的进程，而是要在较被动的状态下，听从节目导播或主持人的指令，开始或结束自己的报道。由于现场直播是即时传播，不允许出镜记者在言语或行为上出现任何明显的差错，不仅如此，出镜记者还要根据直播时间的宽裕或紧张情况，能够收发自如地抻长或压缩自己的报道话语。这不仅需要过硬的专业能力，还需要非常好的心理素质。

要 领

出镜记者现场报道的内容与方法

出镜记者现场报道应该激活现场，充分利用现场存在的事物报道新闻；挖掘事实真相；搜集和报道摄影机无法呈现的新闻内容；进行故事化表达；调动各种感官传达信息；与演播室播音员、节目主持人进行实时交流。

【思考与练习】

1. 出镜报道与现场报道有哪些异同点？

2. 什么是出镜记者？出镜记者的分类有哪些？

3. 出镜记者和外景主持人、记者型主持人有哪些异同点？

4. 出镜记者在视频新闻报道中的作用有哪些？

第二章

出镜记者与现场报道

【学习要点】

◇ 出镜记者现场报道依据新闻事件类型不同，可以分为可预见性事件现场报道、突发事件现场报道、日常事件现场报道。

◇ 出镜记者现场报道依据新闻传播方式不同，可以分为录像型现场报道、直播型现场报道。

◇ 出镜记者现场报道依据新闻报道运动状态不同，可以分为静态报道、动态报道。

◇ 出镜记者现场报道的表现形式可以分为独自口头报道型、现场采访型、现场体验说明型、现场与演播室连线问答型四种。

◇ 出镜记者现场报道有不同的叙事方式、叙事时态。

视频新闻以其真实性、形象性、时效性等特点在视听节目中占有相当重要的地位。视频新闻中的记者出镜报道，是近年来我国视频新闻改革当中出现的一种新型报道方式。

出镜记者现场报道就是指视听媒体记者在新闻现场，面对摄影机镜头，以口头描述、播报和评论新闻事实为主要内容的采访报道形式。事实证明，记者出镜这种报道方式因现场感强、互动性高等特点，被电视媒体和网络媒体广泛采用，并且受到广大观众的认可和喜爱。

概　念

出镜记者现场报道

出镜记者现场报道就是指视听媒体记者在新闻现场，面对摄影机镜头，以口头描述、播报和评论新闻事实为主要内容的采访报道形式。

出镜记者的主要工作任务就是进行视频新闻现场报道，新闻现场以及与新闻事件直接相关的现场是出镜报道存在的基本条件。如果记者不到现场，出镜报道也就失去了其根本的优势，也就没有存在的必要性。与"新闻现场报道"不同，"演播室新闻报道"是视听媒体工作者完成新闻报道的另一种重要的工作方式。这种方式以演播室为中心，将来自新闻现场无序的新闻信息与事件的背景等相关资料加以整合，从多角度进行报道，还可通过嘉宾、专家、主持人等的分析评论，提供精辟独到的新闻观点。在视频新闻报道过程中，将"新闻现场"与"演播室"相结合，是现在世界各大媒体采用的基本方式。

视听媒体记者在新闻事件现场以及与新闻事件相关的现场，面向摄影机镜头报道正在发生的新闻事实的报道样态，称为"现场报道"。这种报道形式充分发挥了视听媒体的特性，即同时性、形象性，可以将新闻事实实时记录下来，也可以通过直播的方式直接传播给受众，能够给受众带来强烈的现场感、真实感甚至体验感。

第一节 出镜记者现场报道的分类

出镜记者现场报道可以有多种分类方法，参照的分类标准不同，类型划分的结果也不尽相同。下面从新闻事件类型、新闻传播方式、新闻报道运动状态三个方面分别进行讲解和论述。

一 新闻事件类型与现场报道

按照新闻事件的发生机制以及人们对其感知方式的不同，我们可以将出镜记者现场报道划分成可预见性事件现场报道、突发事件现场报道、日常事件现场报道三种。

（一）可预见性事件现场报道

可预见性事件现场报道是指对人们可以预先知道的新闻事件进行的现场报道。可预见性新闻事件通常是政府或社会组织主办的一些大型活动，往往具有可计划性、程序性等特点，其时间、地点、内容、参与人物、主题、目标诉求等通常都有一定的确定性，例如香港回归、北京奥运会开幕式、纪念中国人民抗日战争暨世界反法西斯战争胜利 70 周年大阅兵、美国大选结果揭晓等。

概　念

可预见性事件现场报道

可预见性事件现场报道是指对人们可以预先知道的新闻事件进行的现场报道。可预见性新闻事件通常是政府或社会组织主办的一些大型活动，往往具有可计划性、程序性等特点，其时间、地点、内容、参与人物、主题、目标诉求等通常都有一定的确定性。

尽管可预见性事件基本框架具有确定性，但是，在一些具体环节、细节和结局方面，还是存在着诸多未知因素、可变因素，某些活动的主办方也会有意保密，以保持相关活动的未知性和神秘感。

可预见性新闻事件通常具有较大的社会影响力、较高的公众关注度，在事件发生之前，有一定的预热期，容易在受众心中形成心理期待的累积。

可预见性事件现场报道的优点如下：

1. 充裕的前期准备时间

出镜记者可以就此类新闻事件进行比较充分的事先准备，前期搜集各种相关资料，了解事件的既定性发展程序和发展方向，对事件中的各种未知因素进行有针对性的关注，从而拟定自己的报道计划，以及各种应变预案，确定自己的采访目标和报道重点。

2. 现场报道内容依托前期新闻背景

任何事件都不是孤立存在的，都有其前因后果，也都有其现实意义。可预见性新闻事件正式开始之前，公众对其关注度通常是随着时间的日益临近而相应提高的，媒体为了满足受众的需要，也会适时开展相应的报道。前期报道大多是一些相关历史资料回顾、外围新闻信息报道、各方人士的议论等等，媒体会结合受众意愿事先设定一些"待解之谜"，等到正式报道中予以报道解密。可预见性事件现场报道和之前媒体关于新闻背景的各种报道是一个整体，相互关联、密不可分。

以 2015 年"纪念中国人民抗日战争暨世界反法西斯战争胜利 70 周年"大阅兵的报道为例，在 9 月 3 日阅兵正式进行前，各种媒体都对阅兵的背景做了大篇幅的报道，如中国曾经举行过几次阅兵？这次阅兵与以前各次阅兵有哪些不同？世界各国对中国本次阅兵的反应如何？普通民众对本次阅兵有哪些期待？……这些前期报道都会成为"九三"阅兵现场报道的重要基础。

3. 预先设置多元化信息点

由于新闻事件可以预知，新闻媒体可以根据事件预定计划相应制订报道计划，在事件进程的各个重要环节重点投入报道力量。在任何一个重大活动的现场报道中，都会设计多个报道点，也会在每个报道点安排一名或多名出镜记者进行现场报道。这些报道点既相互独立，又相互呼应、关联，形成了完整的报道链条，组合和支撑起了新闻报道的整体。

在对可预见性新闻事件进行现场报道的过程中，出镜记者主要按照事先确定好的计划按部就班地展开报道，但是，也要时刻准备应对预料之外的情况发生。否则，就有可能出现慌乱、茫然或者不知所措等情况，造成报道失误或失败。

（二）突发事件现场报道

突发事件可被广义地理解为突然发生的事情：第一层的含义是事件发生发展的速度很快，出乎人们的意料；第二层的含义是事件难以应对，必须采用非常规方法来处理。突发事件包括社会性突发事件和自然性突发事件。

在我国的新闻报道实践中，突发事件大体上被分为以下几种类型：突发意外事件和事故（包括自然灾害、人为灾难等）、重大刑事案件、突发群体事件、涉军涉警事件、其他突发事件。[①]

突发事件的不可预见性增加了出镜记者现场报道的难度。很多情况下，记者都是在事件开始一段时间或者事件结束之后，才赶到新闻现场的，其报道行为和事件进程会有一定的时间错位和延迟。

突发新闻通常不属于正面报道，其中大部分是意外事故、天灾人祸，会造成一定的不良后果，容易被人们认为是"负面新闻"。在日常生活中，人们详细制定和严格遵守各种规定和准则，以防止此类事件的发生，而在这类事件发生之后，相关部门的负责人通常不希望媒体对其进行报道，即使面对媒体记者，相关人士也经常会遮遮掩掩、支支吾吾，甚至干脆拒绝接受媒体采访。这进一步增加了突发事件新闻报道的

---

① 转引自《新华社职业化标准手册》（内部资料）。

难度。

突发事件现场报道非常讲究时效性，追求"第一时间、第一现场"是其基本报道准则，记者一般没有充足的时间了解事件的来龙去脉，也没有时间进行相关背景资料的搜集，而是必须在最短的时间内赶到突发事件现场，并以最快的速度展开报道。这就要求出镜记者具有深厚的知识积累和丰富的社会阅历，并且具有随机应变的能力。在具体报道过程中，通常会沿着事件发生发展的时间线以单一报道脉络的方式来展开。

出镜记者在突发事件现场要充分调动自己所有的感官来观察、搜集新闻信息。此外，出镜记者还需要和后方的编辑部随时保持联系。尽管身在现场，但是，出镜记者只是处于现场的一个位置，一个局部。随着事件的发展变化，后方编辑部可以通过多种信源渠道获得各方面的信息，出镜记者和编辑部之间保持沟通，有利于出镜记者在现场适时调整自己的报道方向和报道重点，更好地完成报道任务。

视听媒体对突发事件进行报道的最佳方法就是进行现场直播，这样可以让观众同步看到正在发生、发展、变化的事件进程，充分体验"与历史同在"的感觉，并且更加强烈地感受到突发事件带给人的震撼。当然，这也对视听媒体机构的技术实力和新闻报道软实力提出了更高的要求。

要　领

突发事件的概念及类型

突发事件可被广义地理解为突然发生的事情：第一层的含义是事件发生发展的速度很快，出乎人们的意料；第二层的含义是事件难以应对，必须采用非常规方法来处理。突发事件包括社会性突发事件和自然性突发事件。

在我国的新闻报道实践中，突发事件大体上被分为以下几种类型：突发意外事件和事故（包括自然灾害、人为灾难等）、重大刑事案件、突发群体事件、涉军涉警事件、其他突发事件。

在突发事件现场报道的案例中，2001年9月1日美国有线电视新闻网（CNN）对"9·11恐怖袭击"进行的直播可以说是突发事件现场报道的"经典之作"。在恐怖分子驾驶第一架飞机撞击美国世贸中心大楼后，仅仅隔了4分钟左右，CNN就开始在电视上对其进行现场直播。大约18分钟后，恐怖分子劫持的第二架飞机撞击世贸中心大楼，现场新闻直播多角度、多景别完整记录了这次撞击的全过程，从而让全世界观众实时目击了恐怖分子驾驶第二架飞机撞击世贸中心大楼、世贸中心大楼坍塌等历史性的瞬间。

在"9·11"突发新闻报道过程中，最令人称赞的是现场的摄影师，他们面对突如其来的恐怖袭击，没有惊慌失措，更没有四散奔逃，而是坚守自己的岗位，并且近乎完美地用镜头记录下"飞机撞楼""大楼坍塌"及事件发展的全过程，他们拍摄的影像永远载入人类史册。身处现场的记者也非常令人敬佩，由于事发突然，他们身处险境，没有事先的准备和计划，完全凭着自己的现场观察，结合自己的长期知识储备，即时进行现场报道。由于技术原因，很多现场记者的报道都是通过语音连线方式进行的，尽管他们未能出镜，但他们依然值得人们包括出镜记者学习和尊敬。

【案例】　美国电视记者出镜报道"9·11 恐怖袭击"

在美国媒体对于"9·11恐怖袭击"的新闻报道中，这一段出镜记者的现场报道让人印象深刻。这名记者当时在距离世贸中心不远的地方进行出镜报道，周围站满了消防员（见图2-1）。他的出镜报道内容如下：

这是我们离世贸中心尽可能近的地方，你能看到消防员们聚集在那里，还有警察和联邦调查局专员，你能看到双子楼巨大的爆炸后，碎片像雨点一样往我们头上落。我们最好离开这里！（话音伴随着大楼崩塌的声音。）

尽管这段现场报道时间很短，但是，出镜记者和摄影师配合得很好，给观众带来了非常强烈的现场感，也让观众对记者和摄影师的职业精神由衷赞叹。

图 2-1　美国电视台记者出镜报道"9·11 恐怖袭击"

当然，对重大突发事件的成功报道离不开"突发事件应急报道机制"的支持，高质量的现场报道需要完善的机制运作。只有建立起完善的"突发事件应急报道机制"，才能在面对突发事件时，做到"临危不乱"，从而"有序高效"地开展新闻报道工作。2007年11月1日开始施行的《中华人民共和国突发事件应对法》对政府机关、社会组织、公民个人等在突发事件中的权利和义务做出了明确的规范。例如，第二十九条明确规定"新闻媒体应当无偿开展突发事件预防与应急、自救与互救知识的公益宣传"，第五十四条规定"任何单位和个人不得编造、传播有关突发事件事态发展或者应急处置工作的虚假信息"。对突发事件的报道一定要坚持为社会负责、为人民负责的原则，在一线采访调查的基础上，还需要积极向权威部门核实、沟通，以免出现报道偏差或错误。

【知识窗】　新华社关于突发事件的分类

一、突发意外事件和事故

（一）地震、暴雨台风、雷电冰雹、洪涝灾害、干旱高温、低温冷冻、大风大雾、沙尘雪灾、森林草原火灾、山体滑坡、泥石流等自然灾害。

（二）空难和铁路、公路、水上交通事故，建筑物坍塌事件。

（三）矿难、火灾、爆炸和其他重特大安全生产事故。

（四）重大疫情和重大动物疫情、重大环境污染和重大生态破坏事件、食品安全事件。

二、重大刑事案件

（一）恐怖暴力事件。

（二）劫机、劫船、劫车等重大刑事案件。

三、突发群体事件

（一）群体上访、非法集会、游行示威、罢工、罢课、罢运等重大群体性事件。

（二）社会骚乱、民族宗教冲突、囚徒暴狱等严重冲突事件。

（三）银行挤兑挤提事件。

四、涉军涉警事件

涉及军队和公安、武警部队的重大突发事件。

五、其他突发事件

（一）涉及外国驻华人员、在华外商、外国留学生、外国游客和港澳台同胞的重大突发事件。

（二）涉及港澳台的重大事件。

（三）涉及国家主权、领土完整及其他重大国家利益（包括国家安全利益）的事件。

（三）日常事件现场报道

日常事件是指社会生活中的常态事件，它具有规律性、重复性、持久性等特征。日常事件往往体现为一种社会现象或社会问题，当其造成比较广泛的影响时，就具有了新闻价值。对这类新闻进行报道，重在分析现象或问题形成的原因，探讨解决问题的方法，强调新闻报道的社会意义。

对于日常事件的报道，通常需要寻找一个比较合适的新闻由头，以具有代表性的典型案例作为切入点进行报道，这样就使得日常事件报道具备了具体的时间、空间、人物和事件，为在此类新闻报道中使用出镜记者现场报道方式提供了基本条件。然而，在这种现场报道中，记者出镜的场景对于新闻主题并不具有"唯一性"，也不是完全不可替代的。

日常事件报道采用出镜记者现场报道方式主要有两个优点：一是可以形成人际传播的状态，避免单纯依靠解说、文字来传递信息，可以使报道形式更加灵活多样；二是可以将抽象的主题具象化，符合视听媒体报道的特性。

三 新闻传播方式与现场报道

视频新闻现场报道主要运用在消息类新闻节目、深度报道以及大型直播特别报道节目中。

在各种类型的新闻节目中，按照新闻传播方式不同，出镜记者现场报道部分基本可以分为两种：录像型现场报道和直播型现场报道。录像型现场报道与直播型现场报道这两种传播方式各有利弊，新闻话题侧重点也各不相同。

（一）录像型现场报道

录像型现场报道主要用于非直播类新闻节目，可以分为前期拍摄和后期编辑两个制作环节。在前期拍摄阶段，在电子新闻采集（ENG）或者电子现场制作（EFP）技术的支持下，出镜记者在新闻现场于镜头前对新闻事件发生的情况予以描述或评价，摄影机记录下其画面和声音；在后期编辑阶段，可以进行适当的编辑、删节，增加包装字幕、特效等，并配上新闻解说、音乐或音响，以完整的影像新闻形式出现在新闻节目中。录像型现场报道是目前我国出镜记者现场报道的主流样式。

在录像型现场报道中，出镜记者有时可以在现场自由决定录制出镜报道的具体时间，也可以在现场进行多次出镜报道的录制。如果出现失误或错误，可以重新拍摄，然后再进行回放检验，直到达到满意的结果为止。这有利于避免出现报道、播出失误，保障最终播出时出镜报道的质量。

录像型现场报道适用于绝大多数新闻选题，其内容可以是背景陈述，也可以是观点总结，还可以是现场情况描述。运用这种报道形式，可以给观众增强现场感，可以使一些比较抽象化、概念化的新闻选题在报道形态上显得比较生动。

相对于直播型现场报道而言，录像型现场报道最大的不足就是时效性差。经过前后期的拍摄、制作、包装，再经过领导的审查之后修改，最终的播出时间必然会和新闻事件发生的"第一时间"有相当大的间隔。这种方法更适合报道一些常态化事件或专题性新闻。

录像型现场报道相对于口播新闻、"画面＋解说"型新闻而言具有以下特点：

其一，有效地避免了声音和画面两张皮的现象。在现场报道过程中，出镜记者在现场的报道行为、新闻现场画面和其报道语、现场同期声等被同步记录，声音和画面浑然一体。

其二，新闻现场感强。出镜记者作为观众的代表，置身于新闻现场进行观察、采访、信息采集，可以给观众以很强的现场感、参与感、体验感。

概 念

录像型现场报道

录像型现场报道主要用于非直播类新闻节目，可以分为前期拍摄和后期编辑两个制作环节。

其内容可以是背景陈述，也可以是观点总结，还可以是现场情况描述。运用这种报道形式，可以使现场报道的声音和画面浑然一体，能够给观众较强的现场感，可以使一些比较抽象化、概念化的新闻选题在报道形态上显得比较生动。

录像型现场报道最大的缺点就是时效性差，势必与新闻事件的发生发展存在较大的时间差。

（二）直播型现场报道

在各类新闻节目中，直播型现场报道是指出镜记者现场报道时间、节目播出时间、观众收视时间三者同步的报道。视频新闻直播化是当代世界知名视听媒体普遍采用的做法。

不同视听媒体的发展水平、实力不同，其实现电视新闻直播化的程度则有明显的差异。以 BBC、CNN、NHK 等为代表的世界一流视频媒体，目前已经实现了"新闻直播常态化"，也就是说，不仅仅只是重大新闻才会采用现场直播这种形式来进行报道，日常新闻也会在新闻直播的基本框架下去报道。此外，这些媒体还基本实现了"现场直播全球化"，可以在全世界范围内进行新闻直播连线，并在身处世界不同国家的出镜记者现场报道之间自由地、连贯地进行切换和衔接。这不仅体现出这些媒体工作人员的新闻专业素质，而且体现出其强大的技术支持、技术保障实力。

相对于世界级的视听媒体，我国视听媒体在报道新闻时，正在努力实现"新闻直播化"。目前，我国基本做到了重大新闻现场直播、演播室新闻主持和播报现场直播。美中不足的是，在新闻现场直播中，可预见性事件占据主流，突发事件新闻直播相对较少。这不仅仅因为我们在新闻直播采访、制作人员素质方面还存在明显差距，而且因为我们的技术支持、技术保障能力，我们的新闻观念和审查流程在一定程度上影响了"新闻直播常态化"的实现。

在直播型现场报道中，出镜记者可以事先进行精心的准备，但是，在直播开始后，出镜记者没有再进行调整、重来、修正的机会，而是必须按照规定时间、规定程序、规定内容，自然、流畅、准确、生动地完成镜前报道和采访。这对出镜记者的业务素质和心理素质都是严峻的考验，也提出了较高的要求，需要出镜记者平常注意积累和有意识地进行相关训练。

直播型现场报道是视频新闻中最能充分体现视听媒体优势的报道形式。与以往视频新闻报道方式相比，直播型现场报道具有如下显著特点：

1. 时效性——直播型现场报道的最大卖点

时效性是电视新闻报道的生命。时效性可以说是视频新闻直播的代名词，新闻直播可以给观众带来强烈的即时感和共同经历感，让观众觉得自己不仅"生活在现实之中"，而且"与历史同在"。直播型现场报道是视频新闻报道实现零时差、同步播出的最有效形式。出镜记者身在现场的目击式报道成为直播型现场报道最具代表性的一种新闻报道形式。

2. 现场感——直播型现场报道的最强音符

视频新闻报道追求时效性的目的是将最具现场感的画面同步传达给观众，最快、最好地传递新闻信息。视频新闻报道必须依赖新闻现场，并且通过各种努力将现场情况传达给观众。

现场感的获得受到下列因素影响：新闻画面的视觉冲击力、现场同期声的穿透力、出镜记者的感染力。

概　念

直播型现场报道

直播型现场报道是指出镜记者现场报道时间、节目播出时间、观众收视时间三者同步的报道。

视频新闻直播化是当代世界知名视听媒体普遍采用的做法。世界一流的视听媒体在报道新闻时已经实现了"新闻直播常态化""现场直播全球化"。

时效性是直播型现场报道的最大卖点，现场感是直播型现场报道的最强音符。

三 ‖ 新闻报道运动状态与现场报道

按照出镜记者在做现场报道、传达信息时的运动状态来划分，可以分为静态报道和动态报道。

目前的现场报道多以静态报道为主，动态报道需要依据新闻事件的特点而有选择性地使用。

静态报道主要出现在消息类新闻节目中，动态报道多出现在特别报道中。消息类新闻节目中动态报道虽有所涉及，但是由于受新闻事件和播出时间的限制，实际运用的比例相对较低。

无论静态报道还是动态报道，都可以使用录像型现场报道或直播型现场报道。

（一）静态报道

静态报道是指出镜记者报道时，以静态身姿出现在视频画面中，以固定姿态面对摄影机镜头，报道重点是记者的有声语言内容，在视频画面中，新闻现场环境、出镜背景相对比较固定，其能够传达的新闻信息量受到一定程度的限制。

静态报道的通常模式如下：

其一，记者出镜，说明在何时何地发生了何事。

其二，接着播放记者事先采集的视频新闻小片。

其三，记者出镜，对新闻事件发表总结、评论。

此种样态的现场报道中，出镜记者以新闻事件的"目击者"身份为观众报道，但是实际上，记者往往是先于受众而晚于真正的事件目击者接触到新闻现场的，其在很多时候是一个"转述者"，是一个将目击者、当事人等对事件的描述、评论及其他各路信息在新闻现场进行整合后再转述给受众的角色。通过向受众讲述事件的经过，描述现场的环境，辅以事先拍摄到的视频画面，就能营造出新闻现场的气氛。

概　念

静态报道

静态报道是指出镜记者报道时，以静态身姿出现在视频画面中，以固定姿态面对摄影机镜头，报道重点是记者的有声语言内容，在视频画面中，新闻现场环境、出镜背景相对比较固定，其能够传达的新闻信息量受到一定程度的限制。

静态报道具有以下特点：

其一，出镜记者身体站位固定，进行静态报道。

其二，出镜背景比较单一，但是，背景环境能够提供诸多新闻信息。因此，在选择出镜场景时要认真对待。如果背景景物呈现为动态，则会在一定程度上丰富信息的传达。

其三，出镜记者可以充分发挥手势、表情的作用，辅助更好地传达新闻信息。

其四，出镜记者可以适当运用一些小道具，或者结合现场景物，进行出镜报道，以丰富画面的视觉表现内容和形式，更好地传达新闻信息。

（二）动态报道

动态报道是指出镜记者在做现场报道时以动态身姿出现，在传达新闻事实信息时，带领受众以"运动"的镜头、丰富的肢体语言、多样的"动态身姿"所做的观察式、体验式出镜报道。

与静态报道相比，动态报道的优势在于可以充分展现新闻现场的实物信息和空间信息，可以对新闻现场进行多层次、多角度、多空间的展示，镜头内容和运动形态变化丰富多样，可以将电视媒体的现场感、参与感、体验感发挥到极致。

观众在出镜记者的"带领"下，深入新闻现场，从特征明显的现场痕迹开始，层层递进，逐渐深入。动态报道有利于出镜记者运用一些叙事手法（如设置悬念、编织线索等）对新闻报道的过程进行设计，使其更具有可视性，更具有吸引力。动态报道中的出镜记者更像一位"导游"，引导摄影机镜头去拍摄和记录，也就是引导着观众的视线和注意力，前后有序、张弛有度地报道新闻事件。

动态报道

动态报道是指出镜记者在做现场报道时以动态身姿出现，在传达新闻事实信息时，带领受众以"运动"的镜头、丰富的肢体语言、多样的"动态身姿"所做的观察式、体验式出镜报道。

动态报道具有以下特点：

其一，出镜记者深度挖掘新闻空间。

充分展现新闻现场。在现实生活中，新闻现场不是平面化的，而是立体的、多空间的、多层次的。出镜记者进行动态报道，可以将多个空间、多种新闻实物较全面、完整地展现出来。此外，还可以通过出镜记者的动态报道，将新闻现场中的不同实物联系起来，形成相互之间的逻辑关系，以便揭示深层次的原因或意义。

巧妙利用新闻现场实物。出镜记者采用动态报道的形式，可以使其在新闻现场利用承载新闻要素的实物进行"演示"，将口头语言报道和肢体语言、现场实物有机结合，以实现传播效果的优化。

其二，报道场景的多点设置与事前踩点。

出镜记者动态报道需要在新闻现场设计多个报道支撑点，每个支撑点都是新闻要素承载较多的点，有较高新闻价值的实物存在于其中。记者的动态报道就是从一个支撑点到另一个支撑点，各支撑点之间有着不同的顺序和层次递进关系。

出镜记者动态报道需要摄影、录音、信号传输等部门协同配合，有时还需要报道对象的配合。因此，为了保证出镜报道的成功（尤其是在直播状态下），在条件允许的情况下，出镜记者最好能够事先踩点，对出镜报道的语言内容和运动路线、运动方式进行设计，并和各部门一起进行预演，从中发现问题并予以解决。

其三，边走边说考验记者的注意力分配。

出镜记者动态报道中，记者既要考虑报道语言的组织和表达，还要考虑配合摄影机拍摄进行走位，运动的速度、轨迹、节奏还要和语言表达的速度、节奏协调一致。由于考虑的因素远远多于静态报道，因此，对出镜记者提出了更高的素质要求。出镜记者可以通过以下方法提高动态报道的成功率：事前踩点走场，以准直播报道要求自己；将报道注意力放在新闻场景的具体内容上；利用录像型动态报道形式锻炼队伍。

第二节 ‖ 出镜记者现场报道的表现形式

出镜记者现场报道的表现形式可以分为四种：独自口头报道型、现场采访型、现场体验说明型、现场与演播室连线问答型。

一 ‖ 独自口头报道型

独自口头报道型现场报道是指现场报道的整个过程由出镜记者一个人利用有声语言独立完成，无论是做目击式报道，还是事后的追溯式报道，信息的传达者只有出镜记者一个人独自完成陈述、评论和报道任务。这种报道形式强调出镜记者的独立性，体现了出镜记者独立采访取材的能力，具有个人化色彩。

独自口头报道型现场报道的形式主要为：出镜记者开场，然后是相关新闻的影像小片，新闻配音也由其担任。出镜记者可以在新闻片中段出镜进行串联过渡，也可以在新闻片的最后部分出镜做新闻报道的总结。

【案例】 凤凰卫视报道《中美交锋 中方为中国记者据理力争》

当地时间 2021 年 3 月 18 日至 19 日，中美双方在安克雷奇举行高层战略对话。双方围绕各自内外政策、中美关系以及共同关心的重大国际地区问题进行了坦诚、深入、长时间、建设性的沟通。在会谈过程中，美方违反事先约定，在记者会上进行两轮发言后，不等中方回应，便立即要求中方记者离场。中方代表团据理力争，最终，在中美记者在场的情况下详细阐明了自己的立场。凤凰卫视记者王冰汝在会场门口采用独自口头报道的方式，结合现场新闻小片，对中美双方会谈、交锋的过程做了现场报道（见图 2-2）。

图 2-2　凤凰卫视记者出镜报道中美高层战略对话

独自口头报道型现场报道是目前我国视听媒体新闻节目中采用较多的记者出镜报道形式。这种现场报道形式主要发挥出镜记者的语言报道能力，争取在第一时间、第一现场对新闻事件的背景、过程、结果等进行口头报道，一方面具有较高的时效性，另一方面具有较强的现场感。使用这种出镜记者现场报道形式，要特别注意出镜地点、背景环境的选择，以便呈现丰富的新闻"场信息"，还要注意与新闻小片、现场影像资料的有机结合、穿插使用，以求更加生动、准确地报道新闻。

三 ⫻ 现场采访型

出镜记者不能只是站在新闻现场背诵事先写好的出镜词的"复读机"，出镜记者在新闻现场的一个本体性工作就是进行新闻采访，采访对象主要包括新闻当事人、目击者和其他知情人。现场采访是出镜记者完成现场报道的重要工作内容。

这类现场报道的整个过程是以出镜记者采访相关人员作为信息传达手段的，出镜记者的采访过程、出镜记者与被采访人之间的对话与互动成为主要的报道内容。

出镜记者直接面对采访对象，通过口头提问，或者与采访对象对话，采用问答交流的方式，了解新闻事实，收集信息材料。

现场采访形式根据人数多少可以分为一对一采访、一对多采访；根据运动状态，可以分为静态采访、动态采访。

出镜记者现场采访既需要事先进行认真的准备，对希望了解的信息事先进行梳理，有计划、有条理地进行现场采访提问，同时，还需要根据现场的客观情况和采访对象的回答状况随机进行调整和补充。在时间比较紧急的情况下，出镜记者必须具备即兴采访、即兴表达的能力，这样才能使得现场报道层层递进、不断深入。

2008年5月，中国四川汶川发生大地震。央视记者李小萌在地震灾区采访，路遇正在返乡途中的老乡朱元荣以及其他几位老朱的同乡，李小萌对他们进行了现场采访（见图2-3）。

图2-3 央视记者李小萌汶川灾区路遇灾民现场采访

【案例】 《路遇》采访，李小萌泪洒北川

在现场采访型现场报道中，2008年汶川地震后央视记者李小萌路遇返家老乡的一段采访一直被业界和学界作为出镜记者现场采访的经典案例。在此，将该段采访内容完整展示如下：

主持人（白岩松）： 好，接下来呢，我们关注一下，今天在整个采访的过程中，我们的记者李小萌呢，跟很多的灾区的群众有了一个偶遇，我们看看偶遇的场景是什么样的。

李小萌： 老乡，您这是去哪儿呀？您去哪儿呀？

老乡： 我呀？

李小萌： 您去哪里？回家吗？

老乡： 这儿，家。

李小萌： 您家在哪儿呀？

老乡： 沙坝子。

李小萌： 远吗？远不远？走的时间长不长？

老乡： 不远。

李小萌： 您回去干吗呀？

老乡： 想回去看一下。

李小萌：您家房子塌了没有呀？

老乡：房子塌平了。

李小萌：那您回去想找什么呢？

老乡：回家看一下。

李小萌：您把这（担子）放下吧，沉不沉呀？我跟您稍微聊两句。

老乡：我手续都办好了，回去看一下再来。

李小萌：这是什么呀？

老乡：手续都办了。

李小萌：姓名，叫朱元云（荣），是吧？这是绵阳市抗震救灾指挥部救助证。这个证有什么用呢？

老乡：吃饭、走路、领东西，都要这个。回去看一下，把麦子、菜籽什么的看一下，我还要再回去（绵阳）。

李小萌：还要再回去，是吧？

女路人：他说，他以后还要生存。他想把山里面收的菜籽呀，收回来。这些东西收好了以后，再回去。这样以后也可以给政府少增加一点负担。

李小萌：您今年多大年纪了？

老乡：六十八了。

李小萌：六十八了，您家人都还好，是吗？您现在回去找找腊肉、粮食，然后再回去。

老乡：我还要回绵阳去的。

李小萌：就您一个人呀？这些东西拿得动吗？

老乡：我拿去好吃。

李小萌：这里有吃的东西。我能看看吗？

老乡：好。

李小萌：有点饼干呀什么的。救济站拿的，是吗？

老乡：发的，我拿回去好吃。

李小萌：您现在需要点儿什么帮助吗？您现在觉得需要什么帮忙吗？

老乡：帮忙啊？

李小萌：需要什么吗？

老乡：需要……那个说不清楚。

李小萌：怎么说？四川话，听不懂。

摄像师：怎么帮您？

李小萌：怎么能帮你呀？

摄像师：还有什么困难？

老乡：反正主要就是吃的。

李小萌：主要就是吃的啊。您应该戴着口罩啊。

老乡：我这儿有一个。

李小萌：有啊，那您戴起来吧。下面的人都戴着口罩呢，还是戴上好。您还是戴上吧，戴上好。

老乡：嗯，我再走一会儿。怕人多感染。

李小萌：是，您戴上吧。

老乡同乡甲：老朱，往哪儿走？

老乡：回去看一看。

李小萌：你们是一块儿的？

老乡同乡甲：你还是想回去呀？

老乡：啊。

老乡同乡甲：不要到上面去了，我们这上面都震平了。

李小萌：你们从上面下来的？这腊肉是从家里……

老乡同乡甲：家里搬出来的。房子塌掉了，就搬出来了。

李小萌：你们跟这个大叔一个村儿的？

老乡同乡甲：我们原先一个村，后来搬了。

李小萌：都认得。

老乡同乡甲：我们现在在城里住，城里全塌了。

李小萌：下一步怎么打算呀？

老乡同乡甲：我孩子都死了，我母亲死了，塌在医院里了。

李小萌：母亲受伤了？

老乡同乡甲：死了，孩子被塌死了，在北川一中。

李小萌：孩子也死了？

老乡同乡甲：就剩我一个。

李小萌：你爱人呢？

老乡同乡甲：也死了。

李小萌：四口人就剩你一个人？

老乡同乡甲：啊。

李小萌：你全部家当都在这儿了？腊肉是家里找回来的，这里还有些什么？还有两瓶啤酒也是家里的？这里是白酒，两块腊肉几瓶酒，就是全部的东西了。

老乡同乡甲：全部都没有了，掏不出来了。

李小萌：这位大叔还想回去，你们劝劝他别回去了吧，一个人。

老乡同乡甲：你走哪条公路呀？

老乡：直接走。

老乡同乡乙：我们之前在那看到，一直在余震，一直在垮石头。

李小萌：一直在垮石头哇，那路上也有危险。

老乡同乡乙：生命要紧呀，他们死了的我们就不说了，我们生命要珍惜，要珍惜自己的生命。

李小萌：大叔，您听听劝，别回去了，路上也不安全。

老乡同乡甲：真的不要。你千万要小心呀。

老乡同乡乙：要小心是真的，稍微有余震，石头就滚下来。

李小萌：是呀，这搭个伴儿，还能一块儿走，一块儿回绵阳吧。

老乡：主要是有东西在屋里头。

李小萌：那你们是怎么着？是歇一下还是接着走哇？

> 老乡同乡甲：接着走嘛，接着走。
>
> 李小萌：大叔你呢？他们要走了。
>
> 老乡：他们走了，我还是要回去。
>
> 李小萌：还是回去，那您快走吧，别耽误了。快走吧，别耽误时间了。多保重啊！多保重！我帮您。慢走哇，小心点儿。
>
> 老乡：谢谢你操心啊。
>
> 李小萌：你小心点儿，口罩戴上。（画外传来李小萌的抽泣声。）

在以上案例中，记者李小萌通过现场采访，将一个灾区路上的偶遇发展成了一段经典的新闻报道。在对话交流过程中，不仅给观众报道了灾区受灾情况的严重程度，更向大家展示了灾区群众热爱家乡、热爱生命、坚韧不拔的精神和情怀。记者采访的话语之中也一直充满了人性关怀和人情温暖，使得新闻报道具有了感动人心的力量。有专家对李小萌这段报道最后真情流露的哭泣评论道："哭得惊天动地，又恰如其分。"

三 ‖ 现场体验说明型

现场体验说明型现场报道是目前出镜记者现场报道中最灵活、传播效果最明显的报道类型。在这种报道类型中，出镜记者不仅发挥有声语言的报道功能，而且充分发挥肢体语言的报道功能，不仅在"说"，而且在"做"，将两者有机结合，以实现信息传播效果的最大化。有经验的出镜记者常常以此方式来代替以往呆板的出镜报道形式。

该类型现场报道使出镜记者由观察型报道向参与型报道转变，记者全身心地参与，边体验边讲述、边介绍，可以有描述、感受、评论等多种信息传达的方式，不拘一格，这样使得报道内容更加细化、更有说服力。

在这种报道类型中，出镜记者成为观众在新闻现场的"代表"，代替观众去观察、去体验，并将自己的感受报告和分享给观众。这种报道方法比较容易唤起观众的参与感、体验感，也比较容易形成观众的"同理心"，使观众较容易接受记者传达的信息和观点。

【案例】 新华社记者出镜报道《给你一百万，你想买啥车?》

近年来，新华社大力加强音视频报道，强化新媒体报道，培养和造就了一批优秀的出镜记者和新闻主持人，打破受众对"国社"的传统刻板印象，在主流媒体中取得了引人瞩目的成绩。

在这则《给你一百万，你想买啥车?》新闻视频中，新华社记者许杨现场报道第三届中国国际进口博览会汽车展区的情况，他采用 Vlog 的摄制方式，大量使用自拍、主观视角拍摄，亲自试乘摩托车、跑车、房车等进口名车，采用口语化、个人化、网络化的语言，使用悬念、反差等叙事手法，生动、幽默地将自己在现场的观察和体验感受传达给受众，成为主流新闻媒体新媒体化、努力实践"三贴近"报道原则的典型代表（见图2-4）。

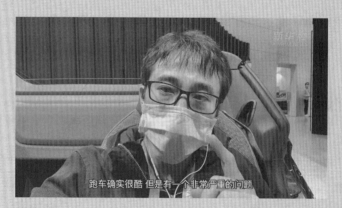

图2-4 新华社记者出镜报道第三届中国国际进口博览会

需要注意的是，现场体验说明型现场报道不是纯粹的记者个人"私"感受的公共传播，出镜记者必须采用大众公认的、科学的方式、方法进行体验，其考察体验点也应该是广大观众比较关心的问题，不可以狭隘化、私人化。出镜记者需要时刻牢记自身的报道使命，保持公正、客观的报道原则。

四 || 现场与演播室连线问答型

出镜记者现场报道的最高级形式就是在视频新闻现场直播中出镜记者在新闻现场和演播室主播（主持人）进行连线，完成新闻事件的同步直播报道。视频新闻直播化是我国视听媒体新闻报道近些年来一直努力在做的工作，也是视频新闻报道的未来发展方向。

此类现场报道的表现形式是，整个报道通过演播室的新闻主播（主持人）与身在新闻现场的出镜记者一问一答的方式来完成的。提问方是新闻主播（主持人），回答方是出镜记者。

这种类型的现场报道的特点是，新闻主播（主持人）将出镜记者的报道内容以提问的形式进行条理性的分割，使出镜记者的报道更具有针对性，这在一定程度上规划了出镜记者报道的范围。但是，这种方式也存在制约出镜记者报道行为的缺陷，要么双方事先做好充分的沟通，要么有相对灵活的新闻报道机制以适应报道过程中新闻话题的转变。

在这种报道方式中，记者出镜的位置最好是新闻事件的"第一现场"，直播连线的时间也要尽量争取"第一时间"。如果换了一个现场环境，或者直播连线时间和事件发生时间相差太久，那么其报道的魅力就会大打折扣。

【案例】　央视报道《法国巴黎多地发生枪击爆炸事件》

当地时间 2015 年 11 月 13 日，巴黎发生了震惊世界的连环恐怖袭击事件，中央电视台在新闻节目中采用直播连线的方式对此次事件进行报道。央视记者在较短的时间内赶到第一现场附近进行出镜报道。尽管出镜记者的语言表达能力并不尽如人意，但是，在重大新闻事件发生时，能够直接在新闻现场展开出镜报道，是值得肯定和鼓励的（见图 2-5）。

图 2-5　央视报道《法国巴黎多地发生枪击爆炸事件》

在这种报道方式中，出镜记者不再是控制整个新闻报道的核心，而只是整个新闻直播链条的一个环节。在关注新闻现场的同时，出镜记者需要听从导播的调度和指挥，需要和演播室主播（主持人）、摄影、录音、信号传输等各个工种的工作人员相配合。出镜报道的起始、结束、时长都不能完全由自己决定，还需要按照事先设计好的场面调度方案进行走位。这使其工作状态具有一定的被动性、他控性，这对出镜记者现场报道的能力、水平提出了较高的要求。出镜记者必须头脑思路清晰、心理素质稳健、语言表达流利、熟悉新闻直播流程，还要对新闻现场可能出现的一些意外情况准备预案，能够从容应对新情况和新问题。为了保证不出差错，这种类型的现场报道在条件允许的情况下，通常事先要进行预演和走位，对演播室主播（主持人）提出的问题和现场记者的回答内容事先需要进行一定的沟通。当然，在时间紧急的突发事件连线报道中，是不可能进行事先的预演和走位的。此时，导播、出镜记者、演播室主播（主持人）、摄影、录音、信号传输等各岗位工作人员的业务素质、工作规范和工作经验就成为决定直播报道成败的关键因素。

在现阶段，因为受到技术、资金、政策等各方面的限制，我们经常会看到在我国的国际新闻直播连线报道中，出镜记者的画面经常由该记者的静态照片或者一张电话机的图片代替，视频新闻直播在一定程度上变成音频直播，而且，观众可以明显地感受到记者一方并没有出现在所报道的新闻现场，这种形式的直播连线传播效果比较差，今后需要尽量加以摒弃。当我们的出镜记者能够像世界一流视听媒体的记者一样，出现在世界上任何新闻现场和国内进行直播连线报道的时候，我们的视听媒体也就真正进入了世界级媒体之列。

第三节 ‖ 出镜记者现场报道的叙事策略

出镜记者现场报道与视频新闻的配音解说、新闻播音员在演播室中的新闻口播存在差异。

出镜记者需要完成多种任务：参与前期新闻采访，撰写新闻文稿，镜头前以记者身份口头报道等。在此过程中，记者既需要完成书面文稿的写作，又要完成有声语言的创作，在书面文稿的新闻叙事模式与有声语言的新闻叙事方式之间转换。

一 出镜记者现场报道的叙事方式

一则新闻报道包括导语、核心事实、背景及评论。出镜记者现场报道在整个新闻叙事过程中，可以灵活地出现在任何一个环节上。出镜记者现场报道的内容要和整个新闻报道的其他部分有机结合，出镜记者现场报道要能够直接被运用到新闻报道中，并成为新闻叙事中不可缺少的一部分。没有出镜记者的报道，新闻叙事就不完整。

根据出镜记者现场报道的叙事功能不同，我们将其叙事方式分为新闻导语式、事件陈述（描述）式、信息补充式、事件评论式、观点总结式五种。

（一）新闻导语式

新闻导语式现场报道是目前采用最为普遍的出镜报道叙事方式。相对来讲，其操作难度系数最低、最为简单，只要口齿清楚、语言流畅就可以完成，主要出现在日常消息类新闻报道中。新闻导语式现场报道的基本模式通常为："观众朋友，大家好！今天是××××年×月×日，我现在所处的位置是××××，由××机构组织的××活动正在这里举行。"此类现场报道内容在整个新闻叙事中承担新闻导语的作用，往往起到铺垫、引导的作用。

新闻导语处于新闻的开头部分，先声夺人，通常需要运用最精练的语言，将时间、地点、人物、事件等最具新闻价值的新闻要素在此处报道。然而，在一些出镜记者的现场报道中，新闻导语部分往往只是说一些八股文式的套话，而没有真正抓住所报道的新闻的独特报道点，缺乏真正富有新闻价值的新闻信息。

因此，在新闻导语式现场报道中，需要注意增加新闻导语的信息含量，即出镜记者在镜头前口语表达内容的信息含量，增强"我必须到现场来说明这一事件"的意义和价值，而不是简单地说一些落入俗套的"开场白"，也不能只是做一种纯形式感的变化，将新闻稿件中导语部分由"配音内容"变为"出镜记者报道内容"。

（二）事件陈述（描述）式

事件陈述（描述）式现场报道是指出镜记者主要运用口头语言对新闻现场的客观状况、新闻事件发展过程进行陈述或描述。

20世纪90年代以前，对新闻事件的陈述（描述）式报道中，有关新闻核心事实的报道常采用的是"画面＋新闻解说"的形式。进入21世纪以来，世界各大视听媒体普遍采用出镜记者现场报道的形式来报道此类新闻，让出镜记者在现场环境中完成新闻事件及其来龙去脉的陈述或描述。这样，此类新闻报道就会变得更加生动、鲜活。

事件陈述（描述）式现场报道主要考验的是出镜记者对新闻事实发展脉络的阶段性掌控和提炼，往往用于报道新闻事件的"决定性瞬间"已经过去，或者新闻主题比较抽象化、概念化的新闻事件。在整个新闻报道中，通常起到承上启下的作用，同时，也是整个新闻报道中介绍"新闻事实"的重要组成部分。

（三）信息补充式

新闻报道离不开新闻背景，任何事情都有其前因后果，了解新闻背景可以更好地理解新闻的本质和意义，避免简单地"就事论事"，也有助于对新闻事件的未来发展走向做出准确的预判。

一般来说，在消息类新闻报道中，新闻背景作为补充信息放在整个新闻的最后部分，起到参照、补充的作用；而在解释性新闻报道中，新闻背景地位极其重要，是新闻报道的根基。因此，在消息类新闻报道中，出镜记者现场报道可有可无；但是，在解释性新闻报道中，出镜记者在现场对新闻背景信息的补充是无法替代的。

出镜记者在新闻现场补充的新闻信息主要是不能通过镜头画面和现场声音直接交代的与新闻事件相关的各种信息。它可以是对新闻人物的补充介绍，也可以是对内在隐性信息的挖掘呈现。

（四）事件评论式

事件评论式现场报道与上述报道所扮演的角色不同，它是在完成事实信息报道的基础之上，对新闻事实进行深层次的分析、评论，从而揭示出该事件对社会各方面产生的影响和意义。

不同的媒体从不同的立场出发，对同样的新闻事件会有不同的看法。不同的受众处于不同的社会生活环境中，对同样的新闻事件也会产生不同的观点。对新闻事件进行及时的评论，是新闻媒体实现自己的报道意图、传播自己的价值观念、影响社会舆论形成的有效方法。出镜记者在现场报道新闻事实的基础上，立即进行相关评论，可以最大限度地保证评论的时效性，较好地将新闻事实与评论内容相结合，一定程度上还可以"先入为主"，有效地实现自己的传播目的。

事件评论式现场报道通常具备分析性语言多、事实信息相对较少、评论短小精悍等特点。

在比较短的时间内，对新闻事件作出精辟到位的评论，是非常考验出镜记者内在新闻素养、知识修养水平的，这需要出镜记者有丰富的社会阅历、敏锐的政治眼光、深刻的理性思辨和良好的语言表达能力。这些对出镜记者的综合素质提出了很高的要求。在出镜记者现场报道中，记者在报道客观事实的基础上，要"敢于评论"，还要努力"做高水平评论"，才能实现出镜报道效能的最大化。

【案例】 白岩松："中国除了足球队没去，其他都去了"

2018年6月10日，白岩松作为出镜记者现场报道俄罗斯足球世界杯的情况（见图2-6）。他从足球门票销售统计数据切入，向大家报道本届世界杯中国参与的情况，并进行简短的分析评论。其中，"中国除了足球队没去，其他都去了"成为世界杯期间流行一时的名言。这句话不仅反映出了中国各界参与俄罗斯足球世界杯的广度和深度，也透露出中国球迷心底的一种遗憾和伤痛，可谓是一语双关，形象准确，并且情真意切。本段出镜报道的具体内容如下。

白岩松：世界杯马上就要在上合组织峰会闭幕之后的下一周在俄罗斯举行了。我觉得，涉及世界杯的时候，前两天我刚看到国际足联统计的一个数据，中国球迷购买本届世界杯的门票超过了四万张，在所有的国家当中排行第九。要知道一共32个参赛的国家，咱们还没参赛，但是，我们（购买的门票数）就排到了第九，比西班牙、英格兰等等参赛国家球迷购买的门票数都多。然后，还有很多很多的因素，包括（中国）赞助商都在俄罗斯世界杯上有所显现。这句话这么说吧，俄罗斯世界杯，中国除了足球队没去，基本上其他都去了。

图2-6 央视报道俄罗斯足球世界杯的情况

（五）观点总结式

观点总结式现场报道主要以归纳梳理新闻信息、总结提炼新闻观点为主要目的，大多出现在新闻报道的中段和结尾。如果用在中段则属于"观点小结"，用在结尾则是"全面总结"。

出镜记者在现场报道中，在报道客观事实的基础上，总结出与新闻事实相关的结论和观点，有助于观众正确地理解和认识新闻事件，避免观众迷失在纷繁复杂的事件表象之中。从新闻传播的角度来讲，出镜记者在新闻现场的观点总结式报道，也有利于去粗取精、化繁为简，使受众能够快速、准确、清晰地接受新闻报道的基本观点。

> **要　领**
>
> **出镜记者现场报道的叙事方式**
>
> 　　根据出镜记者现场报道的叙事功能不同，我们将其叙事方式分为新闻导语式、事件陈述（描述）式、信息补充式、事件评论式、观点总结式五种。

三 ‖ 出镜记者现场报道的叙事时态

从时间切入点上看，出镜记者对新闻事件的报道只存在两种情况，即与新闻事件同步发生的目击式报道和在新闻事件发生之后的回顾式报道。

（一）目击式报道

目击式报道是指出镜记者在新闻现场，在镜头前将新闻事件发生发展的阶段性过程实时报道出来。出镜记者的报道与新闻事件变化是同步进行的，出镜记者的现场报道伴随着新闻事件的进程。

目击式报道分为预见性事件的目击式报道和突发性事件的目击式报道。

预见性事件的目击式报道中，出镜记者可以事先进行精心的准备，甚至可以进行事先的出镜报道预演和排练。在新闻事件发生发展过程中，按照事先准备好的方案和内容进行报道，同时，要保持新闻敏感，对现场出现的意外情况能够随机应变，及时地在报道中体现出来。

概 念

> ### 目击式报道
>
> 　　目击式报道是指出镜记者在新闻现场，在镜头前将新闻事件发生发展的阶段性过程实时报道出来。出镜记者的报道与新闻事件变化是同步进行的，出镜记者的现场报道伴随着新闻事件的进程。

　　突发性事件的目击式报道需要一定的机缘巧合，出镜记者往往不是有目的地去新闻现场，而是恰巧在事件发生时置身于新闻现场。他们有可能是在报道其他选题，也有可能没有工作任务，只是和普通民众一样在过着日常生活。当突发性事件发生时，他们马上恢复专业记者的工作状态，"就地取材、现身说法"，于镜头前将自己的所见所闻所感第一时间报告给受众。

　　观众可以借助视频画面，借助现场记者的"双眼"，了解事件发生的过程，而且通过出镜记者所做的现场报道，了解画面以外的信息。

　　目击式报道作为出镜报道中新闻现场信息传播效果最明显的形式越来越受到追捧，特别是突发性事件的目击式报道，可以说已成为出镜记者现场报道的"极品"。当然，这也对出镜记者的业务能力提出更高的要求：经验丰富、观察力强、语言组织快、思路清晰。

　　（二）回顾式报道

　　回顾式报道是指出镜记者在新闻事件发生之后，深入新闻现场，依据自己的细致观察和前期采访，在镜头前将新闻事实信息传达给受众的报道形式。目前，电视新闻的出镜报道主要是回顾式报道，即新闻发生后出镜记者所做的报道。

【案例】　央视记者探访布鲁塞尔爆炸案地铁站

　　当地时间 2016 年 3 月 22 日 8 时左右，比利时布鲁塞尔扎芬特姆国际机场出发大厅发生爆炸；9 时 22 分，布鲁塞尔欧盟总部附近地铁站发生爆炸。比利时官方确认爆炸是自杀式恐怖袭击。当地时间截至 2016 年 3 月 22 日 18 时，连环爆炸事件已致至少 34 人遇难。其中地铁站爆炸有至少 20 人遇难，另有 106 人受伤。

　　2016 年 3 月 23 日，中央电视台记者

王璇一行从荷兰驱车赶到发生爆炸的地　让观众间接感受到了恐怖袭击时的悲惨
铁站现场，通过对爆炸遗留在现场的血　景象（见图2-7）。
迹、碎玻璃等事物及场景的拍摄、报道，

图2-7　央视记者探访布鲁塞尔爆炸案地铁站

新闻事件发生后，时间、景象、人物、结果等关键因素都会发生变化，不变的只有新闻事件的发生地点。事发地点会留存大量富有新闻价值的景物、细节，这是视频新闻制作者可以捕捉到的有关新闻事件的、最主要的"有形"资源了。通过事发地点场景在新闻事件发生前后的变化对比，可以让观众在头脑中构建出事件发生时的情景，并清楚地认识到新闻事件所造成的影响。

第四节　出镜记者现场报道的常见问题

出镜记者是现场报道的核心。"视频新闻直播化"的发展趋势使我国出镜记者队伍不断发展壮大，但是，在视频新闻报道过程中，常常可以看到很多新闻由于出镜记者现场表现大失水准，而影响到新闻的真实感和感染力。

在实际工作中，出镜记者现场报道常见的问题有以下几种。

一　语言表达能力欠佳

在我国的新闻报道工作中，记者的写作能力长期被作为第一重要的素质看待，"文笔好"一直是肯定一个新闻记者水平的首要标准。长期的文字写作积累，使得许多记者养成了"文字思维"的习惯，可以在写作过程中，前思后想、反复推敲、妙笔生花、文采飞扬。和文字运用能力相比，许多记者的语言表达能力（尤其是即兴语言表达能力）明显较差。在日常生活中，这种欠缺的影响并不是很明显，但是，当在新闻现场面对摄影机镜头进行出镜报道时（特别是在直播状态下），情况就不一样了。此时，记者的语言流畅程度、语言信息的丰富度、语言内容的深度、遣词造句的准确生动程度等等方面都会表现出一些不尽如人意之处，如结结巴巴、含糊其词、颠三倒四等等。

在视频新闻的国际报道中，出镜记者语言表达能力欠佳的问题更加普遍，这主要归咎于我国的国际新闻记者的培养、选拔和任用机制。国际新闻报道的记者大多数毕业于外语专业，在其能力素质构成体系中，新闻素质和外语素质比起来，是属于次要地位的。因此，我们经常看到某些驻外记者在出镜报道时，语言状态、镜前形象方面更像一个"翻译"，而不是一个优秀的"记者"。

在我国，代表视频新闻出镜报道一流水平的央视记者，就曾在国际新闻直播连线过程中，面对镜头出现忘词、语无伦次、结结巴巴等状况，不仅对央视形象造成负面影响，也让观众对其专业素质和专业水平产生怀疑。

【案例】　上海广播电视台直播连线记者体验包粽子

2018 年 6 月 18 日是端午节，上海广播电视台特别策划了《端午·江南文化》长三角联合大直播活动，联合沪苏浙皖三省一市八家电视台为观众呈现江南人家过端午的文化传统和风俗。在当天的新闻节目中，上海广播电视台还通过直播连线的方式，请各电视台记者报道自己当地有特色的端午活动。其中，江苏姜堰电视台的出镜记者在直播过程中的连线报道出现了多处比较严重的问题。

首先，当演播室主持人开始连线还没有提完问题时，出镜记者就开始启动，想按照自己预先背好的出镜词开始报道。等主持人提问完毕，出镜记者随即开始"背词"，但说了两句发现自己准备的话和演播室主持人的问题不太相符，出镜记者干脆停下来，边退回原位边说："你把我的问题给打乱了，主持人。我现在可以……再……再……你来听一下我的，我准备的话题，然后呢您再提问，可以吗？"因为是现场直播，所以，全过程都在电视节目中呈现出来了。这里，出镜记者犯了两大错误：一是不认真听主持人的问题，机械背稿，在直播过程中的语言表达能力存在不足；二是反客为主，在直播中指挥调度主持人如何提问，违反基本的新闻直播操作规则。

演播室主持人重新提问后，直播连线继续，镜头呈现出来的是一个摆拍痕迹非常重的场景。在古镇景区院子里，有四位女士在包粽子，旁边还有一个女孩子在吃粽子，画面前景处还有一口正在煮粽子的锅。出镜记者按照事先的安排，逐一采访现场人物。观众可以清楚地看到，其中两位女士的衣领处戴有纽扣话筒。整个场景看上去非常假，各个人物说的话也显得非常"套路化"。最后，没等现场出镜记者的采访完成，导播就切回演播室，请主持人结束了这段"摆拍秀"式的现场直播报道。出镜记者和新闻现场的工作人员，将出镜记者现场报道搞成了"摆拍""表演"，完全失去了现场感、真实感，违背了新闻报道的基本准则（见图2-8）。

图2-8 上海广播电视台直播连线记者体验包粽子

二 ‖ 上镜形象、举止欠佳

传统上，视听媒体在选拔播音员、主持人时，对于其样貌形象、外在气质、言谈举止都会有比较严格的要求，甚至建立起了一套成熟的遴选、评价机制。对于出镜记者而言，各个视听媒体的要求要宽松许多。出镜记者不一定非得是俊男靓女，也不一定必须是青春年少。除非有特殊规定，否则，任何一名在新闻现场采访的记者都可以采用出镜报道的方式来报道新闻。

出镜记者现场报道毕竟是一种公众传播行为，还是应该考虑受众的接受心理和接受习惯。尽管不要求出镜记者的形象一定"赏心悦目"，但是，也不能"惨不忍睹"。总体而言，出镜记者要给观众带来知性、干练、可信、健康等感觉，不能让人觉得丑陋、怪异、病态等。一般情况下，在出镜着装上，不能邋里邋遢、奇装异服；在发型、仪容方面，要保证干净整洁；在行为举止方面，要符合公共文明礼仪规范，不能过于随便。出镜记者现场报道是一种"类人际传播"行为，不能将其简单地等同为日常生活中的"人际传播"行为，出镜记者的言谈举止还是要符合公共传播的规范，不能过于生活化。

三 ‖ 不善于利用肢体语言等非语言符号

在我国出镜记者现场报道中，静态、纯语言报道占据了大多数，许多出镜记者更擅长使用口头语言来报道新闻信息。其实，出镜记者的镜前报道行为，一定程度上可以借鉴演员的"镜前表演"，其肢体动作、运动方式会极大地丰富出镜报道的表现形式，也会使新闻信息的传播更加有效。

在可能的情况下，出镜记者现场报道应该"动"起来，将手势、眼神、表情、体态、身体运动等都运用到新闻信息的采集和传播过程中，以使其具有更高的可视性，调动所有的信息传播通道保证新闻信息的有效传播。

只有突破单一的静态口语报道方式，才能避免出镜报道的"碎片化"，进而形成"出镜报道段落"，形成报道的连续性、完整性，形成不同的场面调度形式，建立起不同报道点之间的逻辑关系。

四 /// 不必要、无意义的出镜

在视频新闻报道强调进行"现场报道"的时代背景下，一些记者为了体现自己报道手法的先进性，"为出镜而出镜"，纯形式主义地利用出镜报道方式来报道新闻。

简单的"开场白式"的出镜报道是我们最常见的"无意义出镜报道"形态。记者出镜报道的话语只是文字新闻稿的导语部分，完全不是必须在现场呈现的内容。此外，一些出镜记者在现场报道时，主要用语言描述镜头可以拍摄得到的现场情景，而缺乏更深层信息的补充，显得简单重复，也没有存在的必要。

并不是所有的新闻报道都适合采用出镜记者现场报道的形式。出镜记者现场报道的基础是必须存在具体的"新闻现场"，在特定的时空中，特定的新闻事件在发生发展，出镜记者置身于新闻现场，将新闻事件进程以及对其的感受、解读等传达给受众。对于不存在具体新闻现场的抽象化、概念化主题新闻报道，通常不适合采用出镜记者现场报道的形式。

尽管出镜记者可以在新闻现场补充背景信息、进行分析评论，但是，出镜记者现场报道还是应该以现场新闻信息为主，不能本末倒置。有的出镜记者在新闻现场像讲课一样，滔滔不绝地给观众介绍背景资料，这就失去了现场报道的根本意义，不如把这样的内容交给解说词或主持人来介绍更合适。

【案例】 央视记者直播连线中无意义的出镜报道

2010年2月5日，中国赠送美国的大熊猫繁殖的后代泰山和美兰乘专机回到成都，中央电视台对此事件采用了跟踪直播报道。在成都双流国际机场，当专机降落后，为了填补等待熊猫下飞机的间隔时间，央视出镜记者手持两块"熊猫返乡行程示意图板"，占用直播连线时间，介绍大熊猫从美国启程—登机—经停—到达的路线图和时间表。这部分内容并不属于现场信息，交由演播室主持人介绍效果会更好。占用大段直播连线时间，在新闻现场如此介绍背景资料，显得有些浪费和任性了。更让人失望的是，在直播连线了七分多钟后，观众被告知大熊猫要在四十多分钟后才能下飞机，关于此新闻的现场直播就此结

束。出镜记者在现场介绍了一大段背景信息，而观众最想看到的大熊猫却未能出现，最具新闻价值、最具现场感的信息未能呈现（见图2-9）。

图2-9　央视记者直播连线报道大熊猫回国

五　过分凸显记者自身

有些出镜记者（尤其是年轻的记者）会存在"人来疯"或"镜头疯"的问题，经常在现场的采访中，自己侃侃而谈、口若悬河，被采访者常常只有称"是"的份儿。这其实是出镜记者先入为主、简单地完成采访报道任务的一种表现。出镜记者按照自己的主观设想和报道意图，自说自话地进行大段落的陈述和评论，同时生怕采访对象说出超出自己预期范围或者与自己报道意图相左的内容。因此，只给采访对象留下非常少的表达机会，采访对象只是被当成了附和和支持出镜记者报道内容和观点的工具。

出镜记者现场报道绝对不是记者个人的"独角戏"，现场新闻信息永远大于记者的形象，出镜记者的所有活动都应该是为新闻报道主题服务的。优秀的出镜记者是通过很好地报道重大新闻事件而逐步走向成功的，单纯地追求自己的出镜率和过度的"表现欲"并不可取。

六　缺乏对新闻现场的判断和掌控能力

在出镜及现场采访过程中，没有时间让记者慢条斯理地去反复权衡、斟酌，特别是遇到紧急情况时，更要在最短的时间里做出最准确的应变，面对复杂多变和不可预知的局面，视频新闻直播中的出镜记者应有良好的快速应变能力，灵活机智地处理好一切突发事件。

新闻判断能力是新闻记者的核心能力之一。在新闻直播出镜报道中，面对纷繁复杂的新闻事件，如果不能在准确事实判断的基础上，通过超凡洞察力形成对事实的价值判断，那么就无法满足观众的需求与期待。

目前，我国一些新闻记者对现场的判断力和对突发事件的及时反应能力不能令人满意，这需要常年实战演练和多年经验积累，也需要提升记者本身的能力和修养。同时，对出镜记者而言，丰富的人生阅历同样是笔不小的财富。

七 ‖ 缺乏与被采访者的平等交流意识

在我国，主流新闻媒体由政府主办，新闻媒体被称作"党和政府的耳目喉舌"，这充分说明了党和政府对新闻媒体的重视程度。然而，一部分新闻从业者却就此以"党和政府的代言人"自居，以"钦差大臣"自居，在采访报道过程中，高高在上，有很强的优越感，根本不能和被采访者进行平等的交流和对话，更不要说"设身处地、感同身受"地去深入了解和体会被采访者所经受或面临的境遇。

好的记者，应该同时也是好的聆听者。只有先弄清楚被采访者的情况，才能进行客观、真实的报道，才能赢得被采访者的信任，人家才愿意和你讲实话、讲心里话。记者需要给对方说话的权利，才能给自己一个求得新闻真相的机会。

只顾自己表现而忘了记者的本分，是出镜记者现场报道的大忌。新闻题材的广泛性决定了记者面对的采访对象几乎可以是所有人，所有这些被采访者都希望在一个平等的氛围下进行交流。如果总是在意自己表现而将采访对象放在被支配的地位，对方是不会愿意打开话匣子与记者深入交流的，出镜记者现场报道的魅力也会大打折扣。

【思考与练习】

1. 根据新闻事件类型不同，可以将现场报道分成哪几种？其各自的特点有哪些？

2. 录像型现场报道和直播型现场报道各有哪些优缺点？

3. 动态报道和静态报道相比有哪些优点？

4. 出镜记者现场报道的表现形式主要有哪四种？其各自的特点有哪些？

5. 根据叙事功能不同，可以将现场报道分成哪五种？

6. 什么是目击式报道？什么是回顾式报道？

7. 出镜记者现场报道中常见的问题有哪些？

实训一　出镜记者报道基础训练

一、实训目的

通过实训，训练学生新闻报道意识、交流意识和镜头前的语言组织能力；学生体会作为出镜记者在镜头前报道的状态，初步掌握出镜记者现场报道的基本技能。

二、实训内容

1. 组织学生观摩典型的电视现场采访报道节目及优秀的电视新闻节目记者现场报道的片段，通过观摩与互动讨论，具体讲解分析，让学生更直观地了解出镜记者报道的发展及现状，提升判断与鉴赏新闻出镜报道的能力。

2. 出镜报道基础训练，可以进行情景模拟报道训练或者在真实新闻现场完成出镜报道。

三、实训要求

1. 实训主题需要积极健康向上，训练要求用长镜头一镜到底拍摄。

2. 充分准备新闻稿件，脱稿完成报道训练。

3. 重点训练学生镜头感和语言的组织能力，语言清晰、语脉流畅。

四、实训设备

1. 摄像机（或数码单反相机、手机等）。

2. 话筒。

3. 三脚架、手机稳定器等。

五、实训考核

1. 每人提交2～3分钟的出镜报道视频作业。

2. 提交出镜报道的文字大纲、关键点。

3. 完成作品汇报交流。

第三章

出镜记者与新闻采访

【学习要点】

◇ 采访是出镜记者的重要工作内容，前期策划是做好新闻采访的重要前提和基础。

◇ 新闻采访在出镜记者现场报道中占据重要的地位和作用，充分搜集背景资料、做好现场观察和现场提问是保证采访成功的重要基础。

◇ 出镜记者的新闻采访可以分专访、参与体验式采访、随机采访、电话采访等多种形式。

出镜记者除了在新闻现场进行报道之外，另一项本体性的工作任务就是进行新闻采访。根据采访性质不同，出镜记者的采访大体可以分为三种：一是在视频专访节目中，对被采访人物进行深度访谈，或者在新闻外拍报道过程中，对当事人、目击者、专业人士等新闻人物进行调查采访。二是针对特定的选题，对社会群众进行随机采访（又称作街采），以获得客观、全面、准确的新闻信息。三是对无法直接见面的采访对象进行电话采访。出镜报道和出镜采访构成了出镜记者基本工作任务的两极。

根据时间阶段不同，出镜记者的采访可以分为镜前采访和前期采访两部分。镜前采访是正式录制视频新闻时，在摄影机镜头前进行的采访；前期采访是在正式录制视频新闻之前所进行的和其他媒体新闻记者大致相同的新闻采访工作。前期采访是基础，需要花费较多的时间和精力；镜前采访是在前期采访的基础上，经过筛选、取舍之后进行的比较精练的采访，是能够呈现在完成作品中的采访部分。俗话说，"台上一分钟，台下十年功"，要想做好镜前采访，扎实的前期采访工作是重要的基础。

新闻采访是一项充满了技巧性的工作，运用得当则事半功倍，会为新闻增添无穷魅力。在确定采访对象之后，出镜记者就要进行采访的准备工作，对采访的准备主要包括两部分：背景资料准备和采访问题准备。研究背景资料是采访的入手点，对背景的研究通常是在确定了采访对象之后进行的，因而具有很强的针对性。准备采访问题是采访准备的重点，通过一系列设问，并对预计获得的回答进行分析考量，出镜记者可以制订详细的采访计划，并可以事先预估新闻报道的成败。采访问题的设定，一方面基于对未知新闻信息的探究，另一方面为了让采访对象"现身说法、亲口讲述"，记者会设计一些自己事先已经知道答案的问题，"明知故问"，以满足视听媒体需要第一手视频画面和声音元素的特性。

出镜记者要想做好新闻采访工作，必须要具备良好的"发现意识"，具体有两条要求：其一，出镜记者必须到达新闻现场；其二，出镜记者在新闻现场一定要有独到的发现。有了独到的发现，才能提出不同寻常的问题，新闻节目才能做到"好看"。独到的发现必须要以观察为基础，在采访现场的观察应是全方位的，包括用眼睛看，用耳朵听，用身体感觉，用脑子思考。观察必须和出镜记者积极的思考相结合，在观察中思考，在思考中观察。

第一节 ‖ 新闻采访的策划

最能体现新闻记者职业活动特点的是采访，它是新闻工作的一项基本功。新闻采访是新闻材料的采集与对采访对象的访问的合称。

采访最主要的内容，归纳成最基本、最简单的几个字就是采集事实。新闻采访需要进行充分的前期策划。

一 ‖ 新闻采访策划的内涵及主要方式

策划是一种程序，在本质上它是一种运用脑力的理性行为。基本上，所有的策划都是关于未来的事物，策划是针对未来要发生的事情来做当前的决策。换言之，策划是找出事物因果关系，衡量未来可采取之途径，作为目标决策之依据。也就是说，策划是预先决定做什么、何时做、如何做、谁来做。

新闻策划是指在进行新闻报道之前，对于新闻选题、新闻体裁、报道形式、报道时间表等进行设计和规划等活动，以保证新闻采访报道活动的顺利进行，以求达到新闻报道的预期效果。

新闻采访策划是指对采访对象、采访选题、采访设问、采访方式、采访目标、采访时间地点等进行的设计与规划活动，以求采访过程中能够高效地获得丰富的新闻信息，揭示新闻表象背后的原因，顺利实现采访报道的目的。

新闻采访策划根据实施主体的不同，可以分为以下两种方式：

（一）以编辑部为核心的新闻采访策划

以媒体的新闻编辑部为核心组织的新闻采访策划大多属于宏观策划，即根据一个时期的政治经济等形势，判定这一时期的报道方针、目标、重点以及为实现它们而进行的重大选题布置和采访安排。

（二）由记者完成的新闻采访策划

由记者个体完成的新闻采访策划通常属于微观策划，是新闻记者在一定时期内，为了完成某一项新闻报道任务，为了达到某种传播效果，对将要采访和报道的新闻所做的事先谋划或筹划，是围绕选题以及如何采访报道所进行的多维性思维活动。

概　念

新闻采访策划

新闻采访策划是指对采访对象、采访选题、采访设问、采访方式、采访目标、采访时间地点等进行的设计与规划活动，以求采访过程中能够高效地获得丰富的新闻信息，揭示新闻表象背后的原因，顺利实现采访报道的目的。

三 ‖ 新闻采访策划的基本内容

（一）选题的确定

新闻选题是指采访报道的题目和对象。选择什么样的题材取决于编辑部的报道思想，即编辑部在一定时期或阶段内，为达到预期的新闻传播目的而制定的新闻报道的设想和意图，这是选题的重要依据。

对于许多主题性新闻报道而言，经常是"先确定选题，再寻找新闻线索"，进而确定新闻报道具体方案。

对于大多数事件性新闻报道而言，记者往往是先掌握了一定的新闻线索——在新闻采访工作中对记者的报道具有提示性帮助的简明信息和信号，再决定选题的方向，最终形成新闻报道方案。新闻线索不等于新闻事实和报道，它的特点是比较简略、笼统，没有细节和过程，往往是一个片段或由头。

报道思想和新闻线索是新闻记者确定新闻选题的两大依据，在此基础上，新闻媒体和新闻记者凭借新闻敏感对选题做出最终的判断。

新华社著名记者徐人仲在《要善于发现新闻线索——新闻采访笔记（三）》一文中指出，"新闻采访线索可能是一件很简单的事，一个数字，一句话，一种现象，也可能是比较复杂的事。它的来源十分广泛，记者的所见所闻，都有可能成为线索"[①]。这段话说明，新闻线索时时存在于我们的社会生活之中，但是，需要新闻记者慧眼识珠，才能将其从纷繁复杂的生活当中发现和提炼出来。

如果是职业记者，获取新闻线索通常有一些较为固定的途径，如被邀请出席各种会议、参加各种活动，还可阅读一些文件资料，从中获取新闻线索。获取新闻线索可以通过以下几种途径：

1. 通过自己耳闻目睹获得新闻线索

记者接触一切事物与人时，都应该保持一种职业的敏感，时时考虑这些人或事是否可能成为新闻。

记者也是社会成员中的一分子，和其他人一样，过着正常而平凡的生活，同样需要衣食住行，同样面对生老病死，同样为子女的教育问题、老人的健康问题、家人的住房问题、自己的发展问题等操心受累。记者遇到的各种问题，通常也是社会公众面对的问题，从自己的个体体验出发，发现其中与广大人民群众具有通感的内容，往往就是良好的新闻报道选题。

有些事情，平常就发生在我们身边，由于司空见惯，所以感觉不到有什么新闻。然而，恰恰是这些看似"没有新闻"的地方，容易被人忽视的地方，有可能蕴藏着极具价值的新闻。存在和发生于我们日常生活中的事情，往往容易被熟视无睹。作为新闻记者，需要做有心之人，能够从普通民众习以为常、见怪不怪的现象中发现新闻点，

---

① 徐人仲. 要善于发现新闻线索：新闻采访的笔记（三）. 新闻与写作，1985（6）：30.

找到新颖、独特的报道角度。

通过自己耳闻目睹获得新闻线索，要注意防止从自己的一己私利出发，利用新闻媒体的影响力达到自己的个人目的。这种报道不具备典型性、代表性，还容易以偏概全，是新闻采访策划选题的大忌之一。

2. 通过通讯员等一线宣传工作人员获得新闻线索

专职新闻记者通常都会采取分口管理，即不同的记者负责不同行业或部门的新闻采访和报道。这种体制有利于记者采访报道的专业化，记者长期关注某一行业领域，可以和一线的通讯员等宣传工作人员建立密切、直接的联系，可以在第一时间获得他们提供的新闻线索。记者分口负责制度，还可以使记者积累更多相关的专业知识，使新闻报道更加系统化、深入化。

3. 从其他媒体资讯中发现新闻线索，特别是网络媒体

记者看其他媒体的资讯，在了解信息的同时，还要善于去发现新的新闻线索。随着互联网的普及和发展，通过微博、微信、论坛、视频网站等网络媒体发现新闻线索，寻找新闻选题，成为主流媒体进行新闻报道的一种重要方法。许多新闻选题都是先在网络平台产生了一定的影响，主流媒体才进一步跟进进行相关报道的。

越来越多的新闻媒体专门开设了供网友和普通民众提供新闻线索的平台，有的通过热线电话，有的通过微博、微信，有的通过专门的"爆料"渠道，经过专业记者和编辑的鉴别、遴选，从中确定具有较高新闻价值的线索，进行最终的采访报道。

【案例】　《大学女教师患癌被开除事件调查》选题过程

《大学女教师患癌被开除事件调查》获得了第27届中国新闻奖调查性报道二等奖。该作品为报纸通讯与深度报道，《中国青年报》特别报道版于2016年8月19日刊发。

《大学女教师患癌被开除事件调查》是关于兰州交通大学博文学院教师刘伶利在患癌症期间被开除事件的调查报道。记者亲赴兰州实地调查，发现博文学院在所聘教师刘伶利身患绝症期间，不但没有给予应有的人文关怀和帮助，反而有意将其开除。此举不仅使得刘伶利及其家人的境况雪上加霜，而且涉嫌违反国家劳动法规。

《大学女教师患癌被开除事件调查》的选题来源于记者章正在微信朋友圈中看到的一篇文章《在兰州一所大学教英语的她，在患癌后就被开除了》。这篇文章讲述的是一个历时将近两年而没有得到妥善解决的事件。在众多的互联网信息中，章正觉得这是一个值得报道的新闻线索，它不仅涉及个人的命运，还具有一定的典型性，具有更普遍的社会意义。章正以最快的速度通过电话联系了刘伶利的家人，并亲赴刘家进行采访，查阅了病例、法院判决书、刘伶利微信等大量资料，并进一步努力对相关各方进行采访。采访结束后，章正迅速写好了稿件传回报社，第三天该报道就在中青在线刊发，第四天就在《中国青年报》刊发。选题、采访、撰稿、发稿充分体现了新闻的时效性。

《中国青年报》关于刘伶利事件的报道在社会上引起很大反响，该报的报道又成为其他媒体的选题来源。

2016年8月24日，安徽电视台经济频道（简称安徽经视）《经视1时间》栏目播出了《甘肃：大学女教师 患癌被开除》视频新闻专题报道，使得该事件的影响力进一步被扩大（见图3-1）。

图3-1 安徽经视关于大学女教师患癌被开除的报道

4. 广泛接触群众，在闲谈中获取新闻线索

通过与广大读者、亲戚朋友的接触，在同他们的交往中获取新闻线索，这是记者获取新闻线索的一个永不枯竭的源泉。一个记者接触的生活面总是有限的，而读者、

亲友则遍布社会的各个角落，直接参与社会生活，了解到的事实也多，记者与之接触，可以获得源源不断的新闻线索。

5. 学会比较的方法，从差异中发现新闻线索

比较可以是横向的，拿这个地方的情况同那个地方的情况比比；也可以是纵向的，拿这个地方现在的情况同过去的情况比比。通过比较，从中发现相异之处。一般来说，相异之处越大，成为新闻的可能性就越大。

(二) 采访对象的确定

新闻事件会涉及多位新闻人物，不同的人物在新闻事件中发挥的作用不同，其在新闻采访中所处的地位也不尽相同。

1. 新闻事件的当事人

新闻事件的当事人是最重要的新闻人物，是新闻事件的直接参与者，直接决定了新闻事件的走向和结果，其受到新闻事件的影响也最大。新闻当事人可以是多人，其中，有人在新闻事件中发挥主要作用，有人在新闻事件中发挥次要作用。相应的，出镜记者在对他们进行采访时，投入的时间和精力会有所不同。

2. 新闻事件的关联人

新闻事件的关联人是指那些并未直接参与新闻事件，但是却和新闻事件的起因或结果有直接关系的人。他们往往是对新闻事件产生重要影响的人，也可能是受新闻事件影响最大的人。

3. 新闻事件的知情者

新闻事件的知情者包括目击者、见证人等，他们往往身处新闻事件的现场，目击了新闻事件的发生发展过程，或者对新闻事件的来龙去脉有全面深入的了解。对知情者进行采访，有利于我们透过事物的表象看到本质，用全面的、历史的、发展的眼光看待新闻事件。

4. 权威人士

权威人士经常是新闻事件相关领域的专家学者，或者是这些领域具有控制力的代表人物，他们拥有较大的话语权，拥有较高的权威性。对权威人士进行新闻采访，有利于人们从更深、更高的层次解读和把握新闻事件。

5. 与新闻事件无直接关系的普通民众

这些采访对象与新闻事件没有直接的利害关系，可以从客观的角度，冷静地对新

闻事件进行分析、评价，从而有利于记者将新闻事件放在更大的社会背景下进行考量。

（三）采访前的准备

认真做好采访前的准备，是记者不容忽视的一项工作。只有做好采访前的准备工作，记者才能成为采访对象的"合格的对话者"。

对于专职出镜记者而言，其采访前的准备工作往往有专门的团队负责。比如中央电视台的《面对面》和杨澜工作室的《杨澜访谈录》节目，都是有专门的策划、编导团队负责寻找选题、搜集资料、设计问题，提供给出镜记者进行消化、理解，进而转化为具有其个性的采访方式，体现在最终的出镜记者采访中。

采访前的准备可以分为广义和狭义两个层面。广义的准备，指一切知识、理论的储备；狭义的准备，就是对采访对象进行比较全面和深入的了解。

1. 资料准备

首先，要掌握背景材料，就是尽可能多地了解与此线索有关的情况，有文字材料的要用心阅读，这样采访时能够多方面地提出问题。

假如你要去采访某一个人，就要通过不同方式、不同渠道事先了解他的经历、性格、嗜好、习惯、特长等等，以便掌握尽可能多的情况。经验证明，这种准备越充分，采访中记者才能越主动。

其次，要尽快熟悉和研究采访对象。要知道你去采访的是什么人或什么事。要尽可能地找相关的参考材料。

 【案例】 阳光卫视记者采访吴冠中前的资料准备

阳光卫视《人生在线》栏目的记者当年采访著名画家吴冠中前，进行了认真的资料准备工作。除了查阅吴先生的生平资料之外，还认真地阅读了《彩虹人生——吴冠中画传》《圆了彩虹——吴冠中传》（当时《我负丹青——吴冠中自传》还没有出版）等书籍，搜集观摩吴冠中先生不同时期的画作及其评论，还对吴冠中先生中西结合的绘画风格、在美术界引起争论的"笔墨等于零"观念等相关专业问题进行了专门研究。在进行了比较充分的资料准备之后，才正式登门对吴冠中先生进行采访。

最后，要认真制订切实可行的采访计划（采访提纲）。采访计划的主要内容包括：采访范围和对象，采访时机和步骤，提问的内容和方式，可能遇到的问题与应急措施等。

2. 问题准备

有人说记者采访要唱三部曲：开始，少问多记；过一段时间，边问边记；最后，又问又记（观察）。

新闻采访一开始，就要努力寻找共同语言，缩短记者和采访对象的距离。优秀记者采访的共同经验是，记者在接触采访对象时，首先要架设双方谈话的桥梁，即用语言或实物取得对方的信任，引起共同感兴趣的话题，联络对方的感情，使谈话气氛融洽，有利于相互配合。

寻找共同语言的方法包括：从双方的经历中去寻找；从双方的兴趣、爱好中去寻找；从共同了解的事物、人物和知识中寻找；从支持、帮助和同情、关心中寻找；从双方接近的观点中去寻找；等等。

在采访过程中，记者的提问要注意以下几点：

第一，问得自然。这是提问的态度和气氛问题。

第二，问得直接。这是提问的目的。采访开始，记者要把自己的采访目的和内容直截了当地告诉采访对象，让对方非常清楚你的采访意图，以便配合。

第三，问得明白。这是提问的内容问题。提出的问题要准确传达给对象，防止使人迷惑不清。

第四，问得简洁。这是提问的表现形式问题。记者要体会受众想知道什么，站在受众的位置提问。

第五，问得有特色。这是提问的个性问题。什么是有特色的问题呢？只有问你眼前这个采访对象最合适的问题，才是有特色的问题。

3. 器材准备

与采访直接相关的物品有记者证或介绍信、采访笔、采访本等。在视频采访中，出镜记者需要和其他同事合作，准备好摄影机、灯光、电池、存储卡、话筒、摄影附件等多种器材。必要的时候，还需准备一些适当的道具。只有前期准备得比较充分，出镜记者在采访现场才会有备无患、游刃有余。

要　领

新闻采访策划的基本内容

新闻采访策划的内容主要包括选题的确定、采访对象的确定、采访前的准备三个方面。

选题的确定通常可以通过以下途径：通过自己耳闻目睹获得新闻线索、确定新闻选题；通过通讯员等一线宣传工作人员获得新闻线索；从其他媒体（特别是网络媒体）资讯中发现新闻线索；广泛接触群众，在闲谈中获取新闻线索；学会比较的方法，从差异中发现新闻线索。

采访对象通常从以下几类人物选定：新闻事件的当事人、新闻事件的关联人、新闻事件的知情者、权威人士、与新闻事件无直接关系的普通民众。

采访前的准备主要包括：资料准备、问题准备和器材准备。

第二节 ‖ 新闻采访的内涵

新闻采访是所有记者完成新闻报道任务的基本工作方法，是进行新闻报道的基本前提。成功地完成了新闻采访，新闻报道基本就成功了一半。视频新闻报道中的新闻采访，不仅包括新闻信息的搜集，还包括声音和画面的采集和录制。

一 ‖ 采访在新闻活动中的地位和作用

（一）采访是新闻活动的起点，是牵动一切新闻工作的龙头

新闻机构的一切新闻活动都是从采访迈出第一步的。就一篇新闻稿的产生来说，它要经过记者寻找新闻线索—采集材料—整理素材—理出观点—提炼主题—安排结构—写出稿件等七个步骤，不仅前四个步骤属于采访工作范畴，就是提炼主题的初级阶段也是在采访中完成的。可以说，在采访中记者完成了新闻作品制作工序的一大半。

（二）采访是保证新闻特性的重要基础

新闻报道的规律是用事实说话，只有在采访中了解了千姿百态的生活原型，记者

才有发言权，新闻报道的倾向性才有事实这个基础。只有采访，才能保证新闻的新鲜与独家；只有采访，才能保证新闻的典型性特点。

（三）采访过程本身就是视频新闻的重要组成部分

视频新闻报道与纯文字新闻报道不同，它不仅能够展现新闻采访的结果，还可以展示新闻采访的过程，而且是声画同步地予以记录和回放。记者调查采访的过程中，充满了悬念和未知因素，有时还会有强烈的矛盾冲突，这有利于视听媒体发挥各种叙事策略，吸引广大受众持续、深入地收看新闻。

（四）采访是新闻写作的先决条件

通常情况下，出镜记者是视频新闻报道的核心，除了要完成现场的采访、报道工作，还要写出新闻稿件。采访与写作的关系是：在工作顺序上，先有采访，后有写作；在二者的分工上，采访解决的是新闻的原料问题，写作解决的是加工、制作的工艺问题。采访的成败，直接关系写作的成败。

三 ‖ 新闻采访的内在本质

（一）新闻采访是一种为了实现传播目的而进行的调查研究

很多部门都要进行调查研究，但目的各不相同。记者的调查研究是为了完成新闻作品并让其在媒体上广泛传播。与一般调研相比，在调查的层面、事实的选择、材料的要求、考虑问题的角度等方面，均有所不同。

新闻采访必须紧紧围绕报道主题，进行调查研究。既要弄清楚基本的新闻事实，又要深入了解事件的来龙去脉，以及新闻事件的现实影响和社会意义。在全面、广泛、深入调查研究的基础上，再以新闻价值要素为标准，对所获得的材料进行取舍，最终能够呈现在新闻作品中的内容通常只是记者调查研究所获得材料的一小部分。

新闻采访是记者的日常工作，在正式出镜采访之前，条件允许的情况下，记者最好能够对采访对象进行前期不带机采访。由于前期采访时不会进行正式录制，双方容易在一种比较宽松、随意的氛围中进行交流，从而可以聊得更深、更透。对于一些比较敏感、棘手的话题，记者和采访对象可以进行充分的沟通、协商，以便确定比较合适的分寸和口径。"功夫在诗外"，成功的前期采访，对于提高正式录制时采访的工作效率，保证正式录制时采访的成功率，是大有裨益的。

新闻采访与其他调查研究不同，其不代表任何机构的利益和立场，其根本立足点是保障公众利益，其调查结果是为了满足公众合法的知情权。新闻采访中的调查研究，可以是公开的，也可以是隐性的，无论哪种形式都必须在法律许可的范围内进行，不得侵害他人合法权益，也不得泄露国家和社会机构的秘密。

（二）新闻采访是一种为了解事实真相而进行的社会交往

新闻采访是一种社会交往行为，记者需要和社会机构、政府机关或个人进行交流和往来。新闻采访和普通社会交往具有一些相似性，但是，其本质却是截然不同的。

新闻采访是承担着新闻报道使命的交往，其所有活动的核心目标就是获取新闻信息，这与普通的私人交往有所不同，也不同于日常生活里公关、推销等活动中的交往。

新闻采访过程中，记者与采访对象的关系是平等的、自由的。无论采访对象是政府官员、社会名流还是市井民众，记者和他们都是平等的关系，双方的交流必须是自愿的、自由的。在其他很多社交活动中，交往双方的地位并不是平等的，如单位里领导和下属的交往、社会生活中警察和违法者的交往等等。

（三）新闻采访是一种经常充满了偶然性、机遇性、危险性的工作

新闻采访是否能够成功，具有一定的偶然性。有较高新闻价值的事实是否发生，发生了是否能被记者迅速获悉，获悉了记者是否有条件去采访，都充满了偶然性。

成功的记者在总结自己成功的经验时，经常会感慨自己的幸运，新闻采访是具有一定的机遇性的。上述几种偶然性的最佳结合被记者抓住了，这就是机遇性。机遇总是青睐那些有良好素质、敬业精神，随时处于"枕戈待旦"状态下的记者。

新闻采访还经常具有一定的危险性，新闻记者经常活跃在各种矛盾尖锐交锋的领域，活跃在充满各种不可预测因素的环境中。新闻报道在保障公众利益的同时，有可能会损害到特定集团的利益。在采访过程中，记者有可能遇到来自各方的压力和阻力，即使是采访报道结束后，仍有可能遭到不法分子的打击报复，因此具有一定的危险性。

（四）新闻采访是一项政治性与社会性并重的职业活动

记者的工作是有领导、有组织、有纪律的，多数情况下带有一定的政治目的，不可能不受一定政治思想、意识形态的左右。在我国，新闻媒体作为"党和政府的耳目喉舌"，承担宣传党的路线、方针、政策的根本任务，其新闻采访、报道活动天生具有鲜明的政治立场和政治目标。

新闻采访要想获得成功，必须深入人民群众，必须有广泛的社会基础，要广泛地

与各行各业的人们接触。只有这样，才能真正了解社会，把握新闻事实，明确社会公众的关切点。新闻报道只有真正反映人民的心声，符合广大人民群众的利益，才有可能取得良好的传播效果，获得真正的成功。

三 ‖ 新闻采访的基本任务

新闻采访的基本任务包括两个方面：一是迅速了解并正确认识采访对象；二是搜集具有典型意义和新闻价值的新闻事实。"认识"与"搜集"两个方面是互相联系的。

只有认识了事实，才能懂得哪些事实有新闻价值应当搜集，而搜集事实的过程，又反过来加深了对事实的认识。搜集事实在采访任务中是最基本最主要的方面。

材料可以反映事实，但材料不等于事实。那些能反映事物本质、具有传播意义的材料，必须靠有眼光的记者在采访中认真、细致、艰苦的鉴别、挑选和发掘的工作来获得。

记者获取的材料必须达到以下标准。

（一）材料的准确度

材料不仅应是真实的，而且应准确无误。名词、数据等材料不能含糊，过程性材料要准确可靠，第二手材料要忠于原貌，附加性材料要翔实可靠，对事物的评价要客观、分寸要得当。

（二）材料的深刻性

新闻记者获取的材料必须能够反映事物的本质，内涵比较丰富，具有典型意义。还要注意挖掘新闻人物的思想境界和精神面貌。

（三）材料的全面性

新闻记者获取的材料应该是全面的、多种多样的。根据材料性质，可以分为感性材料和理性材料。根据获得方式，可以分为直接材料和间接材料。根据涵盖范围，可以分为点上材料和面上材料。根据重要程度，可以分为骨干材料和次要材料。只有掌握了比较全面的材料，新闻记者才有可能得出比较正确的结论，避免出现以偏概全的问题。此外，新闻记者获得的材料还应该具体、生动、细节丰富，这样才有利于形成鲜活生动的新闻报道。

四 ‖ 新闻采访的基本方法

记者在新闻事件发生现场进行采访，这种采访受到新闻现场的空间局限和新闻事件发生的时间局限（很多情节转瞬即逝），所以要求记者有较强的应变能力和快速沟通能力。记者的现场采访包括以下两点。

（一）现场观察

观察是记者现场采访的重要手段，记者通过眼睛观察新闻事件的发展进程、事件所处的特定环境以及引起的结果，从而获得第一手材料，也使自己的提问更加有的放矢。

1. 现场观察的分类

（1）非参与性观察。

在这种观察形式中，记者到现场，以旁观者的角度来观察事件的发展，记者不参与事件的任何活动。这是日常采访中最常见的方式。

非参与性观察有公开与匿名两种情况。大多数非参与性观察中，记者都公开亮明自己的身份。但有时候，为了避免记者在场可能对当事人造成影响，记者会隐瞒自己的身份。这种秘密的观察方式在一定程度上可以保证所获取信息的真实性，但是也容易引发争议，如极易引发侵犯隐私权的纠纷，因此必须慎用。

（2）参与性观察。

记者同采访对象一道进行相同的活动，一边体验感受一边观察，因此也称"体验式报道"。这种观察使记者融入采访对象的活动中，获得近距离观察和感受的机会，从而使报道更加生动、真实。

参与性观察又可以分为两类：

一类参与性观察是隐性的，即记者以伪装的身份参加被观察者的活动，这种方式排除了记者身份对被观察者行为的干扰，因而获取的信息是真实的。特别在一些揭露性报道中，记者只有在不暴露真实身份的前提下才能获得可信的证据。在这种采访方式中，出镜记者常常以其所伪装的身份出现在画面中，而且通常并不出现清晰的面目，如中央电视台每年"3·15"晚会中的新闻曝光短片里都会有这样的记者的身影出现。

【案例】　央视女记者体验式隐性采访报道《谁制造了"毒跑道"》

中央电视台财经频道播出的《谁制造了"毒跑道"》获得了第27届中国新闻奖电视作品二等奖（见图3-2）。

《谁制造了"毒跑道"》的编导、记者王亚丹等没有停留在事情的表面，没有就事论事，而是围绕"校园毒跑道"问题展开了广泛而深入的调查。他们多次奔赴北京平谷，河北保定、白沟、沧州等地，采用隐性采访方式，对"毒跑道"的原材料供应、制造加工、铺设施工、验收监管等各个环节进行暗访，将不法产业链的各个环节揭露出来。

在实地现场调查过程中，记者还时常运用体验式报道的方法，亲身参与，并将自己的所见所闻所感传达给受众。

中广联合会在推荐《谁制造了"毒跑道"》参加中国新闻奖评选的意见中这样写道："《经济半小时》栏目记者王亚丹为完成本期调查节目，揭开校园跑道出现问题的内幕，在烈日的暴晒之下，忍受着废旧橡胶、劣质胶水散发的毒气，多次进入造假窝点，对有毒塑胶跑道的原料、生产、铺设展开了深入、细致、完整的调查。"

图3-2　央视报道《谁制造了"毒跑道"》

需要注意的是，隐性采访如果使用不当也会造成负面影响。由于记者的参与，某些潜在的犯罪行为可能会被诱导出来，或者犯罪行为可能会被放纵。更有甚者，记者为了完成新闻报道任务，不惜亲身参与犯罪分子的违法活动，那么这样也要承担法律责任。

另一类参与性观察是显性的，记者以公开的真实身份和采访对象一起活动，边体验边观察。记者作为活动的一员参与其中，以自己的亲身体验融入报道，使报道更生动、更富于感染力。不过，在这种公开参与式的观察中，记者一定要注意对活动可能造成的干扰，要把自己作为活动的普通一员融入其中，尽量避免参与者对自己记者身份的注意，更不能在活动中进行导演摆布。

2. 现场观察的方法

现场观察就是用眼睛获取最直接的第一手材料，捕捉生动形象的事实和情节，也是保证新闻真实、新鲜生动的条件。

（1）观察要抓住特点。

在现场捕捉这一事物区别于其他事物的标志、特点及其个性，这是新闻报道成功的重要技巧。有特点，才有新意，才有生命力，才有吸引力。视频新闻记者更要善于拍到富有个性特色的新闻形象。

（2）观察要抓住事物细节。

生活本身是丰富的，实际生活中的新闻人物，他们的语言、思想感情、行为，都是有不同的个性的。这绝不是记者坐在办公室里靠"灵感"冥思苦想能够撰写出来的。记者应当千方百计地深入现场发掘，敏锐地捕捉到那些最能体现人物个性特征和本质的事实，特别是那些感人的细节。抓住、抓准了典型的细节特征，报道也就有了感染力。新华社老社长穆青说："获得细节，处理好细节，这是记者的思想水平、新闻敏感、采访经验、写作技巧等能力的综合反映。"优秀的记者应该非常"细心"，这个"细心"包含了记者在现场采访要注意观察、注意发现的深刻意蕴。

只有记者深入现场，在事件的进程中去感受、去捕捉、去挖掘、去发挥，才能创作出不同于别人的、具有鲜明个性的好作品。

（3）观察要抓住"直觉想象"。

"直觉想象"在现场采访中主要表现在与新闻事件有关的事实联想上。记者看到某一事实，脑子里立刻呈现出一幅与事实有关的画面。有时，一个记者直觉想象的过程也正是其不断扩大新闻线索的过程。可以说他的直觉想象越广阔，他发现问题的可能性就越大，理出新闻线索的头绪就越多。但这种广阔性并不是漫无边际的遐想，必须遵守真实性的原则，不能是离开事实的凭空"想象"。精于业务的记者，他们都积累了许许多多有关的人物、事件、政策、观点和其他各种各样的事实。在新闻现场，每当观察到一个新情况发生时，记者就会把它与过去积累的事实联系起来进行分析思考比较，将要报道的新闻事件置于同类事件中，进行权衡、比较和鉴别，以发现事物之间的优劣异同，从而遴选和凸显所要报道的新闻事件新、活、特等新闻特性。当新闻事件呈现在面前时，记者不可眉毛胡子一把抓，必须把握其中的"闪光点"，即其中哪一点是最具新闻特性的，进行重点挖掘和展现。

（4）观察中要选取拍摄的最佳角度。

对于视频新闻来说，不仅具有空间因素，即指事件发生的所在地，而且具有时间因素，即指事件发生时的现场或事件正在进行过程中的现场。视频新闻的拍摄，是在立体空间中进行的。一个人物，一件事物，一个场景，都有诸多的拍摄角度。位置不同，画面所包含的范围、对象也有所不同。选位置（角度）是表现事物特征的有效方法。有经验的记者，到新闻现场一看，就能选择理想的拍摄角度和方法，捕捉到新闻主题的形象。

（二）现场提问

和观察一样，提问也是记者现场采访的重要工作。记者要抓住一切可能的机会进行提问，特别在新闻现场混乱、机会转瞬即逝的情况下，记者既要有敏锐的观察力，发现值得采访的新闻人物，更要有锲而不舍的勇气，争取获得采访对象的回答。

记者是从提问开始进行现场采访的，而提问的方式又是多种多样的。

1. 正面提问方式

记者直截了当，开门见山，有什么问什么，明快、直接，不拐弯抹角；采访对象也是问啥答啥，有啥答啥，有啥谈啥。这是现场采访最常用的提问方式。在很多时候，记者需要"明知故问"。通过前期的准备，记者已经知道了事情的真相及其前因后果，但是，还要通过提问的方式，让采访对象亲口说出来记者想要呈现的内容和答案。

2. 反问方式

由于某种原因，采访对象不能对记者说出真实情况和想法。记者从事实相反的方向，提出问题，也可以达到其目的。在采访过程中，有一种采访策略——"响鼓要用重锤敲"，记者所提出的问题必须能够击中要害，能够给予采访对象一定的刺激和冲击，才能获得对方比较强烈的反馈，使得对方急于为自己辩解，从而保质保量地提供记者希望获得的内容。

3. 设问方式

在采访中，记者根据采访提纲，提出一些假设性问题，以启发引导采访对象说出某方面的真实感受，使采访向深层发展。

4. 追问方式

记者对采访中必须弄清的事实、听众观众感兴趣的关键性问题，以及事情的细节等抓住不放，"打破砂锅问到底"，直到问个水落石出。

5. 潜问方式

潜问方式是一种"只可意会，不可言传"的提问方式。从表面上看记者没有提出什么问题，而在交谈中已经把问题委婉地提给了对方，从而引起采访对象的注意。

要　领

新闻采访的现场提问

记者在新闻采访过程中有多种现场提问方式，如正面提问方式、反问方式、设问方式、追问方式、潜问方式。

针对不同的采访对象，根据不同的采访目的，采用适当的提问方式，才能较好地与采访对象交流，进而获得具有新闻价值的新闻信息。

总之，记者要根据不同的采访内容、不同的采访环境、不同的采访对象，灵活运用不同的提问方式。

第三节　出镜记者新闻采访的主要方式

从时间阶段上划分，视频新闻出镜记者的新闻采访可以分为前期采访和镜前采访两部分。

前期采访的方法和其他文字新闻记者的采访没有什么本质的区别，只是在采访过程中，对于适合影像展现的部分需要给予更多的关注，为随后的正式拍摄做好准备。前期采访最好由出镜记者亲自参与和完成，也可以由新闻策划或节目团队的其他记者完成，但是，需要出镜记者在镜前采访开始前对前期采访的成果有充分的了解。

镜前采访是出镜记者承担的主要任务，出镜记者需要在即时状态下对新闻人物、新闻事件进行采访和报道，并由摄影机记录下来。在镜前采访过程中，摄影机不仅是影像记录的工具，同时也会成为"审视"和"考问"摄影对象的一个因素。

从新闻采访的形式上划分，出镜记者负责完成的新闻采访，主要有专访、参与体验式采访、随机采访三种形式，除此之外，有些时候也会用到电话采访等方式。

一 专访

专访是指有预约的专门采访，主要针对特定的选题、特定的人物进行较正式的、深入的、时间较长的访问。在约定时间内，参与专访的媒体和采访对象都是唯一的、排他的。与专访相对应的采访形式是群访和记者招待会、新闻发布会中的采访。专访的成功，在很大程度上取决于记者提问的艺术。提问的艺术包括态度、技巧和规则等内容。

概 念

专访

专访是指有预约的专门采访，主要针对特定的选题、特定的人物进行较正式的、深入的、时间较长的访问。在约定时间内，参与专访的媒体和采访对象都是唯一的、排他的。与专访相对应的采访形式是群访和记者招待会、新闻发布会中的采访。

（一）态度

专访提问要根据实际灵活处理，不能先入为主。提问的目的在于得到有价值的新闻事实，任何一个记者都希望采访对象能够明确回答问题并说出有分量的内容。然而，采访对象的回答并非都能构成新闻。因此，记者切忌先入为主。

（二）技巧

提问技巧是记者利用特定的方法，表现或传达记者特定思想的手段。善于提问的记者能够掌控谈话的进程，而不为采访对象所左右。

归纳起来，主要有八种提问技巧：

其一，充当对手，展开讨论。这种技巧比较适用于观点性、思想性采访。

其二，抛砖引玉，唤起回忆。这种技巧比较适用于人物专访。

其三，探索询问，留有余地。这种技巧比较适用于关于敏感问题和个人生活的采访。

其四，声东击西，旁敲侧击。这种技巧比较适用于批评性或揭示社会问题的采访。

其五，恰当肯定，给予理解。这种技巧比较适用于成就性、经验性报道的采访。

其六，提出疑问，澄清事实。这种技巧比较适用于有争论的事件性采访。

其七，顺藤摸瓜，深入追问。这种技巧比较适用于了解细节的深入采访。

其八，分门别类，主次分明。这种技巧比较适用于错综复杂的事件、调查报道的采访。

（三）规则

提问技巧是因人因事而异的，但有些规则却是提问时都要遵循的共性规律。

1. 准确清楚

记者提问所要表达的意思一定要含义准确、表述清楚，使采访对象能迅速理解，切忌含糊不清。

2. 讲求逻辑

提问要有逻辑，切忌思路混乱，否则得到的回答一定是支离破碎的，甚至连事件的来龙去脉也搞不清楚。

3. 讲内行话

记者要会用采访对象熟悉的话语体系、思维体系与其交流，防止"话不投机半句多"。

4. 具体明白

提问要具体，切忌笼而统之，否则对方很难回答。

（四）具体形态

视听媒体中有许多以深度访谈为基本形式的专访节目，如中央电视台的《面对面》、凤凰卫视的《鲁豫有约》、杨澜工作室的《杨澜访谈录》等。除了专门的深度访谈节目外，在调查报道中，对特定新闻人物所做的调查访问也是专访重要的节目形态。

1. 深度访谈

深度访谈有时又被称作"人物专访"，主要是针对在某一领域做出突出成绩或贡献的新闻人物进行深入采访。出镜记者和采访对象以问答、对话、交流的形式，呈现新闻事实、揭示前因后果、完成新闻评论等。

要想做好人物专访，出镜记者必须事先进行充分的准备，对新闻人物的人生履历、主要事迹、性格特征、社会关系等都要有详细的了解，争取做到"胸有成竹"，进行有目标指向的提问，在此基础上，再去探寻和挖掘新的新闻信息，对已经掌握的情况进行补充和拓展。

在进行人物专访时，出镜记者应该和采访对象展开平等对话，既不能高高在上，也不必低人一等。无论是面对高官显贵、社会名流，还是面对普通民众，都要保持平等心态。要想做到这一点，不仅仅是依靠出镜记者调整心态，更重要的是记者提前做好功课，在谈话方式和谈话内容上能够和对方平等对话。

在进行人物专访时，出镜记者应该充分发挥情感的力量。人是有情感的动物，任何人都有喜怒哀乐，都有自己的甜蜜记忆或悲伤过往，情感的闸门一旦打开，访谈内容的深度和丰富度都会大大增强。

【案例】　董倩专访时任武汉金银潭医院院长张定宇

2020年2月2日，在我国宣布国内出现新冠疫情后不久，中央广播电视总台播出了《面对面》栏目记者董倩对时任武汉金银潭医院院长张定宇的专访（见图3-3）。在采访过程中，董倩充分利用情感因素打动了张定宇，和他探讨如何面对个人生死、严峻的抗疫斗争以及妻子感染入院等问题。在专访过程中，张定宇不时真情流露，吐露心声。这期节目也让观众看到张定宇作为一个身患绝症的病人，却能够看淡个人生死、全心全意为救治新冠病人忘我工作的伟大品格，收到了非常好的传播效果。2020年8月11日，张定宇被授予"人民英雄"国家荣誉称号。

图3-3　董倩专访时任武汉金银潭医院院长张定宇

2. 调查访问

调查访问又称调查采访。调查采访是一种深度采访，常用于报道比较复杂的事件或处于发展阶段争议较大的事件。

调查采访是指根据新闻事件调查的需要，针对特定的采访对象进行的专题访问。新闻事件的当事人、关联者、知情者、权威人士等是调查采访的主要对象。在进行调查采访前，出镜记者需要对采访对象在新闻事件中的地位和作用进行基本的了解，对自己的采访目标非常明确。在采访过程中，出镜记者要紧紧围绕采访主题进行提问，不必做过多的拓展和延伸。

【案例】　央视记者独家专访"天价鱼"事件调查组负责人

2016 年 2 月新闻媒体曝光黑龙江哈尔滨松北区北岸野生渔村出现欺客宰客的"天价鳇鱼"事件，店家和游客各执一词，各自提供不同的证据，"剧情"不断反转，形成了具有全国影响的新闻事件。

当地政府成立调查组进行专门调查，2016 年 2 月 21 日，中央电视台播出中央电视台记者对"天价鱼"事件调查组负责人的独家专访，就这一问题进行了目标明确的采访（见图 3-4）。

图 3-4　央视记者独家专访"天价鱼"事件调查组负责人

调查访问通过出镜记者来完成，并用摄影机将出镜记者调查的过程拍摄记录下来予以传播。出镜记者既是调查主体，同时也是一个新闻节目的结构元素，是调查行为的实施者、调查过程的表现者。所以，出镜记者就理所当然地成为相应新闻节目的外化标志和品牌形象。

调查访问的起因是求解。调查采访中，出镜记者的调查路径是围绕悬念展开的，每一次调查行为都是通过悬念的提出、悬念的求证、悬念的解决来完成的。悬念的开始是调查的开始，悬念的结束也是调查的结束。层层剥笋、步步追问，是调查采访独有的话语机制。

三 参与体验式采访

参与体验式采访是近年来新媒体领域中兴起的一种创新报道形式，它打破了传统新闻采访的固有框架，记者不再仅仅扮演旁观记录者的角色，而是深度介入、亲身体验，与采访对象共同经历实际的生活、工作情境以及特定活动过程。在这样的沉浸式环境中，记者以自然对话的方式进行交流和信息采集，并力求全面细致地记录下有价值的互动过程。

这一类型的采访节目巧妙融合了访谈、纪录片、直播及 Vlog 等多种节目的制作手法，通常摒弃传统的固定演播室模式，记者主动走向现实生活的广阔舞台，将采访现场直接设在真实生活流程之中，使其成为一种流动的、多元化的叙事空间。无论是田间地头还是工厂车间，抑或是社区活动现场，任何生动而具有代表性的场景都有可能成为采访发生的背景。

参与体验式采访突破了以往主客体间的二元对立关系，不再是记者与采访对象面对面、相敬如宾的问答格局，而是双方共同融入同一生活脉络，共享同一种视角和情感体验。记者不再置身事外，而是作为参与者深入采访对象的日常世界，通过共情和同理心来引导故事的展开，从而让观众在观看过程中更容易产生强烈的代入感、共鸣感与现场感。参与体验式采访被认为是一种顺应现代网友信息接收习惯的有效传播方式。

此类采访对选题内容有着独特的标准和要求：主题需具体且鲜活，避免过于抽象宽泛；关注点往往聚焦于正在进行时态中的事件或现象，而非回顾遥远的历史过往；报道内容应具备丰富的视听感知价值，能够直观呈现而非只存在于抽象概念之中。因此，参与体验式采访常常围绕特定时空背景构建故事场景，选定富有代表性的人物为故事主角，依托真实的事件发展和情节走向来填充内容，确保报道扎实有力，有血有肉。

拍摄过程中，该类采访借鉴纪录片和新闻直播的摄制手法，强调纪实性跟拍和现场抓拍，摒弃预先设定的提问提纲和场面调度方案，鼓励记者根据实际情况灵活发问、互动交流，并按照生活本身的节奏推动采访进程。摄影团队通常采取多机位同步拍摄，全方位捕捉采访的每一个细节和高潮瞬间，力求还原最生动、最真实的故事画面。这种拍摄方式对摄影师的专业素养提出了更高要求，他们不仅要具备敏锐的新闻洞察力，还需拥有卓越的影像捕捉和表达能力。总之，参与体验式采访以其鲜活生动的特点和高度互动的特性，不断拓展着新闻报道的边界，引领着媒体行业的新趋势。

【案例】 央视新闻《相对论》栏目之《在村口球场长大》

2020年5月11日，央视新闻新媒体推出《相对论》访谈栏目，以"哪怕时空交错，总有引力连通你我"的理念为核心，创新打造了一档紧贴社会热点、多元选题并重的节目。该栏目多期节目注重实地"蹲点"与"参与体验"，开创性地为大家献上"蹲点纪实访谈"，从而展现了一种别具一格的节目风貌。

《相对论》的一大亮点在于其广泛的访谈嘉宾范围，无论专家学者、政商精英，还是网红博主、平民百姓，均有机会成为节目的主要人物，充分展现了真实世界的多元面貌和立体视角。不同于传统的访谈模式，《相对论》记者致力于将自身观察视角与广大网友观众相融合，正如其记者手记所言："我们不仅是观察者，更是与网友携手观察，深入实地陪网友一起见证，并将这些来自大众的真实观察转化为节目内容，这是新媒体'蹲点纪实访谈'努力探索的方向。"

2022年11月2日，《相对论》播出一期生动而接地气的节目——《在村口球场长大》（见图3-5）。记者庄胜春亲赴贵州台盘村这一"村BA"的文化圣地，身穿球衣和日常便装，亲身参与到篮球运动中，和村民、采访对象打成一片，在看台、球场乃至受访人家中的堂屋等生活场景中，自然对话，互动采访，实现了"大主题，小入口"的完美呈现。《相对论》以其浓郁的生活气息，真实细腻、鲜活生动的故事讲述方式，传递出满满正能量，深度展示了节目的独特魅力和高度感染力。

图3-5 央视新闻新媒体《在村口球场长大》

三 // **随机采访**

随机采访有时又被称作"街采"，是指记者根据确定的新闻主题，在一定范围内随机选择采访对象进行访问（比如在街头随机采访路人，或者在商场里随机采访顾客），以求获得比较真实、客观的新闻信息的采访方式。随机采访很像是抽样调查中的方便抽样。在随机采访中，记者对于采访对象并没有深入全面的了解，而是主要根据其外在特征判断其是否符合采访需要，记者也不需要采访对象做出多么深刻、专业的解答，往往只是让其提供基本新闻事实信息，或者做出简单的肯定或否定回答。在非直播节目中，记者还可以对随机采访获得的材料进行遴选和剪辑，以支持自己的新闻观点，实现自己的报道意图。

概　念

随机采访

随机采访有时又被称作"街采"，是指记者根据确定的新闻主题，在一定范围内随机选择采访对象进行访问（比如在街头随机采访路人，或者在商场里随机采访顾客），以求获得比较真实、客观的新闻信息的采访方式。

绝大多数随机采访，因为问题简短，记者并不出现在画面中。播出时，画面中只是保留多个不同采访对象的回答部分。有时，出镜记者也可在新闻片的开头部分出镜向大家介绍接下来将要进行的街采活动及其方式、目的，然后就是多个随机采访对象回答的剪辑汇编。如果记者具有较高的知名度，则通常会让其出镜，较多展现其采访的过程，以及其对于采访对象回答的反应，以便吸引广大受众观看。这种方式在社会新闻、娱乐新闻、体育新闻的街头调查式采访中比较多见。

【案例】 加拿大著名歌手装扮成记者随机采访路人

德雷克（Drake）即奥布瑞·德雷克·格瑞汉（Aubrey Drake Graham），是加　拿大著名说唱歌手，2011—2013年连续　三届获得多项格莱美奖提名，拥有大批喜爱他的歌迷。为了了解公众对他的真实看法，他在《吉米·坎摩尔直播秀》（Jimmy Kimmel Live!）的"Lie Witness News"单元节目中经过乔装打扮，装扮成 Hollywood Blvd. 的记者，走上街头随机采访路人，询问人们对德雷克的看法，得到的答案是毁誉参半。在对方回答结束后，德雷克摘下假发、眼镜、胡子，露出自己的"庐山真面目"，让采访对象大吃一惊，由此也营造出了强烈的喜剧幽默效果（见图3-6）。

图3-6　加拿大著名歌手装扮成记者随机采访路人

四　电话采访

电话采访是一种非常简便易行的采访手段。它的最显著特点就是跨越空间直接沟通。电话采访对完成综合报道来说是一条非常有效的途径。对多个人物进行采访，电话采访则省时省力。在电话采访过程中，保留出镜记者，使得电话采访这种以声音为主的采访形式拥有了视觉载体，同时，通过这种方式，还可以展现记者采访提问的过程以及相关的反应。这种采访报道形式，使受众和记者一起处在"知情"的主动地位，而采访对象处于"不知情"的被动地位，可以营造出一定的戏剧化效果。

电话采访使采访对象不必面对记者和摄像机，情绪不至于过于紧张，可以比较轻松自如地谈话。

当然，电话采访也有缺陷。单靠听觉容易造成理解上的偏差；不直接面对面便无法获知采访对象的神情面貌等体态语言，而这些往往蕴含着丰富的信息。

出镜记者采用电话采访这种方式往往是不得已而为之。一种情况是因为客观条件的限制，使得出镜记者无法和采访对象面对面，而只能获得其音频。比如，出镜记者采访远在异国他乡的采访对象，或者记者采访处在隔离病区里面的患者等。另一种情况是出镜记者有意使用电话采访的方式，在一些批评曝光类新闻报道中，出镜记者直接登门面对面采访，很有可能会被拒绝，而通过电话联络，对方往往较少戒备和防范，可以获得一些有价值的新闻信息。同时，利用这种方式采访，还能展现采访过程，让观众感受到此类采访的不易。

随着视频通话技术越来越普及，即使不能与采访对象见面，人们也能够通过屏幕获得对方的声音和画面。空间距离已经不再是视频交流的障碍，视频电话采访、视频电话连线将越来越多地出现在新闻报道中。

 【思考与练习】

1. 新闻采访策划的基本内容有哪些？

2. 新闻采访的基本任务是什么？

3. 记者采访过程中的现场提问有哪些方式？

4. 出镜记者应该怎样做好人物专访？

5. 出镜记者怎样才能做好调查访问？

第四章

出镜报道的影像呈现

 【学习要点】

◇ 出镜报道可以分为静态出镜报道、动态出镜报道。

◇ 静态出镜报道的影像呈现需要注意画面景别、背景环境、景深、光线处理、记者位置、拍摄角度等因素的处理。

◇ 动态出镜报道的影像呈现需要精心设计场面调度，事先进行预演和彩排，突出精彩细节，使用双机（或多机）拍摄，重视现场新闻信息高于出镜记者形象，出镜记者要有良好的镜头意识，重视现场录音等。

◇ 出镜记者现场报道要充分发挥非语言符号的作用，注意体态语、衣着和化妆、器具或证物等视觉元素的运用。

出镜报道是用镜头影像记录和传播的新闻报道形式。尊重视觉传播规律，充分发挥影像的作用，才能充分发挥出镜报道的传播优势。在实际工作中，我们发现，通常出镜记者的语言表达能力、文字写作能力是比较优秀的，但是，相当多的出镜记者对视频画面的创作规律和创作方法则知之甚少。他们用文字思维而不是影像思维统领出镜报道，这就形成了一定的现实矛盾，使得出镜报道成为广播新闻报道的简单翻版。

记者在进行出镜报道时，可以面对镜头，固定站立或坐定，在静止状态下进行出镜报道；也可以在运动过程中，边走、边比划、边演示、边报道。在具体操作过程中，往往是静态出镜报道和动态出镜报道相互穿插、共同使用。

第一节 // 静态出镜报道的拍摄

　　静态出镜报道是运用最多的一种出镜报道形式，也是拍摄上比较简单的一种方式。通常出镜记者位于画面的前景位置，背景就是事件发生的现场。静态出镜报道通常适用于新闻场景比较单一、报道信息比较简短的情况。有时，由于受到现场条件的限制，出镜记者不方便移动位置时，也只能采用静态出镜报道的方式。

　　静态出镜报道和观众的关系最接近日常人际交流关系，视点比较单一和集中，能够给观众以"注视""凝视"的效果，有利于观众专注于出镜报道的信息内容。

　　在静态出镜报道拍摄过程中，需要考虑以下几个方面。

一 // 画面景别

　　拍摄记者出镜报道时的基本原则是：现场环境越重要，则画面景别可以越大；画面景别越小，记者出镜报道的语言内容的重要性越能得到凸显。

　　记者出镜报道时使用最多的画面景别是中景景别，画面范围包括记者的膝部以上或者腰部以上。中景景别是一种比较适中的景别，比较适合表现人物的肢体动作，也可以包含一定的背景环境，是最接近人的日常生活交流视阈的一种画面景别。

　　记者出镜报道时另一种比较常用的画面景别是近景景别，画面范围包括记者的胸部以上。这种景别可以让观众更多地关注记者的面部表情和神态，对于记者的心理活动、心理情绪会有更多的感知。在近景景别中，背景环境的画面占比缩小，现场信息发挥的作用减弱，更多地让观众将注意力集中到记者出镜报道的语言内容上来，比较适合一些主题性报道、概括性报道。

　　记者出镜报道有时也会用到全景景别，画面范围包括记者的全身，背景环境在画面中占比较大。这种拍摄方式更有利于展示出镜报道的现场环境，往往会在环境具有鲜明特征或者现场气氛非常具有表现力的情况下使用。

　　记者出镜报道较少采用远景景别或特写景别拍摄。在这两种画面景别中，画面的取景范围不是过大，就是过小。前者弱化了记者在现场的存在感，后者几乎完全看不

2

0

到背景环境，失去了"现场"，也就失去了出镜报道的意义。

【案例】　央视记者康辉静态出镜报道国家领导人外访

2016年3月，习近平主席出访捷克，这是中国国家元首第一次对捷克进行正式国事访问。当地时间3月29日，习近平主席出席捷克总统泽曼举行的欢迎仪式，央视记者康辉在现场进行出镜报道。由于现场媒体记者众多，康辉站在了小梯子上进行静态出镜报道，画面景别选择了腰部以上的中景景别。如此一来，一方面尽量减少周围其他人员进入画面，另一方面努力保证画面背景中欢迎仪式场景的呈现（见图4-1）。

图4-1　央视记者康辉现场报道习近平出席捷克总统泽曼举行的欢迎仪式

在人物专访这种深度访谈节目中，一般情况下，出镜记者的景别要大于采访对象的景别，以便让观众明确地感受到节目中采访对象和记者之间的主次关系。如果强调出镜记者和采访对象之间是一种平等的对谈关系，则出镜记者的画面景别可以和采访对象的画面景别保持一致。但是，无论怎样，在此类节目中都不会出现出镜记者画面景别小于采访对象的情况。否则，就会本末倒置、主次颠倒了。

在同一个新闻节目中，不同时间、不同地点的同一记者、不同记者的出镜报道画面景别应该保持基本一致，不能有过大的差异。这有利于形成比较统一的画面影像风格，也可以避免过于突出其中某一位出镜记者的地位和作用。在大型新闻节目拍摄之前，摄制组应该对出镜记者现场报道的画面景别做出统一的规范，这项工作通常由主摄影师或总摄影师负责进行阐述、完成。

三 ‖ **背景环境**

出镜报道的背景环境能够为新闻报道提供丰富的场信息。在静态出镜报道中，背景环境就意味着"现场"，是决定出镜报道是否具有必要性的重要基础。出镜记者必须精心选择出镜地点、选择出镜背景，切不可随意为之。

出镜背景是记者在现场活动的画面显示，信息含量丰富的新闻背景现场会起到衬托、强化出镜报道的作用，更重要的是可以向观众展示实时发生的现场情景，而从背景环境中观众可以感受到时间、空间、人物、事件等元素，能够感受到整体的气氛。所以，记者在出镜报道前，要精心选择出镜地点，在条件允许的情况下，还要提前彩排，以保证报道任务的顺利完成。

出镜报道的背景环境取决于出镜地点的选择，即使是在同一个新闻事件的现场，不同的记者也可能会选择不同的出镜地点，而其镜头拍摄的方向往往也会有差异，这会直接造成记者出镜报道画面背景的不同。

在记者进行出镜报道时，比较适合作为出镜地点的场景主要有两类。

一是有独特意义的地点。1997年香港回归新闻直播中使用了很多记者现场进行出镜报道，其中两段现场报道格外地让人印象深刻。第一段是在深圳皇岗口岸落马洲大桥上，白岩松站在香港和内地的管理分界线上进行出镜报道，向观众介绍随后将直播中国人民解放军驻港部队跨过这条分界线进驻香港，标志着中华人民共和国恢复对香港行使主权。第二段是在香港总督府外，记者柏杨出镜报道总督府降下最后一面英国旗帜，末代总督彭定康离开总督府返回英国。这两个场景都是具有特殊意义的环境，体现着香港政权交接的最本质的内涵。因此，把这样的场景作为背景环境来见证和报道历史性时刻的到来，是再合适不过的了。

二是最具现场感的地点。即使是在同一新闻现场，不同区域的状况也不尽相同。选择不同区域、不同位置进行出镜报道，带给观众的现场感是有很大差异的。报道战争新闻，前线是最具现场感的地方；报道大型庆典，舞台是最具现场感的地方；报道体育比赛，赛场是最具现场感的地方……能够在最具现场感的地方进行出镜报道，除了需要出镜记者具有优秀的新闻专业素质，更重要的是需要出镜记者有过人的胆识和勇气。

【案例】 央视记者与俄罗斯 RT 电视台记者报道叙利亚战争出镜背景环境对比

叙利亚政府军和反对派武装之间的战争已经进行了数年，战争造成了大量平民伤亡，一直是国际社会关注的热点。下面两幅截图取自两则关于叙利亚战争报道的新闻，左图是央视记者在大马士革驻地酒店的阳台上给观众回顾报道自己在采访过程中遇到不明枪手袭击的历险故事，右图是俄罗斯 RT 电视台的女记者在躲避反对派武装枪击的间隙进行出镜报道。前者衣衫整洁、戴着首饰，出镜的背景环境是阳光明媚的城市；后者头戴钢盔，身穿防弹背心，身处战场前线（见图 4-2）。这两则新闻带给观众的现场感迥异。

当然，我们无意要求战地记者必须冒着生命危险去进行出镜报道，毕竟生命高于一切。在此，只是单纯地从新闻业务的角度进行对比和分析。

图 4-2 央视记者和俄罗斯 RT 电视台记者分别出镜报道叙利亚战争新闻

出镜报道背景环境的选择要有典型性。通常记者出镜背景中有当地具有标志性意义的建筑物、城市雕塑、纪念碑等，或者是与新闻事件紧密相关的场景，让观众一眼就能看出新闻事件是在哪里发生的，并将事件和场景联系起来，分析其中原因，思考其主题和意义。

记者出镜报道主题性新闻时，要选择和新闻主题契合的背景环境。记者出镜是为了体现媒体在现场，所以背景的选择一定要在能体现所报道内容的现场。比如：重点工程建设的报道要选择在工地现场，背景有现场施工的工人；文化产业发展的报道，要选择在文艺演出的现场或者工艺品制作的现场，背景要有排练的演员或者是制作工艺品的场景。如果是以故事为切入点的现场一定要置身于故事发生的现场，把观众直接带入情节和细节中。

三 // 景深

画面的景深是指焦点平面前后近似于清晰的影像范围。摄影师通过控制镜头焦距长短、光圈大小、拍摄距离远近等，可以人为控制画面景深的大小，也就是画面中影像的清晰范围，从前景景物和背景景物的虚实程度可以直观地看到画面景深的大小。

在静态出镜报道的拍摄过程中，对画面景深的控制也是必须考虑的问题。

如果出镜记者是在新闻现场进行报道的，因为要着意呈现新闻现场情况，传达现场新闻信息，所以通常在拍摄过程中，会采用较大景深的画面进行拍摄，使得画面中前后景物都是清晰的。

如果是出镜记者进行人物专访，所谈话题又比较抽象化、概念化，则可以采用小景深画面来拍摄，以便将观众的注意力集中到出镜记者身上，使观众更加专注于其语言内容及意义。

 【案例】 董倩专访梁万年

2022 年 12 月，我国调整新冠疫情防控政策，短时间内，全国各地快速出现了一波感染高峰，抗疫工作重点由"预防感染"转向"医疗救治"。2023 年 1 月 8 日起，我国对新冠病毒感染由"乙类甲管"调整为"乙类乙管"。当天，中央广播电视总台播出《面对面》节目，节目中记者董倩就广大人民群众关心的各种问题专访国家卫生健康委疫情应对处置工作领导小组专家组组长梁万年。该节目的最大看点是他们之间的谈话内容，而访谈环境则成为一个比较次要的因素。因此，在拍摄过程中，摄影师将双方的背景虚化，以便将观众的注意力集中到人物身上，让观众重点去听、去想、去感受他们的话语（见图 4-3）。

图 4-3 《面对面》节目中董倩专访梁万年

这种采用小景深画面拍摄的方法，在此类人物深度访谈节目中已经成为各家视听媒体的标准化拍摄方法。

如果出镜记者说的话属于过渡性、总结性、概括性串场，有时也可以利用小景深画面予以拍摄，使得前景景物和背景景物虚化。

四 || 光线处理

在静态出镜报道中，由于记者位置比较固定，因此，对于光线的处理可以相对比较细致。

如果是在白天的室外场景出镜报道，大部分情况下太阳光是唯一的光源，所以，可以较多地采用前斜侧光或散射光拍摄出镜报道。前者可以保证画面有比较丰富的层次变化，后者可以避免画面出现大的反差。

许多摄影师喜欢用顺光拍摄出镜记者，认为这样可以获得出镜记者和背景环境都比较亮堂、清晰的画面效果。然而，在很多情况下，顺光拍摄容易造成立体感、质感、空间感的欠缺。而且，如果在阳光强烈时使用顺光拍摄出镜记者，则有可能使记者不能从容地睁开眼睛，出现眯眼、皱眉等现象，影响屏幕呈现的视觉效果。

对于人物专访类深度访谈节目的拍摄，通常会进行专业的人工布光（尤其是在采访高端人士、讨论高端话题时）。随着各家视听媒体实力的提升，其对节目品质（包括影像品质）的要求越来越高，单纯地运用自然光拍摄此类型节目，已经被视作比较简单甚至是业余的做法。在时间和条件允许的情况下，视听媒体都会尽量利用人工布光来进行拍摄，而且所使用的灯具越来越先进，其光线效果越来越好，携带和架设也越来越便捷。

应尽量避免使用大反差的逆光、侧光、顶光、脚光拍摄记者出镜报道，否则容易出现浓重、生硬的阴影。如果有反光板或者照明灯具可以辅助调整光比、控制反差，则可以较少受到光线的限制，通常可以采用提高暗部亮度的方法缩小反差，有时也可以采用遮挡、减弱亮部光线强度的方法以缩小亮暗间距和画面反差。如果没有反光板、照明灯具等调光工具，还可以通过调整摄像机菜单，以控制其曝光曲线，进而达到缩小反差的目的。

在拍摄静态出镜报道的过程中，应尽量使用手动光圈控制曝光，最好不要使用自动光圈，以免出现曝光过度或曝光不足，或者画面亮度忽明忽暗的闪烁情况。

五 记者位置

静态出镜报道中，记者经常是正面面对镜头，只运用有声语言进行报道——"动口不动手"。此时，可以将出镜记者放入画面中间的位置，形成对称式的构图。

出镜记者在报道过程中，如果结合周围的景物、背景环境进行报道，则往往会结合视线的变化和肢体动作的指点和示意，也就是"动口又动手"。此时，可以将出镜记者放入画面的黄金分割线位置，在其视线方向和动作指向处留出一定的空白。

静态出镜报道中，出镜记者通常位于画面的前景位置，以保证其突出和醒目。有时，出镜记者也可以置身于报道的现场景物中间，我们也可以使用变焦距镜头推、拉拍摄——由场景的全景推至记者的中景（或近景）或者由记者中景（或近景）拉开至场景的全景。

推镜头的使用一般是为了让观众能更加清楚地看到所要呈现的画面重点。在有出镜记者现场解说的情况下，一般都是先由记者介绍新闻主体的背景和概况，然后在记者的引导下，镜头推到新闻主体上去。

拉镜头的使用主要是为了展示新闻主体所处的环境，经常用于节目的结尾处，往往是在介绍完新闻主体的情况后，拉出全景，由记者进行总结式解说。这时画面的落幅就显得很重要，要考虑到新闻主体与出镜记者的位置关系，要讲究构图。

有时所要展现的新闻场景范围实在太大，用固定镜头无法表现全貌，但又不想用分切镜头破坏其连续性，这时就可以采用摇镜头。可以从出镜记者摇到环境，也可以从环境摇到出镜记者，这样就可以给观众带来强烈的身临其境的感觉。

六 拍摄角度

在视频新闻类节目中，对出镜记者的拍摄一般采用平角度正面拍摄，而且这种平角度是跟出镜记者的视线高度齐平的。出镜记者在看向镜头时要注意微收下颌，这样可以使眼睛充分睁开，显得有神，而且使整个报道状态显得谦虚、积极。

当然，根据具体新闻现场环境的不同，也可以根据视点的需要设定摄影机的位置，采用仰角度或者俯角度拍摄出镜记者，但是这种角度的设定必须要有明确的现实依据。

要 领

静态出镜报道的拍摄方法

静态出镜报道的拍摄需要注意以下几点：在画面景别上，较多采用中景或近景景别，较少采用全景景别。在背景环境方面，强调选择具有独特意义的地点，或者最具现场感的地点。在画面景深方面，如果是在新闻现场出镜报道，那么通常会采用大景深，以展示现场信息；如果是人物专访出镜，则常常采用小景深，让观众更专注于人物谈话。在光线处理方面，外景拍摄，建议采用前斜侧光或散射光拍摄；室内专访，建议采用人工布光拍摄。在记者位置方面，出镜记者通常处于画面前景位置。在拍摄角度方面，通常采用平角度正面拍摄。

第二节 动态出镜报道的拍摄

记者在出镜报道的过程中，不是一直站在原地不动，而是配合现场的景和物，在运动中进行逐一介绍，同时要求摄影机也要配合其进行相应的运动，这属于动态出镜报道。

一些动态出镜报道仅仅是为了追求画面形式感的变化，避免画面显得死板，如出镜记者边向着镜头走边说，或者出镜记者横向运动，边走边说。这种动态出镜报道通常要求从镜头起幅开始说报道词，到镜头落幅时说完报道词。当然，这种简单的动态出镜报道不是我们讨论的重点。

如果出镜记者是在新闻现场进行动态体验式报道、调查报道，摄影机的拍摄角度可以适时进行变化和调整：在出镜记者和观众（镜头）交流时，主要采用正面角度拍摄；在出镜记者与现场采访对象交流时，主要采用侧面或斜侧面角度拍摄；在出镜记者通过自己的行为动作亲身体验、参与现场活动，进入新闻现场，或者发掘现场新闻证物时，主要采用背面角度或背斜侧面角度拍摄，重点给观众营造参与感、伴随感和体验感。

通过动态出镜报道，可以有意识地利用出镜记者走位，在保证新闻信息传达的基础上，使得镜头的运动方式富有变化，提高新闻节目影像的摄影品质。

动态出镜报道对新闻现场的交代和展现会更加全面和完整，对现场新闻点的发掘和利用会更加充分，适用于大型新闻节目或者新闻深度报道，其报道时长也相对较长，经常能够形成一个完整的报道段落。

在动态出镜报道的拍摄过程中，需要注意以下几点。

一 ║ 精心设计场面调度

对动态出镜报道进行拍摄的最简单的方法就是"跟拍"，即出镜记者走到哪里，摄影机就跟拍到哪里，将其运动和报道过程完整地记录下来。但是，这种拍摄方式会显得比较单调，摄影画面不够丰富多彩，只是简单地依空间位置次序排列而移动，也不能很好地体现出不同新闻报道点的重要性差异，报道叙事的方法也显得比较平淡。如果能够对记者的运动和报道方式进行设计，精心进行场面调度，对新闻素材的组织和利用会更加高效，传播效果也会更好。

场面调度原是舞台戏剧用词，后被借鉴到电影的拍摄中，主要包括摄影机调度和演员调度两大方面，即对摄影机的运动方式、运动轨迹、运动速度进行设计和控制，对演员表演过程中的走位、形体动作、对白等进行设计和控制，并将两者协调配合起来，形成最佳的电影画面效果。

在动态出镜报道的拍摄过程中，可以借鉴电影场面调度的一些经验和方法，对出镜记者的走位、形体动作、报道语言等进行设计和控制，同时，要求摄影机与之相配合，采用相应的运动方式、运动速度、运动节奏，不仅把出镜记者动态报道的过程和内容记录下来，而且能够给观众带来丰富的视觉变化，为记者动态出镜报道增色。

新闻现场的空间环境、新闻报道点的数量及重要程度、记者出镜报道的叙事方法、摄影器材运动拍摄的可能性是决定出镜报道场面调度的四大因素。空间环境层次丰富，且各个新闻报道点之间的空间距离在人体运动能够达到的范围之内，才具备进行动态出镜报道的必要条件。在此基础上，出镜记者采用顺叙、倒叙、插叙等不同叙事方法出镜报道，各报道点之间呈现的顺序就会不同，镜头的拍摄方式也会相应发生变化。

【案例】　王冰冰："快乐小草"，再也不用担心会"秃"了

2020 年 9 月 22 日，央视新闻官方账号在哔哩哔哩网站上传了一条名为《总台记者王冰冰："快乐小草"，再也不用担心会"秃"了》的新闻视频，该视频在上传当日即冲上哔哩哔哩热搜榜第一名，播放量超过 500 万。同日，"王冰冰"话题登上微博热搜，王冰冰快速走红，成为央视节目的"收视新星"。

这个视频是央视新闻直播节目中的一个段落，王冰冰出镜报道"内蒙古恢复草原生态，建设绿色屏障"的做法和成效（见图 4-4）。在连续 5 分 36 秒的直播过程中，王冰冰采用动态出镜报道方式，从室外到室内，还和敕勒川国家草原自然公园的工作人员进行了连线采访，整个段落一气呵成，非常流畅和完整。

直播团队事先设计了多个出镜报道点。第一个报道点是室外"欢迎踩踏"的"走路草坪"，介绍不怕踩踏的小草；第二个报道点是敕勒川草原新旧对比的照片处，用来说明当地几年来的生态变化；第三个报道点是修复草原生态的"特殊土壤"展示区，给大家说明其主要成分和用途；第四个报道点是乡土植物种质资源库，展示其数量众多、种类丰富；第五个报道点是内蒙古草原生态大数据平台控制区，说明其功能，并与敕勒川国家草原自然公园一线员工进行连线采访。这些报道点成为这个直播段落的支点和骨架，可以将不同的报道内容有机联系起来，也为摄影师的机位调度提供了依据。

该新闻视频有以下几个方面可圈可点：

（1）出镜记者走位精准，节奏控制得很好。在这段出镜报道中，王冰冰走位精准，语言流利，语言表达和身体运动速度和节奏控制得恰到好处，不提前，也不滞后，体现了良好的专业能力和素养。

（2）出镜记者观察与体验相结合。在这段出镜报道中，王冰冰不仅只是进行口头语言报道，还用手去触摸耐踩踏的小草、抓起修复草原使用的"土壤"、拿起内蒙古本土的土壤瓶、操作内蒙古草原生态大数据平台，充分调动自己的多种感官，获取信息，并向观众展示和传达。

（3）多机调度，顺畅配合。本段直播采用了多机拍摄，一台主机持续跟拍王冰冰，在她进行较长距离转场时，导播切换其他 2～3 台摄影机拍摄的空镜为其争取时间。在内蒙古草原生态大数据平台处，使用了两台摄影机，分别拍摄王冰冰和屏幕中的信息。

王冰冰以其甜美的笑容和邻家女孩般的清新气质赢得了广大网民的喜爱，这次成功的出镜报道更是让她一举成为中央电视台新媒体领域的首批"网红"之一。

此后，她在新媒体报道与主持事业上的　纷呈的节目和作品。
表现日益活跃，持续为广大观众带来精彩

图 4 - 4　王冰冰动态出镜报道"内蒙古恢复草原生态，建设绿色屏障"的做法和成效

　　动态出镜报道的拍摄需要出镜记者、采访对象、摄影师、录音师等多方进行良好的配合才能完成。如果是在直播状态下，还需要导播和技术部门的协调配合，操作起来比较复杂和困难。

　　动态出镜报道的成功拍摄经常需要事先进行场面调度设计，按照新闻报道规律、视频摄影规律，合理安排，以保证新闻信息的有效传达，以及视频画面的丰富多样。

　　对动态出镜报道的拍摄进行场面调度设计，要尽量遵循新闻事件发生发展的自然规律，不能人为改变其原有进程及其本质内涵。尽管如此，场面调度设计还是会对记者、采访对象等带来一定的干预和影响，必须要将这种干预和影响控制在合理范围内，否则，就会变成弄虚作假，违背了新闻影像最珍贵的本性——真实性。

三 /// 事先进行预演和彩排

　　动态出镜报道因为涉及较多的变化因素，所以，在条件允许的情况下，通常需要做事先的预演和彩排。如果是准备在视频直播中使用动态出镜报道，那么为了保证播出安全，更是需要事先进行演练。演练的重点是出镜记者的语速、运动速度、肢体动作、运动和静止节点，摄影师以此为依据相应考虑摄影机的运动方式、运动速度和运动节奏，以保证适时、准确地拍摄到各个关键的新闻画面。

首先让出镜记者熟悉文稿和练习走位，确定路线和速度之后，摄影师再决定自己的移动路线，必要时还可以在地上做记号。在保持平稳运动的前提下，还要注意光线方向和镜头焦距变化。具体说来，主要有以下几点：

其一，记者走位必须配合文稿的长短，否则可能还没走到预定位置报道词就结束了。

其二，走位的路线一定要确定，不能每次都不一样，这样摄影师才能掌握正确的构图。

其三，注意记者走位时脸上的光线方向、光线强度是否有变化，亮度是否能够达到拍摄要求。

采用运动画面拍摄出镜记者，会涉及镜头或者是画面主体的运动变化，因此在其过程中应根据需要及时准确地调整构图和焦点，这是基本的要求。同时还要注意摄影机运动与记者的现场报道在时间上的配合。

对于无法进行预演和彩排的动态出镜报道，拍摄时，摄影师要根据平时积累的拍摄经验，随机应变，摄影镜头要在出镜记者和新闻现场景物之间适当转换，不能只是盯着出镜记者一拍到底。

三 // 突出精彩细节

细节在视频新闻报道中非常重要，细节可以见本质，细节可以见全局，细节可以见情感。新闻报道不能只是笼统的整体性、概括性报道。只有有了生动、形象的细节，新闻报道才能鲜活，才能让观众觉得可亲可感、印象深刻。

在动态出镜报道中，出镜记者应该有意识地面向摄影镜头展示细节。出镜记者在新闻现场游走，会发现一些具有新闻价值的景物，会发现一些能够体现新闻事件来龙去脉的蛛丝马迹。这时，出镜记者应该有意识地将这些事物拿到镜头前予以展示，使其成为新闻报道中凸显的影像信息符号。

在动态出镜报道中，出镜记者还应该有意识地引导摄影镜头发现细节。在调查报道中，摄影机仿佛是观众的眼睛，出镜记者引导摄影机一起去寻找和发现能够揭示新闻事件本质的事物和细节。这种探寻的过程，会给观众以强烈的参与感、伴随感、体验感。

在动态出镜报道中，出镜记者引导摄影机拍摄的方式可以是用语言告知观众（告知摄影师），也可以是通过肢体动作予以指示、强调，使摄影师明白出镜记者的报道意图，并对相关景物进行充分、合理的拍摄。

四 ▏使用双机（或多机）拍摄

动态出镜报道活动范围比较大，涉及的采访对象比较多，可以采用双机（或多机）拍摄的方法来保证画面的拍摄。尤其在进行直播动态出镜报道时，更是需要多机位之间的连续拍摄和切换，才能完成拍摄和直播任务。

在使用双机（或多机）拍摄时，通常需要对各个机位的拍摄任务做出明确的分工，哪台摄影机主要负责跟拍出镜记者，哪台摄影机主要负责拍摄采访对象，哪台摄影机主要负责保证全景，哪台摄影机主要负责抓拍精彩细节和空镜……各个机位负责拍摄的范围也需要有明确的划分，相互之间的衔接过渡也需要有事先的设计和安排。

使用双机（或多机）拍摄动态出镜报道，需要确保各个机位拍摄的画面色彩、影调一致，可在开拍前统一调整白平衡，统一校验摄影机，以避免最终不同机位拍摄的画面组接在一起时出现跳接问题。

使用双机（或多机）拍摄，需要确保各个机位画面构图、镜头运动速度、画面影像风格的一致，以保证最终成片影像的浑然一体。可以通过开拍前的摄影阐述，对摄影创作做出统一的规范，在实际工作中各个机位的摄影师都要按照统一规范进行拍摄。

使用双机（或多机）拍摄，各个机位的摄影师需要特别注意轴线及轴线规律，避免在拍摄过程中出现"跳轴""穿帮"的现象。

使用双机（或多机）拍摄，需要出镜记者有很好的镜头感。随着记者位置变化，其视线也要在不同的摄影机之间进行适时的转换，以保证最终成片中记者视线的连贯和统一。

五 ▏现场新闻信息重于出镜记者的形象

尽管出镜记者通常都口齿伶俐、形象俊朗，在出镜报道过程中还会调动面部表情、肢体动作等辅助新闻信息的传达，具有相当的可视性，但在新闻事件动态出镜报道中，摄影师还是要掌握一个基本原则——"现场新闻信息重于出镜记者的形象"。也就是说，摄影师在拍摄出镜记者面对镜头报道的同时，应时刻留意新闻现场各种情况的发展变化。当现场有新的、更具新闻价值的情况出现时，即使出镜记者的报道话语还没有说完，也要赶紧将摄影机镜头对准新闻现场，而不能依旧停留在出镜记者身上，漏掉了重要的新闻信息。

再漂亮的出镜记者自身都不是重要的新闻。在拍摄记者出镜报道过程中，摄影师应该戴上监听耳机，注意听记者讲话的内容，并适时按照记者话语的指向，拍摄现场相关的场景、事物或人物。在实际工作中，很多摄影师对出镜记者报道的内容漠不关心，对新闻现场的突发情况反应迟钝，在拍摄现场不使用耳机边拍边监听声音。由于新闻现场声音嘈杂，所以，摄影师根本听不清楚记者出镜报道的话语内容，而只是自始至终采用单一景别的固定画面拍摄出镜记者，除了开机、关机，中间基本没有摄影操作，这种摄影师是不够敬业，也不够专业的。

六 ‖ 记者要有镜头意识，与摄影师良好合作

各家视听媒体在选拔出镜记者时，一般都比较重视其语言表达能力、外在形象条件、文字写作能力。但是，由于教育背景不同，大多数出镜记者缺乏摄影方面的专业训练，因此，在实际工作中经常出现缺乏镜头意识、不了解摄影规律的情况，再加上具有一定的自我优越感，而无法和摄影师很好地合作，造成出镜报道的画面呈现结果并不令人满意。

出镜记者一定要明白视听媒体新闻采访和报道的所有内容都要依靠画面和声音呈现，如果不能获得最佳的画面效果，那么，新闻报道的效果就会大打折扣。最终出镜报道画面拍摄的效果，主要取决于出镜记者，而不是取决于摄影师。

首先，出镜记者在构思报道词内容时，就要考虑其和镜头拍摄的关系，要有形象感，要考虑和画面的配合，镜头能够表现的内容就不必用语言做纯粹描述性的介绍。

其次，在出镜报道的语速、语言节奏上，出镜记者要考虑到摄影画面拍摄的速度、节奏的需要，不能太快，必要时还需要进行适当的停顿，以等待摄影画面拍摄完成，再进行下面的报道。

最后，出镜记者在运用肢体动作结合现场景物进行现场报道时，动作速度不能太快，动作幅度不能太小，要考虑到镜头拍摄的时长、速度需要。很多时候，摄影师改变拍摄机位，或者改变镜头焦距，都需要一定的过渡时间。

【案例】　央视记者出镜报道世博会观众入园情况

2010年，上海举办世博会，创造了世博会历史上观展人数最多的纪录。央视派出多路记者，对世博会进行报道。5月1日，世博园正式开园接待游客，央视记者在一块监控大屏幕前出镜报道有关世博会的人流情况，其中有这样一段："我们可以从现在这个视频监控信息上面看到，你看，地铁里面人流已经不算多了。而再看我们这个园区的出入口，在今天上午九点多的时候，在园区的出入口的方向呢，每个等待区都有大量的游客在等待着安检。可是现在看，我们这个园区的各出入口基本上已经是空空荡荡的了，排队的人数非常少。"在这段出镜报道中，记者从开始抬手、转身指向背后的大屏幕，到说完这段报道词，总共用了22秒。在这22秒中，摄影师需要改变镜头方向、镜头焦距、画面焦点，给观众展示大屏幕右侧8块上海地铁站的监控画面，还要展示大屏幕左侧的6块世博园出入口监控画面，实在是有点来不及（见图4-5）。

图4-5　央视记者出镜报道上海世博会观众入园情况

七　重视现场录音

视频新闻报道是声画一体的，在新闻节目中，很多时候，声音比画面更重要。讨论出镜记者现场报道的影像呈现，除了对画面的摄制严格要求之外，对声音的录制也必须精益求精。

拍摄动态出镜报道时，由于记者在运动过程中，其周围环境在不断发生变化，其采访对象会有所不同，有时还会采用多机位进行拍摄，这些因素都对现场录音提出了较高的要求，不再像拍摄静态出镜报道时那么简单。

在动态出镜报道中，如果记者使用手持连线话筒进行采访、报道，当运动起来的时候就会比较麻烦。记者和摄影师连在一起，在单一的场景、简单的运动方式情景下，还能较好应对。如果场景比较复杂、运动比较多变，则记者和摄影师很难一直做到协调一致，容易出现磕绊、缠绕等问题。此外，因为不同的采访对象声音大小不同，不同场景现场声音量大小不同，需要摄影师不断调整声音录制电平，以保证录音质量。不过，如果完全依赖自动电平，则难以达到最佳的录音效果。

在拍摄动态出镜报道时，应优先使用无线话筒或吊杆话筒进行录音。

无线话筒可以是手持无线话筒，也可以是无线微型话筒，两者都可以较好地收录记者的声音及其周围的环境声，也可以将摄影师和记者从话筒连线的束缚中解放出来，方便两者自由活动。

使用吊杆话筒需要由专业的录音师来操作，配合便携式调音台，可以适时收录记者和采访对象的声音，获得最佳的录音效果。当然，采用这种方式，需要增加人力物力，通常在追求高品质制作的新闻节目录制过程中才会用到。

无论是拍摄静态出镜报道，还是拍摄动态出镜报道，都要求摄影师技术过硬，不能出现基本的技术失误，如画面曝光过度或曝光不足、虚焦点、画面偏色、声音失真等。特别是在拍摄报道重大新闻事件时，更不允许出现一丁点儿的瑕疵。

 【案例】 央视记者出镜报道玉树地震画面曝光过度

2010年4月14日，青海省玉树藏族自治州玉树县（今玉树市）发生地震，最高震级达到7.1级，造成房屋损坏和人员伤亡。央视记者火速赶到玉树地震灾区，冒着余震不断的危险进行采访。然而，在2010年4月15日播出的《焦点访谈——争分夺秒的救援》节目中，我们却遗憾地看到包括记者出镜报道在内的大量画面都是明显曝光过度的。考虑到我们看到的视频是电视台播出版，那么可以想见，其原始素材曝光过度更加严重。记者英勇无畏的精神、来自一线的重要新闻信息，都因为摄影画面的技术　失误而有些黯然失色（见图4-6）。

图4-6　央视记者在玉树地震灾区进行出镜报道

要　领

动态出镜报道的拍摄方法

动态出镜报道的拍摄需要注意以下几点：精心设计场面调度，对记者的走位、摄影机的运动、报道点的选择等进行设计和安排；事先进行预演和彩排，以确保出镜报道拍摄的顺利完成；突出精彩细节，出镜记者应有意识地在现场发现细节，并向镜头展示细节；使用双机（或多机）拍摄，可以同时拍摄记者与采访对象，增强单位时间新闻影像的信息量；新闻现场信息重于出镜记者的形象，摄影师应时刻留意新闻现场的突发情况；记者要有镜头意识，懂得如何与摄影师配合；重视出镜记者现场报道的录音，在新闻报道中，很多时候，声音比画面更重要。

无论是静态出镜报道，还是动态出镜报道，都要求出镜记者思维敏捷、头脑清楚、语言流畅，拥有优秀的新闻专业素质和能力。

无论是静态出镜报道，还是动态出镜报道，都需要出镜记者和摄影师良好配合。只有这样，两者才能形成合力，制作出内容和形式感俱佳的新闻报道作品。

第三节　出镜报道中非语言符号的运用

在出镜记者现场报道中，非语言符号传播的出现频率不亚于语言符号传播，但却往往被人们忽视。非语言符号和语言符号的有机结合，可以使二者相辅相成，改善和提高传播效果。非语言符号往往具有辅助语言表达、强调语言信息、把握采访节奏以及展示媒体风采等功能。

恰当准确地使用非语言符号，可以使出镜记者现场报道更立体更全面，也有利于出镜记者树立个人的风格和荧屏形象。出镜记者在镜头前所展示的非语言符号具有丰富的传播功能，重视非语言符号的表达与传播，使语言符号和非语言符号有机融合，能够使现场报道更加形象、更加生动、更加全面，有效增强现场感、互动感和体验感。

非语言符号大致可以分为以下几种类型：

第一类是语言符号的伴生符，利用语音的特点来表情达意，如叹气、呻吟、鼻哼等，这一类非语言符号仍然属于声音符号系统。

第二类是体态语，利用身体动作姿态表情达意，如点头、做手势、拥抱、抚摸等。

第三类是物化、活动化、程式化的符号，如衣着、化妆等。

后两类非语言符号属于视觉符号系统，可以在视频画面中被呈现出来，其画面呈现效果对于出镜报道的整体效果有着重要影响，这里我们重点分析后两类非语言符号在记者出镜报道中的运用。

一 || 体态语

体态语通常被称为身体动作或身体语言，较典型的包括面部表情（特别是眉毛、前额、眼睛和嘴的表情）、身体姿势和手势等，可以补充口头语言在交际中的不足。体态语在视频新闻采访中的存在意义在于配合记者的语言表达，对语言传播中出现的不够严谨或不够完整的部分进行形象化的补充。在出镜记者现场报道中，体态语可以具体分为表情语、体语和手势语等。

表情语是指人们通过面部表情传递出的信息，表情语是体态语中的重要部分。一个人的脸庞由上至下可以大体被分为三部分：第一部分，眉毛和前额；第二部分，眼睛；第三部分，嘴。在这三个部分中，使用最广泛、表现力最丰富的就是眼睛。在视频新闻采访中，眼神的交流是出镜记者非语言符号中最常用的手段。无论是现场观察，还是与采访对象交谈，抑或是面对镜头评述播报，记者的目光都传达着丰富而又真诚的信息。

出镜记者必须懂得控制自己的面部表情，尤其在一些情绪起伏比较大的场合，出镜记者更要善于控制自我情绪，做到不露声色、得体表达。

体语是人的身体姿态所传递的信息，如记者在采访时采取的坐姿、站姿、走姿等，都会向观众和采访对象传递一定的信息。在记者出镜报道中，采用最多的是站姿。在动态出镜报道中，边走边说是主要样态。在体验式出镜报道中，记者的身体姿态、动作姿态可以随实际需要有更丰富的变化。

手势语是指人体上肢所传递的交际信息，其中出镜记者用得较多的是和胳膊、手掌相联系的手势语，例如挥手、摆臂和手指屈伸等。

在出镜记者现场报道中，体态语可以起到表达态度、情感交流、强调语言信息等作用。

概　念

体态语

体态语通常被称为身体动作或身体语言，较典型的包括面部表情（特别是眉毛、前额、眼睛和嘴的表情）、身体姿势和手势等，是为了补充口头语言在交际中的不足。

体态语可以具体分为表情语、体语和手势语等。

二 || 衣着和化妆

服装是社会角色最直接的表征，可以对着装主体的心理上造成重大影响，影响其对自我的认知。服装也会影响周围人群对着装者的认识和判断。为了很好地完成出镜报道，出镜记者应该根据现场环境、新闻报道内容、媒体特点等来选择不同款式、不同颜色的服装，从而塑造出恰当、合适的专业形象。

（一）出镜记者衣着和化妆的基本原则

1. 简洁大方

出镜记者的装扮要以简洁大方为基本要求，服装款式尽量简单，不戴夸张的饰物。因为在视频画面中，出镜人员过多或夸张的妆饰会吸引观众的眼球，从而使观众不能集中注意力于新闻报道。

2. 相对稳定

经常出镜被观众熟知的记者，其发型或其他装扮不宜常变，因为出镜记者的外表会在大众传播中形成某种相对固定的符号，随意打破原有的符号会引发受众的困扰。

3. 与报道场景和报道题材相契合

出镜记者的衣着、妆饰等应适宜场合，有礼有节。电视采访中，由于出镜记者的外表不合适而造成误会的场面并不少见。有的女记者到农村采访穿着入时、化妆浓艳；在政府记者招待会等重大场合，本应正装出席的记者却着装过于随意；有的记者在抗震救灾、抗洪抢险现场出镜，却衣着整洁、一尘不染。这些都会在视频画面里和现场情况形成强烈反差，从而影响节目的整体效果。出镜记者合时宜的着装，也体现本人以及其所代表媒体的素质和礼节。

4. 与媒体形象塑造一致

出镜记者的衣着、妆饰等应代表媒体，树立品牌。出镜记者的形象不仅代表个人，还代表着其所在的媒体，出镜记者发表的观点也代表着媒体的观点。我们经常看到出镜记者手持的麦克风或者身穿的衣服上都带有记者所在媒体的台标。在出镜记者报道时，台标以非语言符号的形式传播了某种信息：一是表明出镜记者所在的媒体，以媒体对言论负责的态度报道新闻；二是为媒体树立品牌意识，在新闻报道中树立媒体形象。

（二）出镜记者衣着和化妆的实际应用

我们将出镜记者按所报道的题材简要划分成以下几种类型，并对其衣着和化妆的实际应用做具体分析。

1. 时政新闻出镜记者

在时政新闻报道中，出镜记者的着装应该以正装为主，男士适合穿西装、打领带，搭配衬衣和皮鞋。在气温较低的情况下，可以穿上较长款的大衣。女士适合穿套装，可以是裙装，也可以是裤装。在天气寒冷的情况下，也可以穿高领毛衣和大衣。因为正装往往给人严肃庄重之感，仪式感比较强，可以使出镜报道更加具有说服力和可信度。穿上正装，记者也往往显得更加精神、更加干练，这也与时政记者的形象特质相契合。

 【案例】 央视时政记者着正装出镜报道

2016年3月3日下午，全国政协十二届四次会议即将开幕。在中央电视台的直播特别节目中，记者刚强在人民大会堂出镜报道。黑色西装、白色衬衣、蓝色领带的搭配，与报道主题的高端、正　　显得精神、干练（见图4-7）。
式相符合，有比较强的仪式感，也使记者

图4-7　央视记者出镜报道全国政协十二届四次会议即将开幕

"淡彩修饰是在自然的基础上，经过修饰而又不过于显露痕迹的一种自然修饰方法。"[1] 时政新闻出镜记者的化妆应遵循"端庄、大气"原则，以"淡彩修饰"妆容为主，即在出镜记者自身形象基础上，弥补和修饰自身不足，增加美感，使其形象更加干练、稳重、大方。时政新闻出镜记者不能浓妆艳抹，在选择粉底、唇膏、眉笔和发型设计方面都应追求自然、清新的视觉效果。时政新闻出镜记者应尽量不戴或少戴一些小饰品。即便要戴，饰品造型也应简洁，色彩宜以淡色、消色为主，不能造型夸张、色彩艳丽。在报道一些特定的新闻内容（如灾难性新闻、讣告等）时，出镜记者应该不佩戴任何与报道主题无关的装饰性饰品。

2. 社会新闻出镜记者

社会新闻是涉及人民群众日常生活的社会事件、社会问题、社会风貌的报道，包括社会问题、社会事件和社会生活方面的内容，尤以社会道德伦理为基础反映社会风尚的新闻为主。这类新闻与老百姓的日常生活关系最为密切，往往也是观众关注度最高的新闻形态。在报道这一类新闻时，出镜记者在着装上要贴近日常生活，以休闲装为主，色彩不要过于鲜艳、花哨，款式不要过于新奇。春秋季，出镜记者可以选择夹

---

① 赵小钦. 电视播音员主持人形象设计与造型. 北京：中国传媒大学出版社，2014：13.

克衫、短风衣、外套等；夏季，出镜记者可以选择 T 恤衫、牛仔裤、休闲裤等；冬季，出镜记者可以选择羽绒服、棉外套、防风衣等。一般情况下，出镜记者头部、面部要清晰地呈现在画面中，尽量不要戴帽子、太阳镜、大围巾等容易造成遮盖、给人带来交流障碍感的物品。

【案例】 辽宁卫视记者出镜报道服饰夸张

该截图中是辽宁卫视的天气播报主持人在进行天气情况的介绍。由于身处外景，又是和演播室新闻主播进行连线报道，所以，可以将其视作出镜记者现场报道。在这段有关天气情况的报道中，记者的着装就过于夸张和随意了，显得和报道主题以及出镜的环境背景都不够协调（见图 4-8）。

图 4-8 辽宁卫视记者出镜报道天气新闻

社会新闻出镜记者的化妆应遵循"生活化"原则，也是以"淡彩修饰"为主，使其形象亲切、友善、平和、坦诚，易于和采访对象进行沟通和交流。社会新闻出镜记者的发型、服装、配饰不用特别强调媒体工作人员的职业化特征，而是可以"入乡随俗"，更多考虑与所报道的新闻内容、事件环境相适应。

在网络视频新闻报道中，一些出镜记者在用手机等设备拍摄自己的出镜报道时，会开启拍摄设备的美颜功能，对自己的脸型、肤色、胖瘦、眼睛等多方面进行美化。需要注意的是，对于拍摄设备美颜功能的使用要注意尺度的把握，要非常克制，避免因单纯追求美化效果以致记者形象严重失真问题的出现。"真实"是新闻报道的基础，出镜记者的形象真实也是新闻报道影像真实的组成部分。

当然，社会新闻出镜记者的衣着也不能过于随意，邋里邋遢，衣服颜色胡乱搭配。有的记者在日常生活中大大咧咧、不修边幅，比如胡子拉碴、满头乱发。这些日常生活中的状态是不适合呈现在媒体画面中予以大众传播的。

3. 综艺娱乐新闻出镜记者

综艺娱乐节目是近些年来中国电视、网络领域最具活力的节目类型之一，有关娱乐圈、文艺界活动的新闻也备受观众瞩目。综艺娱乐新闻主要是为了给观众带来轻松、愉悦、有趣、新鲜、刺激等感觉，其出镜报道场景也常常是一些庆典、仪式、发布会现场，其受众群体以时尚新潮的年轻人为主。因此，这类新闻的出镜记者在衣着和化妆方面可以比较时尚和前卫，体现出青春活力、现代感、与众不同等特点。

在服装款式上，综艺娱乐出镜记者可以选择一些最新设计、融入各种时尚或文化元素的服装，也可以选择一些知名的时尚品牌。在色彩方面，可以选择比较鲜艳、明亮的颜色和适度混搭。在一些庆典现场、颁奖晚会等比较正式、高端、仪式感较强的场合，出镜记者穿一些比较奢华的礼服也是可以的。

"重彩修饰是在自然基础上强调修饰感、具有一定装饰作用的修饰形式。"[1] 综艺娱乐新闻出镜记者的化妆应遵循"时尚化"原则，与所报道的综艺娱乐新闻相匹配，可以采用"淡彩修饰"妆容，也可以采用"重彩修饰"妆容。综艺娱乐新闻出镜记者的化妆讲究和报道内容及报道场合的和谐共生，不追求与演艺明星"争奇斗艳"，要求做到"时尚而不失干练，活泼而不失理性"。

在一些综艺娱乐新闻报道过程中，尤其是在报道群体参与的综艺娱乐活动时，为了给观众带来参与感、体验感和伴随感，出镜记者会进行体验式报道。此时，出镜记者会参与综艺娱乐节目的制作环节，扮演其中的某个角色，有时也会穿上现场群众或演员的服装，其化妆会按照所扮演角色的演出效果来定，由剧组的专业化妆师来完成。出镜记者先进行一小段体验性活动展示，然后再现出"庐山真面目"进行出镜报道。

---

① 赵小钦 . 电视播音员主持人形象设计与造型 . 北京：中国传媒大学出版社，2014：14.

【案例】 **《中国电影报道》栏目拍摄现场探班的出镜报道**

中央电视台电影频道《中国电影报道》栏目中，经常让主持人李蜜作为出镜记者到一些电影的拍摄现场探班。在报道过程中，李蜜偶尔会装扮成剧中某一个主要角色的样子出场，短暂的体验式表演之后，再开始正常的报道。这种出镜报道的融入感很强，是一种不错的探索和尝试（见图4-9）。

图4-9 《中国电影报道》记者探班电影《目标战》拍摄现场

需要注意的是，记者毕竟是记者，记者的本职工作是报道新闻。在综艺娱乐现场，出镜记者不能喧宾夺主，与各位演艺明星、娱乐圈人士"争奇斗艳"，也不能化身追星一族，过于投入现场的娱乐活动之中，否则就舍本逐末、得不偿失了。

三 器具或证物

除了擅长使用有声语言和体态语，出镜记者还要善于使用一些器具，辅助自己将一些抽象的新闻信息视觉化，使之能够具体、直观地在镜头画面中呈现出来。比如，媒体记者要报道某一地区的水质污染，然而单靠语言描述和眼睛观看，不能科学精确地将水污染的严重程度反映出来。此时，出镜记者如果使用带有数据指标显示功能的测量仪器辅助报道，就会简洁明了，让观众一目了然。

出镜记者还要善于在报道现场发现证物，并将其在镜头画面中展示、强调。证物往往承载着重要的新闻信息，其本身也具有较好的画面表现力，是吸引观众视觉注意的重要对象。证物还可以和出镜记者的报道词联系起来，使之更加具体和形象；证物还可以使出镜记者的行为动作有依据、有目标对象，更加自然和流畅。证物的出现使得记者出镜报道由单纯的"讲述"变成"演示"，从而使视觉信息更加丰富，形式更加多样。

【案例】 "义墩墩"辻岗义堂在直播连线中展示冰墩墩徽章

在 2022 年 2 月 4 日至 20 日期间，第二十四届冬季奥林匹克运动会在北京与张家口两座城市联合举办，吸引了全球各地的新闻工作者纷至沓来。其中，日本电视台记者辻岗义堂因其对冬奥会吉祥物冰墩墩近乎痴迷的喜爱，在报道现场成为一道独特的风景线。他以"义墩墩"自称，这一昵称生动地展现了他对冰墩墩难以抑制的热情。

2 月 2 日，在北京首都体育馆进行的一次直播连线中，辻岗义堂在镜头前拉开自己的上衣，自豪地向观众展示胸前活泼可爱的六个冰墩墩徽章，此举是他对冰墩墩热爱之情的精彩诠释。整个冬奥会期间，"义墩墩"多次身着印有冰墩墩图案的 T 恤衫、证件带上挂满了冰墩墩徽章、手持可爱的冰墩墩玩偶进行出镜报道和直播连线，这种极具个性化的报道方式让人印象深刻。

"义墩墩"的报道在中国及日本社交媒体上迅速走红，不仅有力地提升了北京冬奥会的公众关注度，而且通过其独特且充满亲和力的形象传播，无形中拉近了中日两国人民的情感距离，为增进两国间的友谊做出了贡献。他的报道不仅是对赛事本身的记录，更是成为冬奥文化交流与情感共鸣的温馨篇章（见图 4-10）。

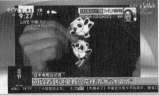

图 4-10 "义墩墩"辻岗义堂在和日本电视台直播连线中展示冰墩墩徽章

专业媒体记者经常是在新闻事件发生后才到达现场的，事件的即时过程已经不复存在，也不可能将其重现。此时，对于现场留下的证物的搜寻和选用就显得格外重要。

从证物上面，人们可以推断事件发生时的情景，也可以直接看到事件造成的结果。

在现场报道中，出镜记者只有重视非语言符号的传播功能，娴熟掌握非语言符号的传播技巧，才能将现场的事实信息点进行更加人性化、具象化、体验化的处理，从而实现新闻事件信息的有效传播。

 【思考与练习】

1. 什么是静态出镜报道？拍摄静态出镜报道需要注意哪些问题？

2. 什么是动态出镜报道？

3. 为什么动态出镜报道的拍摄事先需要进行场面调度设计？

4. 使用双机（或多机）拍摄动态出镜报道，需要注意哪些问题？

5. 什么是非语言符号？非语言符号包括哪些类型？

6. 出镜记者在着装和化妆方面需要注意哪些基本原则？

第五章

新技术与出镜记者现场报道

 【学习要点】

◇ 360 度全景视频新闻对视频新闻采集制作、出镜记者现场报道提出了全新的
要求。

◇ 以"蓝箱技术"、"绿幕（屏）技术"、CGI 技术为代表的影像合成与植入技术，
为数实影像的结合奠定了基础，也为出镜记者现场报道提供了新的可能。

◇ 人工智能技术快速兴起，数字人在新闻报道领域得到广泛运用。数字记者脱颖
而出，突破真人时空限制、生理和心理桎梏，在科技新闻、数据新闻等领域得
到创新应用。

◇ 利用高新技术进行新闻报道，可以改善视频新闻的观赏性，提高其传播效率，
改善其传播效果。

随着数字影像技术的迅猛发展，如虚拟现实技术、数字影像合成技术、AIGC（artificial intelligence generated content，人工智能生成内容）影像技术等都被运用到视频新闻制作领域，视频新闻报道迈向新的高度。这些技术被巧妙地融入报道中，打破了传统的呈现模式，为我们带来了"虚实相生""虚实结合"乃至"虚实难辨"的出镜报道新形态。观众在享受这种新颖报道方式的同时，也深刻地体验到了科技与新闻传播的完美融合。

第一节 ‖ 360 度全景与出镜报道

2015 年下半年开始，虚拟现实技术（virtual reality，VR）开始在世界范围内风靡，各大网络公司、游戏公司、教育机构、医疗机构、军事组织等在应用虚拟现实技术的广度、深度、速度等方面全面发力。

虚拟现实技术也为传统的影视制作行业带来了新的变化，360 度全景视频成为影视领域结合虚拟现实技术运用的最主要的成果形态。以美联社、《纽约时报》、《洛杉矶时报》等为代表的传统通讯社和纸媒尝试运用 360 度全景视频制作新闻报道，英国广播公司（BBC）、天空电视台（SKY）、美国广播公司（ABC）、美国有线电视新闻网（CNN）、美国公共电视网（PBS）等电视台网也都开始运用 360 度全景视频进行新闻报道，一些媒体逐渐将其由试验性报道转为常规化报道。

在中国，较早使用 360 度全景视频进行新闻纪实类报道的是新华社和上海的澎湃新闻。新华社在 2015 年 9 月 3 日"纪念中国人民抗日战争暨世界反法西斯战争胜利 70 周年"大阅兵时，就和腾讯视频合作，尝试使用 360 度全景视频拍摄大阅兵。上海报业集团的澎湃新闻在原有的 360 度全景照片新闻报道的基础上，于 2015 年下半年开始推出了 360 度全景视频新闻报道。

【知识窗】 虚拟现实技术与 360 度全景视频

一、虚拟现实技术

虚拟现实技术（VR）是一种模拟人类视觉、听觉、触觉等感知行为的高度逼真的人机交互技术，涉及包括数字图像处理、计算机图形学、多媒体技术、人机接口技术、计算机仿真技术及传感器技术等多项信息技术的交叉学科。

虚拟现实技术的三大特性是沉浸性、互动性和想象性。其中，所谓的沉浸性就是指其影像是 360 度全景影像，用户观看时，仿佛身处影像空间之中，由内而外向四面八方观看。

二、360 度全景视频

360 度全景视频是 360 度全景影像的一种，此外还有 360 度全景图片。360 度全景视频可以是使用全景摄影机拍摄而成的，也可以是使用电脑生成（CG）的。在 VR 新闻报道中，使用全景摄影机拍摄 360 度全景视频是主要的影像获得方式，　　也有少量的 VR 新闻报道会采用电脑生成的 360 度全景影像来完成。

　　2016 年被称作"虚拟现实技术元年"，虚拟现实技术在新闻报道领域的运用更加广泛。我国的新闻机构开始跟上时代的步伐，尝试使用 360 度全景视频来报道新闻。在 2016 年 3 月召开的全国"两会"期间，新华社、中新社、《经济日报》、《法制晚报》等多家新闻媒体都使用了虚拟现实技术来制作新闻报道作品，中新社甚至在中新网上开设了专门的页面来展示关于"两会"的 360 度全景视频新闻报道。2017 年，新华社组建了自己的 VR 新闻报道团队，主要采用 360 度全景影像来进行新闻报道。中央电视台也在央视网开设 VR 频道，使用 360 度全景视频技术进行新闻采集和报道。

　　360 度全景视频新闻报道需要通过网络平台传播，其主要的收看方式有两种：一种是使用电脑屏幕（包括 iPad 等平板电脑、手机屏幕等）中的全景视频浏览器、播放器进行播放，受众可以使用鼠标来左、右、上、下拖曳视频，选择观看自己感兴趣的局部。另一种是使用虚拟现实头显设备观看，用户可以被"投送到新闻现场"，仿佛自己置身于新闻现场之中，可以自由转换视线方向，观看自己感兴趣的部分。两种方法相比，后者的收视效果更好，现场感、体验感、互动感会更强。

　　360 度全景视频可以通过全景摄影机将周围的全部影像收录其中，它和传统的 2D、3D 摄影的取景方式都不同，彻底颠覆了百年以来形成的传统摄影理念和技巧，给视频新闻报道带来了根本性的变化。

一 ⫻ 出镜报道场景选择要改变平面化、单向度取景思维

　　新的拍摄技术和新的传播方式，对视频新闻报道的拍摄和制作方法提出了新的要求。为了有效地吸引观众的注意力，使其关注报道者希望其关注的主要部分，而避免观众随意变换视线方向，避免其收看行为处于完全失控状态，从而造成新闻信息传播失效或无效，在使用 360 度全景视频制作新闻报道时，就特别需要发挥出镜记者在新闻现场的作用，来引导和吸引观众的注意力，让观众沿着新闻报道的采访者、报道者、制作者、传播者所希望的方向、顺序来观看新闻报道。

在360度全景视频新闻报道中，记者的出镜位置依然是新闻现场比较重要的部分。由于360度全景视频仍然存在初始主角度，最先进入观众视野的记者出镜场景会"先入为主"，成为整个段落的"定位仪"，通常也是最具画面表现力和最具新闻价值的场景。

出镜记者必须意识到360度全景视频与传统摄影拍摄的视频不同，必须将全景摄影机放置在新闻现场的中间位置，而不能像传统影像拍摄时将传统摄影机放置在新闻现场的外围。出镜记者的出镜位置必须选在四周都有可观看价值的场景中，否则，就会出现信息缺失或空白的画面。出镜记者和摄影师都必须有全立体三维取景的概念，避免平面化、单向度取景思维。

【案例】 360度全景视频新闻报道的场景选择

2017年，在天空电视台报道欧洲移民危机的新闻中，记者阿利斯泰尔·邦卡尔（Alistair Bunkall）在一个移民驻扎点出镜，环顾四周，在一片野外的树林中散布着移民们赖以栖身的帐篷，到处都是被丢弃的衣服等杂物。整个环境给人强烈的荒凉、无助之感。与传统电视报道画面给人的感受不同，这次观众和全景摄影机一起，仿佛置身在移民驻扎点中间（见图5-1）。

图5-1　天空电视台记者置身于移民驻扎点中间的视频截图

二 利用出镜记者站位、走位引导和控制观众的注意力

在360度全景视频新闻报道中，出镜记者必须具有强烈的对象感，不能觉得自己

面对的只是机械记录视听信号的机器，而是要时刻意识到自己面对的是活生生的观众。摄像机的镜头就是观众的眼睛，出镜记者要用自己的语言、情感去吸引观众，要像对待老朋友一样地对着全景摄影机进行报道。

在360度全景视频新闻报道中，出镜记者应该尽量减少固定站立于一点的纯口述式现场静态报道，而要对自己的运动路线做出精心的设计，和新闻现场的景物形成良好的呼应关系。记者出镜报道的空间环境一定要有比较丰富的空间层次，可以让观众在出镜记者的带领下于其中穿行。出镜记者可以进行横向或弧形运动，引导观众环视新闻现场环境，也可以进行纵向运动，带领观众在新闻场景中游走、观察、审视、体验。

【案例】　360度全景视频新闻报道的出镜记者走位

在阿利斯泰尔·邦卡尔报道欧洲移民危机的新闻中，后面两段的出镜报道中记者都是在运动之中的。如图5-2所示，左图中记者一边走动，一边引导观众，介绍了当地与移民相关的卖衣服、水果、食物等的摊位，还有等待载客的汽车。右图中记者在海边公路上移动，介绍了等在岸边希望登上欧洲大陆的难民，又向大家展示了停泊在海边的客轮。

图5-2　天空电视台记者在运动中展开报道的视频截图

在360度全景视频新闻报道中，大多数情况下，全景摄影机的位置是固定不动的。用户带上头显设备后，其视线可以向四周自由浏览，也可以跟随出镜记者、新闻主体的运动。全景摄影机机位尽管没有动，但是，观众观看影像的方式却是可以运动的，这种视觉感受是与观看传统2D、3D视频影像完全不同的。

如果使用全景摄影机运动拍摄，就需要注意"晕动症"的影响。如果观众对于影像运动的心理感知和生理感觉不一致，就会出现头晕、恶心甚至呕吐等反应。全景摄影机运动过快、过于晃动也容易带来"晕动症"。后期剪辑节奏太快、镜头太碎太短也容易带来"晕动症"。保持全景摄影机固定拍摄或者慢速平稳运动拍摄，后期保持较低的镜头剪辑率，设计好摄影对象运动与全景摄影机运动的协调方式，是避免"晕动症"的主要方法。

三 ‖ 出镜记者报道的内容必须是新闻现场最具新闻价值的信息

由于在收看 360 度全景视频新闻报道时，具有自主选择观看方向和观看区域的权利，观众不再是"透过一扇窗户看世界"，而是"设身处地、置身其中"，因此，出镜记者报道的内容，必须是最具新闻价值的内容。否则，观众就会在新闻现场发现更有价值、更能引起自己兴趣的新闻点或新闻人物。那样的话，出镜记者的现场报道就只剩下自说自话了。

有人认为，360 度全景视频可以将观众"投送到新闻现场"，因此，不再需要作为"观众代表"的出镜记者给大家介绍自己在新闻现场的观察和感受。其实，360 度全景视频尽管可以给观众带来前所未有的现场感、参与感，但其现阶段并未能从根本上改变观众和视频新闻的关系——"观看与被观看"。观众在虚拟现实技术中体验到的现场感，还远远不能和出镜记者本人真正置身于新闻现场的所见所闻所感相提并论。因此，在 360 度全景视频新闻报道中，出镜记者现场报道依然有其存在的必要。

在 360 度全景视频新闻中使用出镜记者现场报道，可以有效地引导观众将注意力适时集中于记者想要让其重点关注的对象，避免观众毫无目的地向各个方向随意观看。全景影像是 360 度球形的，但观众的眼睛视野是半球形的，如果观众不能在恰当的时机观看恰当的方向、适当的内容，就会错过重要的新闻信息，白白浪费先进科技为人们提供的视觉可能性。

四 ‖ 出镜记者现场报道应使用更多提示性、指示性内容

在 360 度全景视频新闻报道中，镜头的视角不再是残缺不全的，观众能够看到的不再仅仅是出镜记者身后的现场部分，出镜记者不需要再像以前一样，用大量语言补充描述镜头之外的现场场景信息，而是可以更多使用提示性、指示性语言，提醒和引导观众去关注应该关注的重点方向、重点区域和重点对象。

除此之外，出镜记者需要事先多做功课，对与现场事物、人物有关的背景资料、拓展性资料有更多的掌握，可以在现场与实际景物、人物结合起来进行更具广度和深度的出镜报道。

虚拟现实技术与新闻报道的结合，使得观众可以通过一定的虚拟手段，获得更加真实的感受。虚拟现实技术进入公众视野才刚刚开始，随着技术的进步和发展，其对新闻报道方式和传播方式的改变会更加明显。

第二节 影像合成技术与出镜报道

影像合成技术以往多应用于影视与广告制作领域，随着数字影像技术的快速进步，数字影像合成技术被运用到视频新闻制作领域，出镜报道在创意和制作方面呈现出新的面貌。

一 "蓝箱技术"和"绿幕（屏）技术"

在影视制作中，"蓝箱技术"和"绿幕（屏）技术"是两种常见的背景替换技术。它们的核心原理都是利用高饱和度的单色背景，在拍摄后通过后期处理软件将其替换为其他场景影像，从而实现特效的合成。

"蓝箱技术"主要采用蓝色背景进行拍摄，通常应用于需要较大场景的情况。由于蓝色与人体肤色差异较大，因此"蓝箱技术"在拍摄人物时能更好地进行抠像处理，降低后期制作的难度。"蓝箱技术"在电影、广告等领域有着广泛的应用，可以创建出虚幻的场景，增强视觉冲击力。

"绿幕（屏）技术"则采用绿色背景进行拍摄。绿色在光谱中的亮度较高，使得摄像机能够捕捉到更多的细节信息。此外，绿色与人物服装和肤色的差异也较大，有利于后期的抠像处理。对"绿幕（屏）技术"的运用在电视演播室等需要实时合成的场合尤为常见，因为它能快速地实现背景替换，提高制作效率。

在使用"蓝箱技术"和"绿幕（屏）技术"时，需要注意以下几点：首先，要确保背景颜色的均匀性和饱和度，以便后期更好地进行抠像处理；其次，要避免拍摄物体与背景颜色相近或反光，否则会影响抠像效果；最后，在拍摄过程中要保持灯光的稳定性，以确保背景颜色的一致性。

"蓝箱技术"与"绿幕（屏）技术"，曾一度是电影与广告制作领域的独门秘籍，尤其在那些富有神话色彩、科学幻想的非纪实类作品中，它们更是发挥了不可或缺的作用。在电视节目的制作流程里，这两项技术起初是虚拟演播室节目录制的得力助手。然而，随着科技的进步和创意的拓展，近年来，它们在外景电视纪实节目的影像摄制中也逐渐崭露头角。诸如央视的《数说命运共同体》和《撒贝宁时间》等节目，便巧妙运用了这些先进技术，打破了现实时空的桎梏，实现了多时空的无缝跨越与精妙关联，为观众带来了前所未有的视觉体验。

总之，"蓝箱技术"和"绿幕（屏）技术"是影视制作中不可或缺的背景替换技术。它们各具特点，适用于不同的场景和需求。在实际应用中，制作者需要根据具体情况选择合适的技术，并注意拍摄过程中的细节问题，以确保最终的视觉效果达到预期目标。

【案例】　《撒贝宁时间》中影像合成技术的运用

《撒贝宁时间》是中央电视台综合频道于 2013 年至 2017 年播出的一档探案推理类节目，由著名主持人撒贝宁主持。该节目采用虚实结合的演播室设计（见图 5-3），撒贝宁可以在演播室和多个现场间自由"穿越"，以案情分析和缜密的逻辑推理引导观众一步步接近真相。在节目播出期间，它受到了广大观众的喜爱和追捧，成了一档备受关注的电视节目。然而，在 2017 年 8 月，该节目宣布停播，让许多观众感到遗憾。尽管停播已久，但《撒贝宁时间》节目与时俱进，领天下之先，运用影像合成技术进行新闻纪实类节目报道，成了一段让人难忘的电视记忆。

图 5-3 《撒贝宁时间》录制现场工作场景图

在 2015 年 12 月 27 日播出的《撒贝宁时间：闯入者》中，撒贝宁像福尔摩斯一样，带领观众抽丝剥茧，分析和还原一个加油站凶杀案的真实情况（见图 5-4）。其实，撒贝宁根本没有亲自去到凶杀案的现场，而是通过"蓝箱技术"，将演播室录制的"撒贝宁"与案件各个"现场环境"天衣无缝地合成在一起，撒贝宁甚至还可以从现场环境中"拿起"证物，发现蛛丝马迹。观众收看该视频报道时，并无明显的违和感，对于其真实性也不会产生明显的怀疑。

该节目首次在国内固定电视栏目中运用了虚拟演播室技术，将撒贝宁演播室出镜与纪实现场相结合。这种创新手法为观众带来了全新的视听体验，让人仿佛置身于真实的案发现场。

制作方法方面，节目组巧妙地利用"蓝箱技术"，在约 200 平方米的蓝箱内拍摄撒贝宁主持和报道部分。通过后期技术调整，主持人与景物的位置关系得以精确控制，实现了天衣无缝的合成效果。同时，证物道具被放置在蓝盒子里或蓝布下面进行拍摄，与实景影像素材完美融合。开始阶段撒贝宁需多次走场，进行录制，后来改为直接拍摄蓝箱中撒贝宁主持和报道部分，再利用后期技术调整撒贝宁与景物的位置关系。

《撒贝宁时间》不仅展示了先进的电视制作技术，更体现了电视传媒在传播法治精神、加强公众法律意识方面的责任与担当。该节目以生动的案例、严谨的逻辑和探案剧般的视听呈现，为观众普及了法律知识，提升了大家的法治素养。同时，它也为中国电视节目的创新发展树立了典范。

图 5-4　《撒贝宁时间：闯入者》中的影像合成出镜报道截图

【案例】 《中国有故事》中影像合成技术的运用

使用"蓝箱技术"和"绿幕（屏）技术"，不仅可以让主持人或记者在不同的现实时空中跨越和衔接，还可以让主持人或记者穿越到"历史"时空，与历史影像资料有机融合，实现对历史岁月的"亲身体验"与"观察报道"。

《中国有故事》系列短视频是由《中国青年报》出品的一部具有影响力的微纪录片。这部作品以每集四分钟左右的时长，精练而生动地展现了新中国发展进程中的重大历史事件、建设工程和突破性成就。依托珍贵的历史影像，该系列短视频深入挖掘并梳理了这些事件背后鲜为人知的人物和故事，以此展现一代代平凡的中国人为祖国建设发展敢于牺牲、勤于奋斗的奉献精神。

该系列短视频的显著特点是"青年讲述人"与"穿越时空观察体验"相结合的叙述方式。讲述人由报社的"95后"年轻记者担任，他们穿上具有时代特点的服装，借助影像合成技术，以一种具有青春感的"穿越"方式，出现在不同历史时期的关键场景中，如几十年前热火朝天的建设工地，或与历史人物进行互动。这种叙述方式不仅使得历史更加生动有趣，也更容易引起年轻观众的共鸣。

此外，《中国有故事》还特别强调内容的真实性和贴近性。共青团中央有关领导在和主创人员沟通时，特别强调了"不用炫技讨巧，而是靠内容干货征服人。只说家常话，不要端架子文绉绉"。这使得该系列短视频在保持高质量制作的同时，更加注重讲述的亲近感和故事性。

在《中国有故事："两弹一星"的"星"是怎么造出来的？》一集中，青年记者梁艳担任讲述人，她穿上20世纪六七十年代样式的黄绿色衣服，摄制团队事先精心研究纪录片等影像资料，根据历史场景、故事内容和人物关系设计梁艳的动作、表情和道具，并使用"绿幕（屏）技术"完成拍摄，再将其合成融入历史纪录影像之中（见图5-5）。这样，记者对历史事实的讲述就不再是相隔数十年的回望和追述，而是"穿越"到了东方红一号的制造厂房车间、保障卫星发射的民兵队伍中，形成了"参与""体验""观察"式报道，令人耳目一新。

《中国有故事》于2019年9月26日开始在全网推送播出，获得了极高的关注度和好评。全网累计播放量超过7 000万次，这个数字足以证明其广泛的影响力和受欢迎程度。该系列短视频不仅为观众提供了一个个了解中国历史和现实的优秀短纪录片，也为新时代的中国青年提供了一套可以学习和借鉴的影像教材。

图 5-5　系列短视频《中国有故事："两弹一星"的"星"是怎么造出来的?》截图

三 ▏▏CGI 影像合成与植入

随着科技的飞速发展，CGI（computer-generated imaging，计算机生成影像）技术已经日臻完善。这一技术的魅力在于，它不仅能够以现实世界的客观事物为蓝本，创造出栩栩如生、几可乱真的虚拟影像，更能够将摄影机捕捉的真实画面与数字虚拟的创意元素巧妙结合，实现影像的植入与合成。

摄影机的实时拍摄画面中可以即时融入由电脑生成的图像，为观众带来超越现实的视觉体验。反之，CGI 技术生成的虚拟世界亦能嵌入摄影机捕捉的真实场景，这种虚实相生的手法让影像表达更加丰富多彩。

CGI 技术产生的影像的逼真程度令人叹为观止，其精细的纹理、流畅的动作和逼真的光影效果，往往让观众难以分辨真伪。同时，这种影像还具备立体的 3D 效果，可以与实景影像无缝衔接、互动，为观众打造沉浸式的观看体验。

这种影像与实拍影像的结合，是虚拟演播室技术的突破和延伸。这种技术革新不仅为体育赛事、综艺晚会等大型活动的转播带来了革命性的变化，也让新闻直播、气象播报等日常节目更加生动、形象。俄罗斯 RT 电视台的新闻直播、美国气象频道（The Weather Channel）的气象新闻等经常采用这种虚实结合的技术进行报道。

在新闻节目中，主持人和出镜记者都可以突破实物空间的限制，进行新闻信息的采集、展示和播报，屏幕前的观众不再局限于现场的角度和视野，而是能够享受到由

CGI技术精心打造的全方位、多角度、多维度的观看体验。一些背景信息、内在信息、数据信息等，也可以适时通过CGI技术将影像直观地呈现在屏幕上。

CGI技术的发展为影像创作带来了无限可能。它以其独特的魅力，让虚拟与现实交织、融合，为观众打造了一个超越现实的奇幻世界，甚至使得观众在屏幕前的观看效果优于在现场的观看效果。

【案例】 《虚拟看C919》系列报道

2017年5月5日，一个值得永载史册的日子，下午2：00，在上海浦东国际机场，国产C919大飞机昂首冲天，开始了它的首次试飞之旅。经过约1小时20分钟的翱翔，这架寄托着无数国人期望的大型客机平稳降落，首飞画上圆满的句号。这一刻，中国大飞机研制迎来了历史性的跨越。

而在当天上午，中央电视台新闻直播间早已为观众准备了一场视觉盛宴。借助先进的CGI技术，《虚拟看C919》系列新闻报道震撼登场。记者赵中良的出镜报道与C919大飞机的虚拟影像完美融合，为观众带来了一场新鲜的视听体验。

在短短不到3分钟的《解剖C919：全方位看懂大飞机》报道中，观众仿佛跟随记者踏入了C919的生产车间。CGI技术将大飞机层层解剖，展现了其精致的外形、坚固的结构以及宽敞的载客空间。一辆小轿车被记者巧妙地召入画面，

与大飞机形成鲜明对比，凸显出大飞机的雄伟与壮观（见图5-6）。当CGI技术将大飞机拆解开来，无数零件直观展现在观众面前时，更是令人惊叹。

在近3分钟的《穿越2020：提前体验C919之旅》报道中，更是将观众的期待推向了高潮。借助CGI技术，记者赵中良仿佛穿越了时空，带领观众直接走进了C919的客舱。他坐在中间的座椅上，为观众带来身临其境的体验式报道。他还走进了驾驶舱，穿上机长的衣服，向大家展示了驾驶C919的场景（见图5-6）。

CGI影像合成与植入在这场报道中发挥了举足轻重的作用，使得那些原本观众无法触及的空间、报道者无法展示的情景以及无法进行的操作都变得一目了然、触手可及。对于科技新闻、自然与环保新闻、军事新闻等题材来说，这种技术无疑为新闻报道提供了新的创作可能。与日常新闻报道手法相比，这种报道方式更加生动形象、直观明了，但需要采访、报

道、直播、技术制作等多工种团队的相　通常更适合用于重大题材新闻的特别
互配合，制作难度和成本相对较高，所以，　报道。

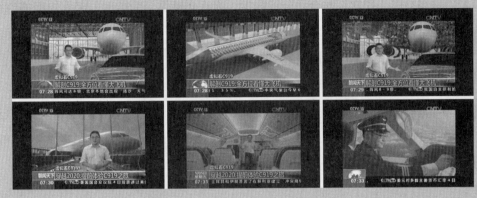

图 5-6 《虚拟看 C919》系列报道截图

第三节 ┃ AI 数字记者与出镜报道

人工智能技术的快速广泛运用，被称为"人类第四次工业革命"。人工智能技术通过模拟人类的智能和思维，实现了机器自主学习、推理、决策等功能，从而大大提高了生产效率和智能化水平。2023 年被誉为"中国 AIGC 元年"，我们见证了人工智能技术由"低人工智能"向"高人工智能"阶段的历史性飞跃。这一技术掀起的巨大浪潮不仅席卷了科技界，更开始深度融入普通民众的日常生活。其中，AIGC 生成的数字人尤为引人注目，它们在新闻传播领域的应用日益广泛，从新闻播报、访谈到网络直播和互动主持，几乎无处不在。

在这一背景下，数字人应用不再局限于演播室，仅仅担任新闻播报员，由 AIGC 生成的数字人担任的数字记者应运而生。它们开始走出演播室，承担"现场"采访和报道的任务。随着人工智能技术的快速发展，数字记者不仅能够很好地完成"出镜报道"，其"采访"与"写作"能力也得到了质的飞跃。这使得数字记者的新闻报道逐渐打破了过去的"标准化、数据化、模板化"框架，在创新节目形态和报道方法上展现出新的可能。未来也许会有实体"数字记者"（即人工智能机器人记者）出现在新闻现

场，进行新闻采访和报道。

与真人记者相比，数字记者拥有令人难以企及的信息处理能力。它们可以轻松地在海量的网络空间中搜索、整合并分析数据，为观众提供更为精准、深入的报道内容。数字记者经常以体验、扫描、检测和数据整合为基础进行新闻报道，这种方式不仅提高了新闻制作的效率，也让新闻报道更加客观、全面。

可以说，AIGC生成的数字记者的出现是新闻传播领域的一次重大革新。它们以超凡的信息搜集能力、分析能力和报道能力，为现代新闻业注入了新的活力。数字记者虽然在某些方面仍无法完全替代真人记者的人性化和情感化表达，但在信息处理和专业报道上的优势已经不容忽视。

一 || 虚实结合，智能互动

数字记者与真人记者的虚实结合在新闻报道任务中展现出独特优势，这一模式正逐渐成为新闻报道的新方法。

首先，数字记者的出现为新闻报道带来了前所未有的创新。它们被赋予了明确的"人设""身份"和"名字"，使得观众能够更容易地产生共鸣和认同感。通过与真人记者的紧密配合，数字记者能够在同一时空中与真人进行"实时"互动，实现随机问答，从而更加灵活地完成报道任务。

其次，数字记者在语言表达和动作流畅度方面已经取得了显著进步。随着技术的不断改进和完善，数字记者的影像在光影、质感等方面越来越逼真，使得观众难以分辨其与真人记者的差异。这种虚实结合的方式不仅提高了新闻报道的观赏性，也增强了其传播效果。

最后，数字记者与真人记者的协同作战成为新闻报道的一大亮点。两者在报道过程中各司其职，发挥各自专长。比如，真人记者拥有情感和人性，数字记者拥有超强的数据储备、查询和整合能力，可以突破真人时空、真人感知能力的限制，两者结合可以共同为观众呈现更加全面、深入的报道内容。这种合作模式不仅提高了新闻报道的效率，也使得新闻报道更加具有创新性。

数字记者与真人记者的虚实结合为新闻报道带来了新的机遇和挑战。在未来的发展中，我们有理由相信，这种报道模式将在新闻报道领域发挥越来越重要的作用，为观众提供更加优质、多元的新闻报道体验。

【案例】　**特约"数字人"记者带你逛北京冬奥会特许商品店**

2022年2月4日，新华社特约数字人记者冬冬正式亮相，她以全新的姿态出现在北京冬奥会主媒体中心。冬冬与新华社记者高尚携手，共同为观众带来了一则别开生面的视频新闻报道——《特约"数字人"记者带你逛北京冬奥会特许商品店》。

在这则报道中，冬冬展现了她作为数字人的独特魅力。她凭借出色的数据储备与数据分析能力，对各种冬奥特许商品的制作工艺、设计理念及文化内涵如数家珍，娓娓道来。她的介绍既翔实又生动，让观众充分了解冬奥会特许商品的同时，感受到了冬奥会的浓厚氛围（见图5-7）。

数字人记者冬冬与真人记者高尚的默契配合，更是成为报道的一大亮点。她们相互问答，互动自然，实现了数字影像与现实影像的完美融合。这种数实影像的有机结合，不仅为观众带来了全新的视听体验，也展示了新华社在新闻报道领域的创新实力。

图5-7　新华社《特约"数字人"记者带你逛北京冬奥会特许商品店》报道截图

二　突破人类极限，现场体验报道

在新闻报道领域，AIGC生成的数字记者的出现无疑是一次颠覆性的创新。这些数字记者以其超凡的能力，正在逐步改变着我们对新闻报道的传统认知。尤其在跨越时空的报道能力上，数字记者展现出了真人记者难以企及的优势。

首先，数字记者能够轻松突破真人记者所受的时间和空间限制。无论是战火纷飞的战区、疫情肆虐的疫区，还是浩瀚无垠的外太空，甚至是遥远的历史时空和充满未知的未来时空，数字记者都能毫无阻碍地深入其中，为我们带回第一手资料。这种能力使得新闻报道的边界被大大拓宽，让观众有机会接触到更加多元、全面的信息。

其次，数字记者在生理和心理层面也具有显著优势。他们不受薪酬高低的影响，不会因人际关系而感到困扰，更不会因情绪波动而影响报道的客观性。这使得数字记者在面对复杂、敏感的新闻事件时，能够保持冷静、理智的态度，为观众提供更为真实、客观的报道。

最后，数字记者的"人力"可谓是无穷无尽。它们能够全天候24小时不间断工作，甚至可以通过分身技术实现数百个分身同时工作。这意味着在新闻报道的效率和覆盖面方面，数字记者具有真人记者无法比拟的优势。他们能够在短时间内收集、整理大量信息，为观众提供更为及时、全面的新闻报道。

总之，AIGC生成的数字记者在跨越时空的报道能力上展现出了惊人的实力。它们的出现不仅丰富了新闻报道的形式和形态，更为我们带来了一个全新的、充满无限可能的新闻世界。随着技术的不断发展，我们有理由相信，数字记者将在未来的新闻报道领域发挥越来越重要的作用。

【案例】 新华社数字记者、全球首位数字航天员小诤

2021年6月17日，神舟十二号飞船成功发射，将聂海胜、刘伯明、汤洪波3名航天员送入太空，他们首批入驻天和核心舱。2021年6月20日，新华社数字记者、全球首位数字航天员小诤出现，并发回第一个视频新闻报道《天宫科学小站：我在空间站》，迅速引起大家广泛关注。

小诤由腾讯互娱旗下NExT Studios和新华社联合打造。"小诤"这个名字取自红一方面军总部无线电队队长王诤，

他是红军第一位无线电队队长，开启了人民军队的通信事业，对新华社创立做了重大贡献。

"我的皮肤充满细节，像你一样；我能感受光线的变化，像你一样；我的眼睛能观察世界，也能表达内心，伤感时会湿润，辛苦时会疲惫。我的脸由5 000多个微表情驱动，能清晰表达喜怒哀乐，像你一样；我的头发有10万根发丝，轻柔飘逸，像你一样；我的一只手就有40个骨骼控制点，手指和躯体活动自如，也

像你一样。人工智能驱动我的一切，声音、语言、表情、动作，我能不断成长。""我能带着你的向往，自由探索宇宙空间，见证属于中国人自己的太空故事。"这是小诤在《全球首位数字航天员：你的好奇心带给我动力》视频中的自述。

小诤的外形以网络上女性新闻工作者、女性航天工作者的面部特征为基础，由造型师、角色艺术家配合算法进行了美型设计，科技人员尽己所能使其接近真人。NExT Studios 团队找到了一位和小诤气质相近的模特进行参考，小诤的面部表情系统除了传统的骨骼绑定外还使用了 5 000 多个 Blendshape 来细腻刻画角色表情，并且对小诤的造型进行了二次设计，精心展现面部皮肤、汗毛等细节，甚至就连小诤的头发也是采用专业发型制作工具 Xgen 制作，全部头发约10 万根，可以说细节方面角色设计师们已经做到了极致。同时，小诤的交互还创新应用了情绪感知等技术，如基于先进计算机视觉技术的肌肉颤动监测。

在随后制作播出的《在空间站正确吃瓜》《"神十二"乘组第二次出舱全记录》《我，数字记者小诤，陪你一起等候神舟十二号返航》《小诤在火星》《与新华社数字航天员一起开启火星之旅》等视频中，小诤的报道涉及空间站建设、航天员出舱、空间站科普、登陆火星等系列主题，以大量第一视角进行参与式、体验式、调查式"现场报道"，她展示出了多种"超能力"——在空间站、舱外、火星等多种环境中执行采访任务，既可以在空间站舱内来去自如，又可以登上火星进行科学考察和现场报道，还可以做漂浮、翻转等大肢体动作，甚至穿越时空与不同空间站的航天员同框（见图5-8）。

自诞生以来，小诤不断参与各种重大新闻事件的报道，除了坚持自己科技感满满的报道风格，还逐渐学会"用不是新闻的方法做新闻"，将一些真人秀、Vlog、综艺娱乐等元素结合在自己的视频中，在保证新闻信息有效传达的同时，提高了视频节目的观赏性。2022 年，小诤参与了《准备进入北京冬奥会时间》主题宣传片的制作，在火星数字环境中演示了包括高山滑雪、单板、花样滑冰、速度滑冰、自由式滑雪空中技巧、冰壶在内的多项冬奥会运动。此后，《数字航天员小诤带你打卡全系列神舟飞船》《小诤的奇幻中秋：在月球赏月找月"冰"》《新华社数字记者独家探访九章三号"内部世界"》等陆续推出，小诤已经成为新华社新媒体报道的代表性记者。

数字记者小诤实现了全程合成语音，

可以讲多国语言，情感丰富，并可以用人工智能语音演唱音域、节奏变化较大的单曲。2022年11月1日，新华社发布小诤演唱的首支单曲MV《升》，以梦天实验舱成功对接天和核心舱前向端口、中国空间站在轨建造阶段接近尾声为契机，全面展示了前沿AIGC能力。新华社数字记者将科技与人类情感完美融合，创造了出镜记者现场报道的新样态。

图5-8　新华社数字记者、全球首位数字航天员小诤

　　传统出镜记者的现场报道植根于"摄影"这一基石之上，其核心原理在于通过镜头捕捉客观世界的光影变幻，忠实复制物质现实的每一细节。这种"机械复制"的特质赋予了摄影影像无可比拟的真实性，并成为其最宝贵的特性之一。然而，在当今时代，影像创作与生产的手段已空前丰富，不再拘泥于具体的物理时空。创新性的影像表达和基于技术生成的影像内容，同样能够准确传达真实的信息内涵，从而为出镜记者拓宽现场报道的表现手法提供了崭新的途径。这一变革不仅激发了现场报道形式的创新活力，更为视频新闻报道形态的多元化发展开辟了无限可能，使之能够在保持信息真实性的同时，探索更加生动、多元且富于创意的视觉叙事方式。

【思考与练习】

　　1. 采用360度全景视频进行新闻现场报道需要注意哪些问题？

2. 什么是"蓝箱技术"? 什么是"绿幕（屏）技术"? 两者有何异同?

3. 将出镜记者现场报道镜头与其他场景的实拍镜头合成与"数实融合"镜头有何不同?

4. 基于人工智能技术的数字记者在哪些新闻报道领域具有独特优势?

实训二　出镜报道专题训练

一、实训目的

通过实训，提高学生的新闻敏感度，培养其对热点问题的分析能力、镜头前的综合报道能力，锻炼其运用多种形式出镜采访与报道的能力，丰富其出镜报道的表现能力，加强学生的团队协作意识。

二、实训内容

1. 重点训练学生在真正的新闻现场进行采访、出镜报道的能力。

2. 组织学生观摩出镜报道专题节目案例，强调选题策划的重要性，重视现场采访和报道中的话语组织，培养良好的镜头意识，增强配合多机位拍摄的场面调度能力。

3. 出镜报道专题训练，要求以媒体小组为单位完成新闻报道或专题纪实短片。

三、实训要求

1. 选题内容要求有新闻价值，有时效性。

2. 小组群策群力、合理分工、共同完成从选题策划、拍摄制作到汇报展示等各阶段、全过程的任务。

3. 采访报道环节要求脱稿。

4. 保质保量完成，按照播出标准剪辑包装。

四、实训设备

1. 摄像机（或数码单反相机、手机等）。

2. 话筒。

3. 三脚架、手机稳定器等。

五、实训考核

1. 提交实训策划书。

2. 提交 5~8 分钟的出镜专题报道短片。

3. 完成作品汇报交流。

第六章

新闻主持与语言表达

 【学习要点】

◇ 新闻主持人要注意避免语言表达中的常见问题，如语音不规范、用声不科学、语言表达不得体、副语言使用不当等。

◇ 新闻主持人在语音发声、语言表达方面，对广大受众有示范作用，要讲好普通话。

◇ 新闻主持人在新闻播报和主持节目时，要注意做好声音控制。

◇ "播新闻"和"说新闻"是中国电视新闻主持播报的两种风格，适用于不同题材的新闻节目和不同类型的新闻主持人。

◇ 新闻主持人要认真完成前期备稿，做好语言表达的内在准备，系统掌握语言表达的方法与技巧。

"新闻主持"是 21 世纪以来逐渐为公众所接受的一个概念，此前，大家已经习惯的相关概念是"新闻播音"。随着中央电视台新闻频道的创办，新闻节目在我国逐渐成为全天候滚动播出的节目，新闻节目的类型日益丰富，有短消息、系列新闻、新闻专题、新闻评论、深度报道等，近些年还出现了互动新闻、数据新闻、新闻短视频等，"新闻播音员"概念也逐渐向"新闻主播""新闻主持人"方向转变。新闻主持人不仅要能像播音员一样字正腔圆地播报新闻，更重要的是要在演播室串联整个节目，能够和出镜记者进行互动连线，能够和嘉宾进行充分的对话，还能够对所报道的新闻事件或新闻人物发表及时、到位的评论。随着视频新闻直播化的发展，世界一流视听媒体的新闻节目基本都是采用直播方式进行的，这对新闻主持人提出了更高的专业要求。

需要说明的是，本教材中所谈的"新闻主持"是一个较宽泛的概念，凡是比较强调时效性的新闻类节目、强调纪实性的专题节目的主持人都可以归入这一范畴，而不是仅仅局限于短消息类新闻节目的播音员或新闻主播。

作为以有声语言为主要工具的工作者，新闻主持人或新闻节目主持人的语言和其他类型节目主持人的语言一样，都对观众起着示范与引导的作用。因此，研究新闻节目主持的语言表达问题，提高新闻节目主持的语言功力，具有重要的理论意义和实践价值。

第一节 ║ 新闻主持语言表达的常见问题

中国幅员辽阔、人口众多，各地均有独具特色的地方方言，少数民族地区还有自己的民族语言，为了能够保证新闻信息的广泛传播，为了促进整个中华民族的交流和融合，推动国家标准的语言方式是具有重要现实意义的。

20世纪90年代以来，越来越多记者出身的新闻主持人涌现出来（比如中央电视台的白岩松、水均益、崔永元、王志、董倩、王宁，北京电视台的高潮东、姚长盛、马丁，江苏电视台的孟非等）。由于一些地方电视台难以吸引高水平的播音主持专业人才，所以，此类新闻主持人所占比例更高。这些新闻主持人往往具有良好的新闻素质，但是，在语言的规范性和语言表达的技巧方面往往存在一定的缺憾。

传统媒体（广播、电视）中新闻节目的主持人通常经过严格的选拔机制遴选而来，他们的语言表达相对比较规范。近年来，网络媒体、自媒体快速发展，越来越多的网络视频、自媒体节目中也会涉及新闻类内容。网络媒体、自媒体从业人员的专业素质还亟待提高。为了获得网民的关注，许多网络视频新闻主持人不断通过各种超越常规的办法"搏出位"，其中，利用方言、利用网络语言、利用"越界"词语等成为常见的手段。

一 ║ 语音不规范

（一）*声母方面*

平翘舌不分是最常见的声母问题。很多人把舌尖后音发成了舌尖前音，有的干脆就没有舌尖后音，一平到底；还有的该平的时候翘，该翘的时候平，或者干脆不平也不翘。另外，声母中"n""l"不分的现象也很常见，例如把"河南"（hénán）说成"荷兰"（hélán），"南京"（nánjīng）说成"lánjīng"。有些记者发音位置比较靠前，尖音比较明显。还有人把唇齿音"f"发成了舌面音"g"，如广州亚运会上一位记者把"亚洲飞（fēi）人"说成了"亚洲归（guī）人"等。

（二）韵母方面

有些人经常把圆唇音"o"发成不圆唇音"e"，如把"打破（pò）了世界纪录"说成"打破（pè）了世界纪录"。有的人前后鼻音分不清楚，如把"心情（xīnqíng）"读成"xīnqín"，把"您好（nínhǎo）"说成"nínghǎo"等。还有人习惯将声母和主要元音鼻化，或分不清韵母"ie"和"üe"等，影响了字音的准确清晰。

（三）声调及语流音变方面

声调的问题也是比较普遍的，"报道"的"道"应读去声而被误读成上声，"气氛"的"氛"应读阴平而被误读成去声，"比较"的"较"应读去声而被误读成上声，"禁止"的"禁"应为去声而被误读成阴平或上声，类似的情况比比皆是。有些新闻节目主持人的语音带有很浓重的方言语调，词的轻重格式使用混乱，轻声、儿化不规范，语气词"啊"几乎不发生音变而一律被读作"ya"，港台腔也常常出现。

三 ‖ 用声不科学

新闻节目主持人是在现场或演播室通过话筒、面对摄像机进行新闻报道的，属于应用语言工作者。因此，新闻节目主持人应该掌握科学的发声方法，讲究用声技巧。但由于一些主持人没有接受过系统的发声训练，用声不科学的现象也很常见。新闻节目主持人用声不科学主要表现在以下三个方面。

（一）用声过高

新闻节目主持人有时会身处新闻现场，由于身临其境，情绪很容易受到现场气氛的影响，特别是在现场气氛比较嘈杂、感情比较激动和兴奋的情况下，很多人都会发出超过自己正常水平的"高强音"，使声音显得尖锐、刺耳。大家都还记得北京申奥成功的那一刻，现场欢腾、举国欢庆，很多记者在做现场报道时都情不自禁地提高嗓门，发出一种类似于喊叫的声音。而实际上声音是靠气息支撑的，以情运气、以气托声才能达到声情并茂。这种喉部过于用力的强控制用声，不但会增加喉部的负担，造成声音的挤捏，使声音听起来不自然，而且单纯地依靠喉部用力不仅不能发出持久的高强音，还会造成声带的损伤。

（二）口腔缺乏控制

很多新闻节目主持人由于缺乏口腔控制及吐字归音的基本训练，在做现场报道时吐字不清晰，字音发散、不集中、不圆润。

（三）声音缺乏弹性

声音的弹性是指声音随情感变化而来的伸缩性与可变性。新闻报道的现场是复杂多变的，新闻节目主持人的情感要随之变化并且要通过有声语言把这种变化体现出来，以此来感染观众，实现"由己达人"的目的。但是，目前相当一部分新闻节目主持人的声音缺乏高低、强弱、明暗、虚实、刚柔、厚薄的变化，显得单一，缺乏表现力。

三　语言表达不得体

新闻报道是新闻节目主持人在镜头前进行的有声语言的创作活动，需要讲究技巧使表达更加得体，否则会直接影响新闻报道的效果。但由于种种原因，新闻节目主持人在现场报道中经常出现语言表达不得体的现象，主要可以归纳为以下几个方面。

（一）机械背稿，口语化程度差

在现场报道中，很多新闻节目主持人只是在背诵事先准备好的稿子，忽略了对现场细节的观察，没有体现出"我就在"现场的报道优势。还有一些人不会使用语言的口语化表达方式，进行报道时常用抽象的词语或罗列术语、书面语，句式复杂、词不达意，让观众不知所云。

（二）自说自话，缺乏交流感

很多新闻节目主持人不注意与现场报道记者交流，有的甚至没有听清楚现场记者的报道内容就发表评论。很多新闻节目主持人面对摄像机缺少镜头感，不注意与电视机前的观众交流，忽视观众在接收信息时的反应，完全沉浸在自我的世界中自说自话。

（三）表达不流畅，缺乏条理性

一些播音专业毕业的新闻节目主持人比较习惯"播音"和"朗读"，在有稿状态下，可以字正腔圆、舒缓有序、表达流畅，而在脱稿状态下的即兴表达则捉襟见肘、破绽百出，再加上在新闻报道录制或直播过程中，新闻节目主持人心理上又担心说错话，所以，"不会说""不敢说"的问题更加明显。有的新闻节目主持人看似口若悬河、滔滔不绝，但是，言谈之间却逻辑混乱、观点不清。有的新闻节目主持人一旦脱稿，或者失去了提词器的帮助，就容易出现说话卡壳、结巴、前言不搭后语的问题。

（四）停连、重音处理不当

新闻节目主持人要在短时间内对现场情况进行尽可能多的报道，语速快、停顿少、连接多是很正常的，但是有些人在报道时过度追求速度和信息量，说话像开机关枪一样，其结果反而影响了表情达意。另外，重音不突出的现象也很普遍，比如对灾难事故的现场报道，死伤人数一带而过，没有做重音的处理，对能够突出事件本质的词语也没有用重音强调出来，影响了语义的明确性。

（五）语气、节奏单一，缺少变化

由于现场报道时间有限，一些新闻节目主持人进行现场报道的节奏都是以紧张型为主的，表现为语气局促、语句散乱，与新闻现场的整体氛围不协调等。

四 ┊┊ 副语言使用不当

副语言是指利用身体的姿态——身体姿势、肢体动作、面部表情等，作为传递信息、交流感情的辅助工具的非语言符号。作为对有声语言的一种补充，副语言运用得当能够增强有声语言的传播效果。新闻节目主持人面对镜头使用有声语言进行现场报道时，其表情、眼神、身姿、服装、手势等都可能对其语言表达的效果起着强化或弱化的作用，而很多新闻节目主持人认为把事实说清楚就可以了，忽视了对副语言的使用，从而引发了一系列的问题。

（一）面部表情呆板

新闻节目主持人在现场要保持客观冷静，但客观冷静不等于眼神呆滞、面无表情。

（二）肢体动作过多

有的新闻节目主持人站姿不正确，重心不稳，身体来回晃动；有的手势过多，一会儿"切菜式"，一会儿"搬砖式"，或者在空中来回画圈。

（三）着装与现场不协调

绝大部分新闻节目主持人都比较重视着装，穿着比较正式、严肃、庄重，但也有少数新闻节目主持人不太重视着装，穿着比较随意。还有些新闻节目主持人干脆"一套衣服打天下"，几乎从来不变换着装。新闻节目主持人的着装虽然不会像综艺节目主持人那样夸张、多变、风格化，但是，也要和特定的时节、纪念日、报道的新闻内容等有关联，做出相应的变化。有少数新闻节目主持人不注意报道内容与自己着装的关联，造成自己的着装与报道内容、现场气氛很不相符。比如，有些主持人穿着过于鲜艳，但是所主持的新闻节目中涉及了天灾人祸等相关新闻，其着装就与现场形成了巨大的反差，影响了节目整体的播出效果。

要　领

语言表达常见问题

新闻主持过程中，主持人在语言表达方面的常见问题如下：语音不规范；用声不科学；语言表达不得体；副语言使用不当。只有加强语言基本功训练，进行有针对性、有重点的学习，才能较好地解决这些问题。

第二节　新闻主持语言表达基础知识

新闻主持人从事的工作是大众传播，其运用的主要工具是有声语言。为了保证新闻信息的有效传达，新闻主持人首先需要讲好普通话，让我国不同民族、不同地域的受众能够很好地接收和理解新闻主持人所传达的信息和内容。

《中华人民共和国宪法》第十九条中规定："国家推广全国通用的普通话。"1997 年 8 月颁布、2013 年 12 月修订的《广播电视条例》第三十六条规定："广播电台、电视台应当使用规范的语言文字。广播电台、电视台应当推广全国通用的普通话。"

国家语言文字工作委员会、原国家教育委员会（现为教育部）、原广播电影电视部（现为国家广播电视总局）联合颁发的文件《关于开展普通话水平测试工作的决定》（国语〔1994〕43 号）规定：县级以上（含县级）广播电台和电视台的播音员、主持人应达到一级水平。此要求被列入原广播电影电视部（现为国家广播电视总局）颁布的岗位规范，逐步实行持普通话等级合格证书上岗制度。

2001 年 1 月 1 日开始施行《中华人民共和国国家通用语言文字法》，进一步确立了普通话的法律地位。

在我国，"硬新闻"的采集和传播主要由报纸、广播、电视及其主办单位主办的新闻网站来承担，其中视听媒体的新闻主持人都应严格遵守国家法律和规定，在工作过程中使用普通话，并且积极推广使用普通话，给全国人民起到良好的标杆示范作用。各级新闻单位对主持人的普通话应用水平都有比较严格的要求。

一 ╱╱ 普通话及其语音特点

普通话是以北京语音为标准音，以北方话为基础方言，以典范的现代白话文著作为语法规范的现代汉民族共同语。普通话也是保障全国各族人民沟通、交流的通用语言。

普通话具有以下特点：音系比较简单，音节结构形式较少；音节中元音占优势；四个声调抑扬分明且高音成分较多；音节间隔清晰；词的双音节化和轻重格式的区分，以及轻声、儿化的使用，使得有声语言表达更加准确、丰富。正是因为普通话发音比较简单，音调比较清楚，表现力较强，所以，才将其确立为全国人民都要学习和运用的语言。

构成汉语音节的最主要成分是声母、韵母和声调，掌握正确的发音部位，运用正确的发音方法，才能说好普通话。

除了掌握声母、韵母的基本知识外，还要注意说话时声调的运用。汉语是有声调语言，声调准确与否对于普通话语音面貌有很大的影响。

新闻主持人在主持新闻节目时，是用连贯的语流来表达的。在语流中，受到相邻音节的影响，一些音节中的声母、韵母或声调会发生语音上的变化，即语音流变。轻声、儿化、变调和语气词"啊"的转变是普通话中最典型的语音流变现象。

二 ╱╱ 新闻播报与声音控制

新闻主持人的主要工作任务之一是进行新闻播报，也就是传统意义上"播音员"的工作内容，将编辑、记者采写完成的稿件，通过自己的有声语言进行传播。无论新闻主持人是记者出身还是具有播音主持专业背景，在新闻播报过程中都应该具备较高的声音控制和语言表达水平。

通过理论学习和实践训练，新闻主持人可以具备优秀的语音和发声能力，充分发挥自己声音的优势，回避自己声音条件的短处，从容、自如地运用有声语言实现新闻信息的高效传播。

在新闻播报时，新闻主持人的用声和现实生活中的用声并不完全相同。新闻播报用声以生活用声为基础，但是又具有自身的一些特点，即"以实声为主的虚实结合，声音清晰圆润；声音的变化幅度不大，但层次丰富，表情达意准确；接近口语用声，状态自如，声音流畅"①。

在视频新闻传播过程中，新闻播报是重要的组成部分。因为新闻具有真实性、客观性、时效性等特点，所以，新闻播报时新闻主持人的用声比较强调真实、自然，基本体现自己的自然音色，一般情况下不使用假声、虚声等，在语言表达方面，一般也较少艺术夸张，强调平实，音调不会大起大落，语言节奏也不会有特别大的疾徐缓急变化。

新闻主持人以有声语言参与新闻传播过程，作为专业语言工作者，学习呼吸控制、口腔控制、喉部控制、共鸣控制、吐字归音等方面的理论知识和实际训练方法，是提升其专业能力的基本途径。

（一）新闻播报发声对呼吸控制的基本要求

第一，基本的呼吸方式为胸腹联合式呼吸方式。

第二，吸气要饱满。吸气要有"吸到肺底"的感觉，充分增加进气量，使气息通达胸腹深处，还要"打开两肋"，即两肋放松扩张，以保证有足够的空间吸入气体。在吸气时，腹部肌肉保持一定的紧张收缩感，不可鼓肚子，不可松松垮垮，这被称作"腹壁站定"。

第三，呼气要稳劲、持久，收发自如。所谓稳劲是指呼气时对气息有所控制，使其有节制地、按需求平稳均匀地呼出，不可"一泻千里"。在呼气的过程中，新闻主持人要发出有声语言，呼气要和语言表达有机结合，抑扬顿挫，快慢疾徐，应用自如。

第四，换气时，一般句首换气，换气要到位，换气、用气要留有余地，还要学会偷气等技巧。换气时还要注意控制气息，要做到悄无声息，不可大喘气式地进行换气，出现气息冲击麦克风或者喉鸣现象。

① 国家广播电影电视总局，广播影视从业人员资格管理领导小组办公室．播音主持专业理论与实践．北京：北京广播学院出版社，2003：78．

（二）新闻播报发声对口腔控制的基本要求

第一，嘴唇和舌头要灵活、有力。唇舌灵活是发音流畅、自如的基本条件。吃字、滚字、走音、结巴等不良现象的出现，都是唇舌不够灵活有力造成的。新闻主持人要想提高唇舌的灵活有力程度，可以多练习绕口令或口部操。

第二，口腔要打开。新闻播报要保证发音的品质，需要追求口腔开度。打开口腔不是简单地张大嘴巴，而是要使口腔的前部和后部都打开，可以通过"提颧肌、打牙关、挺软腭、松下巴"四个方面的练习来达到理想的效果。

第三，明确声音发出的路线和字音的着力位置。

按照播音学理论，新闻播报时的声音应该沿软腭、硬腭的中纵线推进到硬腭前部，并以其为字音的着力位置。这样就可以使声音集中而明朗，否则，声音就会扁而散。

（三）新闻播报发声的其他控制

第一，共鸣控制。以胸腔共鸣为基础，以口腔共鸣为主，以少量鼻腔共鸣为辅，采用三者结合的混合式共鸣方式。

第二，喉部控制。喉头相对放松、相对稳定；注意结合呼吸控制、口腔控制等进行综合控制；克服挤嗓子等不良发音习惯。

（四）吐字归音

"吐字归音"是我国传统戏曲声乐艺术对于发音方法的经验和理论总结。这种咬字方法把一个音节的发音过程分为"出声""行音""收声归韵"三个阶段。现代播音学理论吸取和借鉴传统戏曲声乐艺术关于发声吐字的理论成果，并结合自己的行业特点进行改良、发展，将播音主持过程中一个音节的发音过程归结为"吐字归音"，分为"出字""立字""归音"三个部分。"出字"要求部位准确、叼着有力，主要针对字头和字颈的发音而言。"立字"要求打开、立起，主要针对韵腹的发音过程而言。"归音"讲究干净利落、趋向鲜明，主要针对发音的收尾过程而言。"吐字归音"的三个部分在实际运用过程中连贯、顺畅完成，需要在平常多做训练，使与发声有关的各个器官形成动作记忆的定式，才能"习惯成自然"，真正自如地运用到新闻播报过程中。

新闻主持人进行声音训练的最终目的是使声音获得良好的弹性，使声音在进行新闻播报时能够适应和满足文稿不断变化的信息内容和思想感情，使声音能够表现出丰富的变化，很好地将其中的内蕴传达出去。

要 领

新闻播报对声音控制的要求

新闻主持人以有声语言参与新闻传播过程，作为专业语言工作者，学习呼吸控制、口腔控制、喉部控制、共鸣控制、吐字归音等方面的理论知识和实际训练方法，是提升其专业能力的基本途径。

呼吸控制通常采用胸腹联合式呼吸方式，吸气要"吸到肺底""打开两肋""腹壁站定"。呼气要稳劲、持久，收发自如。

口腔控制要求唇舌灵活有力，口腔要打开，明确声音发出的路线和字音的着力位置。

喉部控制要求喉头相对放松、相对稳定，注意结合呼吸控制、口腔控制等进行综合控制，克服挤嗓子等不良发音习惯。

共鸣控制要求以胸腔共鸣为基础，以口腔共鸣为主，以少量鼻腔共鸣为辅，采用三者结合的混合式共鸣方式。

播音发声的"吐字归音"包括"出字""立字""归音"三个部分。使声音具有良好的弹性，是新闻主持人声音训练的最终目的。

三 ‖ "播新闻"与"说新闻"

在我国，新闻播报的方式具有一定的规范性，全国各级传统视听媒体基本上均以中央电视台《新闻联播》节目的播报方式为范本。新闻播报虽然强调规范性，但是，也坚决反对模式化的"播音腔"，在遵守基本规范的基础上，还是要鼓励新闻主持人突出自己的个性，形成自己的风格。中央电视台多年来是最讲究新闻主持人语言规范的媒体，但其新闻主持人却并不是千人一面、"异口同声"，而是培养出了一大批语音语貌、语言表达方面个性鲜明的新闻主播，如邢质斌、罗京、徐俐、海霞、长啸、欧阳夏丹等等。

随着时代的进步和发展，新闻播报方式逐渐变得多元化，有的媒体主要沿用"播新闻"的方式，有的媒体主要采用"说新闻"的方式，后者对主持人的语音规范性要求有所降低，但是，对其语言的表达方式和表现力则提出了较高的要求。部分媒体"说新闻"的状态已经有些类似于曲艺中语言类艺术形式的表演了。

凤凰卫视在我国首创了"说新闻"的新闻播报方式。1998年4月《凤凰早班车》开始播出，其主持人陈鲁豫首先使用"说新闻"的方法播报新闻，从而打破了传统电视媒体新闻播报"正襟危坐、字正腔圆"的统一模式（见图6-1）。此后，其他视听媒体大量效仿。谈到"说新闻"方式的产生，陈鲁豫曾坦言："其实，'说新闻'既有内因也有外因。内因是我是学外语的，没学过播音，而且我的嗓子一般，如果念新闻的话，我觉得自己也不会比别人念得好；外因就是凤凰卫视没那么多人，早晨没人帮我写稿子。这样的内因和外因就决定我必须自己准备我说什么。"

图6-1　凤凰卫视《凤凰早班车》栏目Logo及其主持人陈鲁豫

1998年4月1日，凤凰卫视推出全新早间新闻节目《凤凰早班车》，起用陈鲁豫作为其新闻主持人。这档节目最重要的意义在于出现了陈鲁豫的"说新闻"的播报方式，并很快成为其他电视台拷贝的模板，这也成为非播音主持专业教育背景的新闻主持人首选的新闻播报方式。

"说新闻"的口语化、生活化、个性化特点，深受广大观众的欢迎。"说新闻"在一定程度上也降低了新闻主持人的语音准入门槛，使得一大批非播音主持专业教育背景的媒体人可以走上新闻主播的岗位，其声音条件并不一定出类拔萃，其语音语貌并不一定卓尔不群，但往往其新闻素质、社会阅历、文化修养等更胜一筹。经过20多年的发展，目前，在我国各级视听媒体中，新闻播报方式与新闻题材内容形成了成熟的组合方式。一般来说，时政类新闻的播报方式较多采用"播新闻"方式，其新闻主持人大多具有播音主持专业教育背景；以民生新闻为代表的社会新闻、娱乐新闻等的播报方式则是以"说新闻"方式为主，其新闻主持人往往出身于记者、编辑、艺人等职业。

进入新媒体时代，"说新闻"更是成为视频新闻的主要播报方式。除了各种视频博主在微信、微博、短视频等平台"说新闻""聊新闻""侃新闻"，电台电视台的主播们也纷纷在新媒体平台开设账号或栏目（见图6-2），采用不同于电视新闻节目中正襟危坐、字正腔圆"播新闻"的方式"说新闻""评新闻"，以求拉近与受众的距离，获得良好的传播效果。

图6-2 《主播说联播》主播团队

《新闻联播》是中央广播电视总台新闻报道的"金字招牌"。央视新闻新媒体中心于2019年7月29日正式推出了其子栏目——短视频栏目《主播说联播》，该栏目从《新闻联播》报道的热点和重大事件中精选选题重新设计，进行重点解读和点评，力求通俗化、生活化、个性化，主播们穿便装、说方言、秀才艺、用道具……想尽一切办法，创新话语体系和表达方式，既努力讲好故事，也尽量贴近年轻人的语言特点和接受习惯，令人耳目一新，成为央视新闻深化媒体融合、吸引年轻受众的"网红"节目。央视新闻新媒体中心相关负责人接受采访时提到，"情因真而动心动情，我们一直在尝试用更亲切的方式，让主播们从《新闻联播》的状态里'卸下一点'，把《新闻联播》中的权威信息用新媒体的语言嚼一遍给用户"。"《主播说联播》很好地为《新闻联播》提供了一个新媒体的支点，让这档步入不惑之年的王牌节目注入了新媒体的血液，拥有了同网友亲民化、平实化交流的机会，这也是这档节目能够在舆论场持续刷屏的原因。"[1]

四 || 即兴口语表达

新闻主持人在进行新闻播报或主持新闻节目时，绝大多数情况下是有稿件的。他们可以通过事先认真备稿，从而在播报或主持过程中，保证工作任务的顺利完成。除了有稿播音和主持，新闻主持人还经常需要在没有稿件的条件下，针对现场的实际情

---

① 蔡一鸣. 专访总台《主播说联播》团队：让金牌栏目注入"新媒体网感"［J］. 中国广播影视，2021（19）：14-19.

况，提出问题、发表观点、展开叙述或进行评论，也就是进行即兴口语表达。需要注意的是，新闻主持人的即兴口语表达并不一定都"即时播出"，大多数新闻节目是经过后期的剪辑制作之后才播出的。新闻主持人的即兴口语表达可以给新闻节目带来良好的交流感、现场感，录制播出的方式又可以较好地回避新闻主持人即兴口语表达可能带来的风险。在日常的新闻节目中，应当鼓励新闻主持人进行适当的即兴口语表达。这样，经过长期的历练，在新闻直播节目中，他们才可能做到"出口成章、字字珠玑"，而不会脱稿之后"无话可说"或者"胡说八道"。

（一）从新闻节目（作品）结构角度考量

从新闻节目或新闻作品的结构角度考量，新闻主持人的即兴口语表达内容主要体现为开场白、串联词、结束语。

1. 开场白

开场白是指在新闻节目的开始阶段，新闻主持人根据现场情况、策划方案、节目主题、摄制计划等所做的谈话，通常用来介绍其所属新闻节目的基本情况，对后续节目内容进行宣传和铺垫，调动现场气氛，引导观众参与和观看。

开场白需要简洁明了，而且要具有相当的吸引力。新闻主持人要避免开场时说套话、老话，必要时可以设置问题和悬念，以便和观众互动，引导观众持续观看。

2. 串联词

新闻主持人的基本任务之一就是组织、衔接、转换新闻节目的各个部分。在不同的节目组成部分之间，往往需要新闻主持人利用自己最擅长的口语表达方式，将各个不同部分组织成一个整体。串联词的主要作用是承上启下、过渡衔接。此外，串联词还可以起到补充完善新闻信息的作用。再有，新闻主持人还可以利用串联词阐述观点和点明新闻主题。

3. 结束语

结束语是指在新闻节目的结尾部分，新闻主持人对新闻节目进行回顾、总结，对后续新闻节目内容进行预告和推介。结束语可以为新闻节目画上一个圆满的句号，也可以让受众意犹未尽、回味良久。

（二）从新闻节目的类型角度考量

新闻主持人的即兴口语表达，主要包括以下几种情况。

1. 新闻播报过程中的即兴口语表达

在现代的新闻播报过程中，新闻主播都不再是单纯的"念稿子"状态，而是追求更加生活化、口语化的状态。在不同的新闻之间（特别是不同的新闻段落之间），为了保证衔接、转换的顺畅，新闻主持人经常会即兴说一些串联词。这些串联词都是基于前后新闻的内容、主题、意义、关联延展而来的。对于某些重大的新闻、成为社会关注热点的新闻，新闻主持人还会即兴进行点评。

2. 新闻谈话节目中的即兴口语表达

在新闻谈话节目中，新闻主持人需要和嘉宾、当事人、专家学者等谈话对象进行交流，向他们提出问题，并就他们陈述的事实、表达的意见观点进行进一步的追问或探讨。尽管在节目开始之前，节目的编导、策划等部门工作人员会就需要提出的问题、谈话预期的回答、谈话对象的背景、节目的目标诉求等多方面为主持人提供丰富的资料，但是，在谈话进行过程中，直接和嘉宾、当事人或专家学者对话的人是主持人，主持人不能只是担当一个"提问机器"或"活话筒"的角色，具体的问话怎么问、对方的谈话怎么接、谈话的进程怎样控制，主要还是由新闻主持人根据现场情况运用即兴口语表达来完成的。优秀的谈话节目，一定不是简单地"我问你答"，而要真正"谈起来""聊开了"，这对新闻主持人的文化素养、新闻素质、思维能力以及即兴口语表达能力都提出了较高的要求。

3. 新闻直播节目中的即兴口语表达

在新闻直播节目中，尽管有导演、导播等工作人员在幕后指导和支持，但是在进行新闻现场连线采访时，具体的问题及提问方式，还是由新闻主持人自身来决定。新闻主持人要注意关注新闻现场的最新情况，要注意倾听来自前方出镜记者或者新闻当事人、目击者等的说话内容，并在此基础上进行简洁、快速、准确的提问。

在主持新闻直播节目时，直播节目的进程会随着事件的发生发展不断改变，新闻主持人要在认真进行前期准备的基础上，利用自己的即兴口语表达，来控制演播室、新闻现场、资料小片等直播节目各个环节之间的过渡、转换和衔接。

在新闻直播节目中，有时会出现突发情况，出现超出节目组预料的"意外"。此时，新闻主持人需要快速反应，利用自己的知识、经验和即兴口语表达，来进行"救场"。如果做得好，则不仅可以"化险为夷"，有时还可以成就"意外之喜"。

第三节 ▕▕ 新闻主持语言表达方法与技巧

新闻主持人的语言对公众有着重要的示范和导向作用，所以新闻主持人的语言首先应该是准确规范的。同时，作为广播电视语言的一种，新闻主持人的语言又是一种专业化的语言，应该讲究语言的精妙并富于个性。规范化和个性化并不冲突，规范化是刚性的要求，是从事新闻主持工作的前提，但规范化不等于千人一面、千篇一律，在语言规范化基础上还要强调语言的个性化。目前，视频新闻节目中的新闻主持人大都呈现一种相同的模式：在新闻节目、新闻短片的开头出现，用概括性的语言叙述实现导语的功能；声音缺少弹性和变化；语气节奏单一；神态表情、肢体动作也都基本呈现同一样态。虽然各个视听媒体新闻主持人众多，但能够给广大观众留下深刻印象的却凤毛麟角。

语言规范化和个性化并不矛盾，新闻主持人只有处理好规范化与个性化的关系，在规范化的基础上灵活地使用富于个性化的语言，发挥自己独特的优势，才能在观众心目中树立起良好的个人形象和节目形象。

新闻主持人要想很好地完成新闻播报和新闻主持工作，需要在正式播报和主持之前，认真地进行前期准备。一方面，要对新闻文稿和节目文案做充分的解析；另一方面，也要对新闻主持的语言表达方式进行设计和演练。

一 备稿

新闻主持人无论是进行新闻播报还是进行新闻节目主持，绝大多数情况下，会以编辑、记者、编导、策划、撰稿等工作人员事先写好的文稿作为基础。消息类新闻稿件一般不会特别考虑适应哪一位新闻主播的语言特点，此类稿件强调客观、准确、平实。在新闻主播播报过程中，一般也不允许对新闻稿件进行改写，通常要百分之百忠实于文稿，对于重大新闻的通稿而言更是如此。与消息类新闻稿件不同，一档新闻栏目的主持词则必须要考虑适应特定的新闻主持人的语言个性、语言表达习惯，或严肃大气，或诙谐幽默，在撰写之初，就应该具有一定的定制特征。

新闻主持人在开始新闻主持工作之前，要提前、认真地进行备稿。通过备稿，熟悉文稿内容、了解编导意图、明确节目主题、演练语言表达技巧、设计主持方式等。新闻主持人备稿的主要环节如下。

（一）调整和修改文稿语句，适应自身语言表达习惯和特点

每个人都有不同于他人的语言表达习惯，对于以"说话为职业"的新闻主持人而言，很多人在长期的工作过程中，还形成了独具特色的语言表达风格。在拿到一份新

闻节目主持文稿后，新闻主持人要按照实战要求，自始至终仔细阅读该稿件，并对其字斟句酌、反复推敲。在不改变原作者本意的情况下，按照自己的语言习惯，对其中一些比较拗口、艰涩、过于书面化的语句进行调整和修改。

调整和修改文稿，对新闻主持人提出了较高的综合素质要求。首先，新闻主持人应该具备较高的文化水平，对于政治、经济、文化等各种领域应该有比较全面的了解。其次，新闻主持人应该具备较高的专业知识水平，比如经济新闻类节目主持人必须对经济学、金融学、市场学、贸易学等专业知识比较精通，体育新闻类节目主持人对各种体育项目的竞赛规则、技术技巧、发展动态等有充分的了解。最后，新闻主持人要有良好的文字写作能力，即俗话说的"文笔要好"，新闻主持人对稿件的修改只能在原稿基础上增色，不能是"狗尾续貂"，造成文稿整体水平的降低。

（二）具体备稿方法与技巧

在确定稿件文字内容之后，新闻主持人需要对文稿做深入细致的解析，以便将文稿中的内容内化为自己的思想、观点和情感，进而自然、流畅、得体、到位地表达出来。

首先，新闻主持人需要对文稿进行层次划分。这里所说的层次划分，主要包含两层含义。一方面是进行段落划分，将文稿分为开始、主体、结尾等几个部分，明确各个部分所起的起、承、转、合等不同作用。另一方面是分清不同段落之间的主次关系，对于重点内容、重点段落，要投入更多的精力和注意力去把握，在主持节目过程中要精心设计其表达方式。

其次，新闻主持人在备稿过程中需要概括文稿主题，明确表达目的。任何一期新闻节目都有自己的新闻主题，也有自己的宣传报道目的。新闻主持人要从局部和整体两方面概括文稿主题，对于节目的目标诉求了然于胸，明确地知道各个段落在整体节目中所处的地位和发挥的作用，这样才能做到"胸有成竹""有的放矢"，以免出现洋洋千言、离题万里等情况。

最后，新闻主持人在备稿过程中，需要查阅相关背景资料，进行拓展阅读，并予以必要的补充注释。新闻主持人备稿不能局限于文稿本身，对于其中涉及的专有名词、人物背景、事件渊源、数据内涵等内容，需要进行延伸阅读，使自己对节目中涉及的事物"知其然又知其所以然"，以免"一知半解"，出现"无知者无畏"式的信口开河、谬以千里现象。

要　领

新闻主持人的备稿

新闻主持人的备稿环节主要包括两个方面：一是调整和修改文稿语句，适应自身语言表达习惯和特点；二是使用各种备稿方法与技巧，如对文稿进行层次划分、概括主题、明确目的、查阅资料，保证对文稿全面深刻理解，为后续新闻报道奠定坚实基础。

二 　新闻主持语言表达的内在准备

语言表达是由人的内在意识和情感驱动的，其承载的是客观信息、思想和观点。同样的语言信息，采用不同的语言表达方式表达，其效果就会截然不同。语境不同，同样的语言表达的意思也会大相径庭。语言表达是外在的形式，它与表达主体的多种内在因素紧密相关。

（一）情景再现

情景再现是新闻主持人根据语言内容对其描述的情景进行再造、重构、想象的过程，使其中的人物、事件、环境、时间、地点、气氛等等在自己的脑海中鲜活地呈现出来，以便新闻主持人对其产生具体、深入的感受，进而激发相应的情感反应或观点评价。

情景再现以想象为主要工具，以新闻主持人的知识、阅历、社会经验的积累为素材和基础，以情景的逼真再现为目标，是一种极具形象性和体验感的思维过程。

情景再现首先需要新闻主持人有"设身处地"的感觉，即假设自己就处于文稿所描述的现场，新闻事件就在自己的眼前发生、发展、变化，新闻人物的语言神态、行为举止都历历在目，新闻主持所面对的嘉宾、专家、当事人等正在和自己交流互动。新闻主持人不再是通过"读文稿"的方式间接地了解新闻信息和节目信息，而是通过"亲身体会"的方式直接地对相关新闻和节目进行感受和体验。

情景再现其次需要新闻主持人有"触景生情"的反应，即不能对所看到、所感知到的事物无动于衷、漠然旁观，而是能够激发起自己内心的真实情感，对于真、善、美的事物，要由衷地赞叹、钦佩和宣扬，而对于假、恶、丑的事物，则要坚决地批评、厌恶和抵制。情景再现越鲜活、越形象、越具体，新闻主持人被激发的情感就应该越丰富、越饱满、越强烈。

新闻主持人根据文稿、文案进行情景再现的目的是进行"现身说法"式的语言表达。对于已经发生的新闻事实，新闻主持人尽管自己并没有亲身到过新闻现场，没有亲眼看见新闻事件的发生发展过程，但是，通过情景再现，"仿佛"曾经亲身经历，可以将文稿中的信息内化为自己的信息，由"转述者"变身为"讲述者"。对于将要进行的新闻节目主持工作，新闻主持人通过情景再现，可以对未来即将出现的场景、设定发生的情节进行预先的感知，和计划中将要面对的新闻人物进行预先的交流，对可能出现的各种情况进行预案式准备，还可以有针对性地进行事先预演和演练。到正式主持新闻节目时，就可以做到有备无患，一切尽在掌握中。

（二）对象感

新闻主持人的语言表达是为广大受众服务的，其进行新闻播报和新闻节目主持都是要将特定的新闻信息、评论观点等传达给广大受众，进而对其思想感情、价值观念、行为方式等产生更深入的内在影响。然而，许多新闻节目在录制之前和录制过程中，新闻主持人面前都没有受众，为了避免机械地播读或复述文稿，就需要强调新闻主持人在备稿和主持过程中都要具有明确的对象感。

所谓对象感是指新闻主持人在备稿或主持新闻节目的过程中，以现实生活为基础，通过理性分析和思维想象，明确自己节目的目标受众，并对目标受众的收视需求、他们对于自己主持的新闻节目具体内容及自己表达方式的反应有清晰准确的了解，随机调整自己的新闻主持工作状态和具体的语言表达技巧，以便和新闻节目的目标受众产生良性的交流和互动，实现节目传播效果的最大化。

新闻主持工作的对象感，既要具有面对成千上万群体目标受众的基本意识，又要保持与个体目标受众进行人际交流的基本感觉，节目内容要具有典型性、大众性，节目主持形式则追求亲切感、平和感，仿佛主持人在与受众进行"一对一"或"一对多"的交流。通俗来讲，新闻主持人所面对的对象，是代表了广大受众的一个虚拟化的缩影。

对于没有现场观众参与的新闻节目而言，新闻主持人在主持节目前和主持节目中，尤其需要强调对象感。新闻主持人要能够胸怀广大受众，面对几台摄像机和少数在录制现场的工作人员，表现出仿佛与受众在进行面对面的交流。在这种新闻节目中，信息的传播基本上是单向度的，即新闻主持人向受众传播。

对于有现场观众参与的新闻节目而言，在前期准备阶段，新闻主持人可以针对确定下来的观众群体的文化水平、兴趣爱好、社会阅历、价值观念等，选择自己的语言表达方式，并对现场观众有可能出现的反馈情况有所准备。因为此类节目的现场观众经过一定的征召或遴选，所以其人数规模、知识水平等都在节目组的控制之中。新闻主持人在条件允许的情况下，可以对观众群体及其中比较突出的观众代表的情况进行调查研究，这有助于新闻主持人在主持现场和观众充分交流以及自由发挥。

需要注意的是，不同的新闻节目，其目标受众会有一定的变化。因此，对于新闻主持人而言，对象感不能只是固定地针对同一类对象而设定，而是要根据特定对象进行调整。对象感需要新闻主持人有丰富的社会阅历和人际交流经验积累，进行对象感体验时，新闻主持人通常会联想到某个或某些生活中接触过的特定对象，以其为假定的交流客体，进行语言表达和行为、动作方式设计。

要　领

新闻主持语言表达的内在准备

新闻主持语言表达的内在准备主要包括两个方面：一是情景再现；二是对象感。

情景再现要求新闻主持人有"设身处地"的感觉、"触景生情"的反应，进而进行"现身说法"式的语言表达。

对象感是指新闻主持人在备稿或主持新闻节目的过程中，以现实生活为基础，通过理性分析和思维想象，明确自己节目的目标受众，并对目标受众的收视需求、他们对于自己主持的新闻节目具体内容及自己表达方式的反应有清晰准确的了解，随时调整自己的新闻主持工作状态和具体的语言表达技巧，以便和新闻节目的目标受众产生良性的交流和互动，实现节目传播效果的最大化。

三 新闻主持语言表达的方法和技巧

通过前期的备稿以及内在准备，新闻主持人对于节目所要传达的信息有了充分的了解，对其有了充沛的思想感情酝酿，并将其转化为比较强烈的内在表达诉求。接下来，就需要通过一定的方法和技巧将其很好地表达出来。

（一）停顿和连接

在语言表达过程中，声音的中断、休止就是停顿，声音的持续、连贯就是连接。

人们在日常生活中说话时，声音会有停顿和连接，与此相同，新闻主持人在主持新闻节目时，也需要有声音的停顿和连接。即使是同一段话，采用不同的停顿和连接方式表达，其结果也会大相径庭。

做好停顿和连接处理，首先需要准确理解和把握所要传达的信息内容。同一句话或同一段话，不同的停连处理方式，其语意结果会有很大差别。比如"某些老年人认为康保乐医疗保健仪包治百病，这种想法是错误的"这句话，如果停连改为"某些老年人认为，康保乐医疗保健仪包治百病这种想法是错误的"所表达的语意就完全相反，前者表示某些老年人的想法是错误的，后者则表示"康保乐医疗保健仪包治百病"这种想法是错误的，老年人的想法则是正确的。这就需要新闻主持人对于日常生活中老年人对医疗保健仪、医疗保健品之类东西的观点和态度有所了解，才能做出正确的判断。

停顿和连接与具体的语言表达情景有密切的关系，不同的目的诉求，停连的处理方式会有不同。一般情况下，新闻主持人希望交流对象能够接话时，会有意识地进行停顿或拉长话音，而在急于表达自己的思想和观点时，会加快语速，较少停顿，连续发言。

（二）重音处理

所谓重音是指语言表达过程中重点强调的声音部分。人在日常生活中，说话是有高低起伏的。对语句中的不同部分进行重音强调，同样的语句所表达的意思会截然不同。比如，"我是一名年轻的新闻主持人"这句话，如果做不同的重音处理，则会有以下几种形式：

我是一名年轻的新闻主持人。

我是一名年轻的新闻主持人。

我是一名年轻的新闻主持人。

我是一名年轻的新闻主持人。

第一种处理方式强调的是"我"而不是"别人"；第二种处理方式强调的是"年轻的"而不是"年老的"；第三种处理方式强调的是"新闻"而不是"娱乐"；第四种处理方式强调的是"主持人"而不是"编辑、记者"。尽管文字内容相同，但是，由于重音不同，其表达的语意内涵大有不同。

在实际语言表达过程中，有些词语通常会被人们着重强调和做重音处理。

1. 语意传达的关键词

语句中传达最核心信息的名词、形容词、数词等通常都是语言表达过程中需要进行重音处理的部分。比如"中国有非常团结的56个民族"这句话，在表达时，"中国""非常团结""56""民族"这些词都需要进行重音强调。

2. 说反话的词

在语言表达过程中，有时为了表达和所用词语相反的意思，需要对其以重音强调表达，给人造成异样的感觉，从而从相反方向理解表达主体的真实意图。比如，"他可是一个大公无私的人"，将"大公无私"特别重音强调，听者就会知道其中相反的含义，如果再结合停顿处理，这种情感色彩就会更加强烈。

3. 数词

数字、数据在语言中通常都承载着关键信息，需要被着重强调。比如，"北京有2 000多万常住人口"，在这句话中，"2 000多万"作为数词承载着最重要的信息，应该被着重强调。

4. 象声词

象声词往往能够使语言生动、形象，可以带给人较强的现场感，一般需要做重音处理。比如，"天空中传来轰隆隆的雷声，很快倾盆大雨哗啦啦地下了起来"，这句话中"轰隆隆""哗啦啦"都应该做重音处理。

如果重音处理不当，则会造成表意不准确，甚至造成意想不到的不良影响，受众也就很难知晓语言表达者的真实意图是什么了。比如，"如果他是一个人就好了"这句话，要是将重音调整为"如果他是一个人就好了"，则语意就发生了根本性的改变。前者是强调"人数"，有和对方交好之意；后者则是强调"性质""品质"，对对方深恶痛绝。

（三）语气把握

所谓语气是指有声语言所体现出来的思想感情色彩，通过声音的高低、轻重、虚实、快慢等变化体现出来。

语气是语言表达过程中最富于变化的因素，语气与具体语言表达的语境相关，与语言表达的前后内容有密切联系，是内在思想感情的直接外化体现。人的思想感情是有丰富变化的，新闻主持人语言表达中语气的变化也应该是多种多样的。只有这样，才能形成新闻主持人独特的语言表达方式，进而形成自身独特的新闻主持风格。

作为新闻主持人，要善于运用语气的变化，来表达自己的、媒体的思想感情和观点立场，避免僵化、单调的固定腔调。即使是进行新闻播报，也要摒弃"播音腔"，尽量进行生动的表达。

（四）节奏控制

语言表达的节奏是指声音的快慢疾徐、高低起伏、抑扬顿挫等方式的回环往复，它具有一定的重复性，在重复的基础上又有相应的变化。如果只有重复没有变化，只能给人以单调之感；如果只有变化没有重复，则形成不了节奏。

节奏控制和语气把握是新闻主持人进行语言表达最重要的两种技巧，两者都以新闻主持人内在的思想感情为驱动，都和声音的轻重、快慢、高低等外在形式有紧密的关联。它们不同之处在于，节奏控制主要针对语言段落而言，语气把握更多的是针对具体语句单位而言。

语言表达的节奏控制对其语言传播的效果有根本性的影响，有的新闻主持人片面追求语速，以"快嘴"为荣，但是，其只是将信息基本清楚地传播了出去，并没有做到"以最好的方式将其传播出去"。

凤凰卫视的《一虎一席谈》，主持人胡一虎的语速就比较快，语言节奏感也比较强，在其主持、带动下，现场的嘉宾、观众在发言时，语速也比较快，语言节奏起伏也比较大，从而形成了自己独特的栏目风格。相对而言，中央电视台水均益主持的《环球视线》，以国际政治、经济、军事、文化等大事为主要讨论话题，参加节目的主要是业界专家，目标受众主要是有较高文化水平的知识分子，所以，在语速、语言节奏方面都要平缓许多（见图6-3）。

图6-3　央视《环球视线》主持人水均益（左）和凤凰卫视《一虎一席谈》主持人胡一虎（右）

语言表达的节奏控制和节目的定位、风格密切相关。对于以年轻人为目标受众、追求现代感的新闻节目，通常新闻主持人的语速会比较快，语言表达节奏感强；而对于以社会政治文化精英为目标受众的新闻节目，通常新闻主持人的语速不会太快，情感起伏也不会太大，而是追求平和、稳重的效果。

新闻主持语言表达的方法和技巧

新闻主持人在语言表达过程中，要注意　　好说话的语气，控制好语言的节奏。
话语的停顿与连接，要做好重音处理，把握

【思考与练习】

1. 新闻主持语言表达的常见问题有哪些？

2. 普通话的语音特点有哪些？

3. 新闻主持人进行新闻播报时，如何进行声音控制？

4. "播新闻"和"说新闻"有哪些不同？

5. 什么是即兴口语表达？新闻主持人的即兴口语表达主要应用于哪些方面？

6. 新闻主持语言表达的内在准备包括哪些方面？

7. 新闻主持语言表达的具体方法和技巧有哪些？

第七章

视频新闻评论类节目的主持

【学习要点】

◇ 视频新闻媒体播出的新闻评论可以分为纯评论、新闻述评两大类，纯评论具体包括本台评论、评论员文章、本台短评、短评、新闻评论员评论等形式。

◇ 视频新闻评论类节目主持人要具备一定的新闻评论能力，其主要工作任务包括重要新闻评论播读，串联节目、配合专家评论，进行短评（点评、快评、微评），谈话节目主持，独立完成评论等。

新闻业务能力的几个核心包括"采、写、编、评"，新闻评论是视频新闻节目的重要组成部分。衡量一个新闻主持人的语音语貌通常看其播报新闻的水平，而评价一个新闻主持人知识水平和内在修养则要看其进行新闻评论的状况。能够很好地适时进行新闻评论，无论对出镜记者还是对新闻主持人来讲，都是其走向成熟的一个重要标志。

第一节 ‖ 新闻评论的分类

所谓新闻评论，是"现代各种新闻媒介普遍运用的、面向广大受众的政论性新闻体裁。它以说理为主要的表现手段，着重从思想、政治或伦理的角度分析具有普遍意义的新闻事实或社会现象、社会问题，旗帜鲜明地表明态度、阐述自己的见解和主张，借以指导当前的社会实践，影响和引导社会舆论。这种新闻体裁有两个不可分割的基本特征——新闻性和政论性；它们相互依存、互为作用，既使新闻评论区别于其他论说文、政论文和新闻报道体裁，也使它以其强烈的意识形态性质和鲜明的党性倾向成为现代新闻媒介的政治旗帜"[①]。新闻评论主要是在新闻事实的基础上进行理性思辨，从媒介立场角度提出观点，以期影响受众对新闻事实的看法，进而影响或改变受众在现实生活中的实际行为。

在社会生活中，新闻事实是一种客观存在。但是，人类对客观世界的认识却具有主观性。同样的事物，不同的人对其会有不同的理解、不同的解读，从而产生大相径庭的观点和看法。这就需要新闻媒介不仅满足受众对新闻事实的"知晓欲"，而且为观众提供对新闻事实的分析、评论，引导和帮助受众深入、正确地认识新闻事实。在此过程中，受众会受到媒介立场、媒介观点的影响和作用，容易形成与媒介一致的结论。如果广大受众能够受到媒介立场和媒介观点的影响，那么，媒介就最终影响了社会观念、社会舆论的形成。

一 || 纯评论

在纸媒时代，新闻评论通常指纯粹的评论文章，包括社论、评论员文章、编辑部评论、编者按、编后话等。在这些新闻评论中，基本不再对新闻事实进行详细的叙述和报道，而是专门展开基于事实的理性思考，进行严密的论证，提出明确的观点。这种新闻评论强调的是政治性、严肃性，通常直接代表政府、社会机构或媒体的立场和观点，讲究观点正确、逻辑严密、行文规范。

在视频新闻媒体时代，纯粹的新闻评论类节目依然存在，其主要体现为本台评论、评论员文章、本台短评、短评和新闻评论员评论。前面四种形式的新闻评论基本延续了纸媒时代的新闻评论特征，先是由专人写作完成新闻评论文稿，然后由新闻主播采用比较正式的方式予以播报；后者则是近年来我国视频新闻媒体向西方媒体学习的产物。这些不同的新闻评论形态，各有侧重，相互配合，共同构成了视频新闻媒体比较完整的新闻评论"生态圈"。

（一）本台评论

"电视台以本台名义撰写、制作和播出的最高规格的新闻评论，相当于报社的'社论'。这种评论主要用来阐述具有全局意义的重大论题，如党和政府的重大决策、部署

---

① 赵玉明，王福顺 . 广播电视辞典 . 北京：北京广播学院出版社，1999：107.

和重大的方针政策，社会瞩目的重大新闻事件或社会现象、社会问题。"① 本台评论是视频新闻媒体播出的分量最重的评论形态，其文稿写作往往由政府领导、媒体高层或资深编辑等完成，涉及议题重大，政策性极强，通常选择在以时政新闻为主的新闻栏目中播出，播出形式比较正式、规范、传统，往往有宣传政策、统一思想或以正视听等作用。

【案例】　央视新闻主持人播读本台评论《伸手必被捉，外逃难逍遥》

2014 年 7 月 22 日，中国正式启动"猎狐行动 2014"，该行动是中国公安机关缉捕在逃境外经济犯罪嫌疑人专项行动，主要任务是追逃追赃。截至 2014 年 9 月底，全国公安机关已从 40 多个国家和地区抓获在逃经济犯罪嫌疑人 102 名。2014 年 10 月 10 日，中央电视台在《新闻联播》节目中播发本台评论《伸手必被捉，外逃难逍遥》（见图 7-1），具体内容如下：

国内"打虎"，境外"猎狐"，百余名在逃境外犯罪嫌疑人被缉捕回国，应了一句老话：再狡猾的狐狸也斗不过聪明的猎手。违法犯罪了就别想脚底抹油，一跑了之，别高估自己的运气，更别低估我国政府反腐的信心和能力。事实一再证明，哪怕跑到天涯海角，也难逃天罗地网。从深化监管官员的个人事项，到加强银行、证券、出入境等系统信息的比对，防止贪官外逃的篱笆越扎越紧；从签署引渡条约，到建立司法与执法合作机制，追逃追赃的国际合作网络已初步构建。伸手必被捉！海外不是贪官的避风港，更不是逍遥法外的避罪天堂，莫等身陷囹圄才追悔，一身正气、一尘不染才是真正的安全岛。

图 7-1　央视新闻主持人播读本台评论

---

① 赵玉明，王福顺．广播电视辞典．北京：北京广播学院出版社，1999：108.

这篇评论紧密配合国家重大决策的执行，其一对前一阶段"猎狐行动"取得的成绩给予肯定，其二对仍然潜逃在外的犯罪分子进行震慑，其三对国内广大工作在容易滋生腐败犯罪的岗位上的公职人员进行警示。该文稿写作高屋建瓴、层次清晰、观点明确。在播出方式上，通过《新闻联播》这一央视最重要的新闻播出平台发布。新闻主持人康辉的播报方式也大气、规范，义正词严、掷地有声。在发布这种评论内容时，具备播音主持专业背景的新闻主持人更加适合，显得比较高端、大气、上档次，而以"说新闻"见长的新闻主持人不太适合发布这种评论，容易显得亲民有余，庄重感、仪式感不足。

（二）评论员文章

评论员文章在纸媒中运用较多，在视频新闻媒体中也可以采用此种新闻评论方式。如果由视频新闻媒体自己的评论员撰写，其规格则仅次于本台评论。

在当今视频新闻媒体中发布的本台评论员文章的数量不是很多，多见的是转发其他级别相同（或更高）、较为重要的新闻媒体（如报社、通讯社）的评论员文章。在我国，《人民日报》、新华社的评论员文章经常会在中央电视台这样的视频新闻媒体中发布，各级省报的评论员文章也经常在同级视频新闻媒体中转发。这种新闻评论通常是党报、党刊、新华社评论通稿全文或节选，其播发形式和本台评论基本相同。

（三）本台短评

本台短评是指"着重从某一侧面阐述事物或论述某一特定问题的短小精悍的评论形式。是以本台名义发表看法的一种轻型评论，规格次于本台评论员文章。多配合新闻报道发表，一般以口播的方式播出"①。

本台短评强调的依然是媒体的立场和观点，运用比较灵活，可以就各种社会上值得关注的问题进行评论，内容涉及经济、文化、法律等各个方面，以社会新闻为主，一般在以社会新闻为主的新闻栏目中播出。

本台短评的发布仍然以新闻主持人口播方式为主，但是，为了与其题材内容相符，其语言表达状态相对更强调专业化、生活化，不再追求"义正词严""掷地有声"。

---

① 赵玉明，王福顺. 广播电视辞典. 北京：北京广播学院出版社，1999：108.

【案例】　央视新闻主持人播出本台短评

2016年4月11日，中央电视台《朝闻天下》栏目播出本台短评《慧眼难识千面骗局，还需监管给力》（见图7-2）。这条评论前面是三条相关联的新闻报道——《银行卡未离身，就遭盗刷》《爆料人解密银行卡盗刷内幕》《如何防范盗刷银行卡新骗局》，这三条新闻层层递进地对盗刷银行卡这种犯罪行为进行了报道和剖析，在此基础上，中央电视台提出了自己的观点——防止和打击盗刷银行卡犯罪行为，不能仅仅靠银行卡用户，银行应该发挥更大的作用，保障广大银行卡用户的合法权益。该条评论还在《晚间新闻》等新闻栏目中播出，与此相关的新闻深度报道还在《法治在线》栏目播出。

图7-2　央视新闻主持人播出本台短评

（四）短评

短评是指短小精悍的新闻评论，通常在相关新闻报道后播出。短评主要针对政治、经济、文化、军事、法律、外交、科技等领域的新闻事件、出现的问题进行较深入的分析，提出比较专业化的观点。尽管短评也体现媒介立场，但是其媒介立场色彩相对淡化，而专业化程度则有所提高。短评是新闻评论中的"轻骑兵"，可以在各种新闻栏目中出现。

进行短评的主体可以是新闻主播，也可以是新闻评论员，还可以是专家学者。短评播出的形式也比较灵活，可以是新闻主持人口播，也可以是新闻评论员连线，还可以插入相关新闻画面，以解说或画外音的形式出现。

【案例】 央视新闻主持人进行短评

2024年1月8日中央广播电视总台《晚间新闻》播出央视短评《向着梦想 与国家一起前行》，其前继新闻是《长江：从"休养生息"奔向"生生不息"》。前继新闻是新闻事实报道，提供了新闻背景和进行新闻评论的基础。这则新闻评论在《晚间新闻》栏目播出，集中于一个问题进行简短的评论，采取了口播的形式（见图7-3）。短评内容如下：

以十年禁渔的魄力换长江的生生不息，是福泽子孙后代的国之大计。任何梦想的实现都不会是一朝一夕的事儿，也必然会遇到挫折和困难，关键是要有不畏难、不怕苦的精神。开年以来，《我与国家一起前行》特别节目讲述了多位普通人的奋斗故事，他们从事的工作各有不同，但他们身上都有着这样的精神。从他们的成长里，我们看到一个奋进的中国。从他们的故事里，我们能够感受到，国家前行的每一步是无数个像你我一样的平凡人为梦想在奔跑。奔跑在与国家一起前行的大道上，平凡人也可以人生出彩，为家、为国作出不平凡的贡献。新的一年，愿你我继续相信奋斗的力量，向着梦想，与国家一起前行。

图7-3 中央广播电视总台新闻主持人进行短评

（五）新闻评论员评论

新闻评论员机制是在视频新闻媒体中设立专门的新闻评论员岗位，专门就各种重要的、具有普遍意义的新闻事件、社会现象进行评论。新闻评论员通常在新闻演播室出镜或者通过直播连线出镜进行评论。新闻评论员机制的确立，使得重大新闻的新闻评论超越了新闻主播口播这种简单的形式，通过人际交流的方式，使评论内容转化为具体的有声语言、可见的评论员形象，有利于受众的理解和接受。新闻评论员通过自己的内外在形象、阐述的观点、渊博的学识等个人魅力获得广大受众的认可和喜爱，通常以"长者""智者"的形象存在于受众心目中，有利于视频新闻媒体通过其新闻评论观点影响社会舆论和受众的实际行动。

在新闻评论员担任评论主体时，新闻节目主持人的任务主要是进行铺垫、串联、提问、对话，以配合新闻评论员清楚有序地展开新闻评论。同时，新闻节目主持人还要注意控制新闻评论员评论的时长、进度，帮助其控制好节奏，保证其在规定时限内，充分阐述、发表其观点。在新闻评论员担任评论主体时，新闻节目主持人要甘为"人梯"，用自己的语言为对方"铺路搭桥"，切不可反客为主，逞强卖弄。

视频新闻媒体的新闻评论员通常由三类人担任：一是传统新闻行业（包括纸质媒体和广播媒体）中脱颖而出的业界精英；二是各个专业领域涌现出来的"媒介精英"；三是视频新闻媒体中逐渐成熟的新闻记者、编辑或主持人。

1. 传统新闻精英型新闻评论员

整体而言，纸质媒体和广播媒体的编辑、记者的文字写作能力和理性思辨能力要优于后来居上的视频新闻媒体的工作人员，而且，纸媒、广播媒体数量众多，历史悠久，培养和集聚了一大批优秀的新闻专业人才。作为后来者的视频新闻媒体从这些媒体中网罗优秀人才是顺理成章的事情。能够胜任视频新闻媒体新闻评论员的新闻工作者，通常在新闻业界有多年实践经验，有丰富的社会阅历，熟悉国家各项政策，理性思辨能力很强，文字写作能力极佳。除此之外，他们还需要具有良好的外在形象、优秀的语言表达能力。只有这样，才能适应视频新闻媒体的传播特性的需要。

中国视频新闻媒体较早采用新闻评论员机制的是凤凰卫视，凤凰卫视资讯台强调"新闻立台、评论立台、纪录片立台"，曾推出了一批知名的新闻评论员，如阮次山、杨锦麟、曹景行、马鼎盛、邱震海、何亮亮、梁文道、吕宁思等。他们分别在政治、军事、经济、文化等领域具有专长，不仅善于理性思辨，而且具备良好的镜前语言表达能力，能够为广大受众提供独具特色的思想和观点，成为凤凰卫视领先于其他国内新闻媒体的一个重要标志。与此同时，由于凤凰卫视节约人力成本，追求能者多劳，这些新闻评论员中的大多数还曾经同时担任一些新闻栏目的主持人，在不同的新闻节目中，其身份在"新闻评论员"和"主持人"之间来回转换，有时会让部分观众产生混淆。

中央电视台一直坚持"新闻立台"，近年来不断深化新闻改革，在新闻中心成立了"评论员组"。2009年7月27日，全新改版的《朝闻天下》栏目正式推出"央视特约评论员"杨禹。此后，央视实行新闻评论员机制，"每天1位国际评论员、1位国内评论员以值班形式，随时根据最新新闻内容在新闻频道和中文国际频道插入即时评论。另外每天还有2~3位评论员参与《环球视线》和《今日关注》两档专栏性评论节目。在中央电视台新闻中心第一批24位评论员中，特别是核心队伍的八九位评论员，分别来自中央电视台、其他新闻媒体和研究机构，年龄、知识结构比较合理，普遍具备较强的政策水平和把握舆论导向的能力以及新闻表达的能力"①。

【案例】 杨禹就全国人大会议相关议题进行评论

杨禹是备受瞩目的中央电视台特约评论员，以其独到的见解和深入的分析，成为国内外广泛关注的新闻评论名家。自2009年以来，他在央视《新闻联播》《朝闻天下》《新闻直播间》《东方时空》《环球视线》《共同关注》《焦点访谈》《中国新闻》《今日关注》等众多知名新闻节目中担任新闻评论员。

在2010年全国"两会"期间，杨禹凭借《四部委记者会现场评论》的卓越表现（见图7-4），荣获首届中国电视新闻评论优秀节目评比一等奖，再次证明了他在新闻评论领域的卓越实力。

2011年3月，《新周刊》颁发"2010中国电视榜"，杨禹与郎咸平、吕平波（网名：水皮）、石述思、叶檀等一同荣获推委会特别大奖"央视评论五虎将"奖。

2013年1月23日，《新闻联播》首次增加了直播连线评论员的环节，而担任这一重任的正是杨禹。他的直播评论为节目注入了新的活力，也再次展现了他在新闻评论领域的敏锐和实力。

新闻业界出身的杨禹是央视比较成功的新闻评论员，其思维缜密，所做的新闻评论逻辑严密、层次清晰、观点明确，更为难得的是，其语言表达能力很好，基本上属于出口成章，言语之间理性中透着几分文采飞扬。气质上，杨禹也是不卑不亢，气定神闲。在知识面上，杨禹也堪称渊博，以至于不少网友惊呼："杨禹怎么什么都能评论？"快速的问题分析、归纳和梳理能力，卓越的语言组织和逻辑思维能力，宽广的知识储备和强悍

---

① 唐怡．央视评论员：给新闻第一时间竞争力．新闻与写作，2009（1）：11-12．

的记忆力，对评论事件和话题的分寸把握能力，是杨禹作为新闻评论员所具备的超越常人的几种核心能力。

杨禹评论的话题广泛，侧重于时政和经济，下到百姓日常生活，上到国家大政方针。杨禹担任央视新闻评论员的时间较长，至今已经 15 年，见证了当代中国的时代变迁和发展。在广受好评的同时，

杨禹的评论也时遭非议，但是，杨禹至今不对任何非议予以回应。"任何一个观点都不可能被所有人点赞或谩骂。有赞同，有反对，有探讨，才是现代社会的题中应有之义。作为一个央视评论员，得有定力，既要扛得住夸，也要经得住说。"① 杨禹如是说。

图 7 - 4　杨禹就全国人大会议相关议题进行评论

2. 业界专家型新闻评论员

视频新闻媒体也会聘请各个行业优秀的专家学者来担任特定题材新闻的"新闻评论员"，在新闻节目中辟出专门的"评论员时间"，在前继新闻报道的基础上，进行比较纯粹的新闻评论工作。中央电视台聘请的军事专家张召忠、尹卓、宋晓军等是此类新闻评论员中比较知名的，在军事新闻报道、国际政治新闻报道节目中，经常会由他们结合当时的新闻内容进行相应的新闻评论。凤凰卫视曾经结合伊拉克战争推出了军事新闻评论专家马鼎盛，这对提升新闻节目的吸引力发挥了重要作用。需要说明的是，这些业界专家学者都是和视频新闻媒体有正式合作协议的"新闻评论员"，这与新闻特别节目邀请来进行评论的嘉宾还是有本质的不同。

业界专家型新闻评论员的优势是其自身的专业特长，他们都是自己专业领域的佼

① 　梁现瑞. 用均衡眼光看待不均衡的中国：专访中央电视台新闻评论员杨禹. 新闻界，2015（22）：22 -
25.

佼者，对相关专业、行业研究颇深，其专业知识深度和广度都没问题。但是，这些业界专家型新闻评论员对视听媒体的传播规律相对研究较少，对视听媒体摄制、播出等专业流程了解较少，容易陷入专业思维无法自拔，不能较好地对接专家视角和民众视角，语言表达上也容易多用专业名词和术语，超越普通观众的接受能力。

与这种类型的新闻评论员合作，新闻节目主持人需要发挥自己的专业特长，主动控制评论时长、评论角度、评论进度、评论节奏，还能够将专家说的某些专业名词、术语、现象转化成通俗易懂的语言表达出来。

3. 视频新闻媒体记者、编辑或主持人担任新闻评论员

视频新闻媒体中的记者、编辑或主持人在长期的新闻实践工作中，不断得到历练和提升，逐渐走向成熟，成长为新闻评论员。由于视频新闻媒体内的工作分工比较细化，所以，这样的成功案例并不是很多。中央电视台的白岩松、水均益属于此类评论员的代表，他们除了主持新闻评论类节目，还可以在其他一些新闻节目中以评论员的身份完成新闻评论任务。凤凰卫视的邱震海、李伟等人一方面以主持人的身份主持一些新闻栏目，另一方面也经常以新闻评论员的身份在其他新闻节目中发表评论。

这种类型的新闻评论员首先是"杂家"，其次才是"专家"。与这种类型的新闻评论员合作，新闻节目主持人的压力就会减少一些，因为这些新闻评论员熟知视听媒体节目的摄制工作流程，熟悉视听媒体的传播规律，可以较好地与新闻节目主持人配合，完成新闻评论工作。

【案例】 白岩松以本台评论员身份参与南非世界杯报道

2010年7月8日，南非世界杯决赛即将举行，喜爱足球的白岩松以中央电视台评论员的身份参与该届世界杯的新闻报道工作。白岩松并不是足球专业人士，但是酷爱足球，比较懂球，再加上更加了解电视媒体，了解广大观众、球迷的收视需求，因此作为"足球新闻评论员"进行跨界评论，还是受到了广大观众肯定的（见图7-5）。

图 7-5 白岩松以本台评论员身份参与南非世界杯报道

二 新闻述评

所谓新闻述评是指在新闻节目中将对新闻事实的叙述报道和与其相关的新闻评论结合起来，是一种夹叙夹议、叙议结合的新闻评论形式。

新闻述评是比较符合视频新闻媒体传播特性的新闻评论形式。视频新闻媒体讲求生动性、形象性，比较长于"讲故事"，而短于"论理"。对于广大受众而言，观看视频新闻媒体，首先是希望看到情节曲折、影像生动的新闻故事，感受其中强烈的情感冲击，其次才是希望获得思想和观念的启迪和教益。在视频新闻报道中，"摆事实、讲道理"需要有机结合起来，"事实"是"道理"的基础，"道理"是"事实"的升华，没有很好的新闻事实做基础，再高深的道理也将是无本之木、无源之水。

新闻述评主要被运用于新闻专题节目和新闻深度报道，这些节目的时间长度通常为 15～45 分钟，能够提供足够的篇幅容量展开叙事和评论。中央电视台的《焦点访谈》节目是新闻述评的典型代表，在十几分钟的节目时长中，将近 70％ 的篇幅用于新闻事实的叙述和展开，大约 30％ 的比例用于进行新闻评论。中央电视台的《新闻 1＋1》节目也属于新闻述评类节目，和《焦点访谈》相比，这个节目中报道叙述新闻事实的比例相对更低，而分析评论所占的比例则相对更大，"评论"特征体现得更加明显。

凤凰卫视的《总编辑时间》新闻栏目也是将新闻事实报道叙述和新闻评论结合起来。在新闻深度报道节目中，对新闻事实的深入挖掘、调查采访是节目主体，在报道过程中点评、短评和节目结尾部分的总结评论是客观报道基础上的"点睛之笔"。

在新闻述评中，评论部分主要由新闻主持人、特约嘉宾在后期制作阶段来完成，也可以让出镜记者在新闻报道现场来完成，而新闻事实的叙述部分主要由编导、记者、摄影师通过现场采访报道和后期编辑来完成。"述"主要由记者对新闻事实的采访报道短片体现，"评"则由记者出镜评论或者新闻主持人等在演播室评论完成，新闻主持人的评论部分可以在短片开始前进行，也可以在短片结束后进行。

【案例】　上海电视台新闻主持人在演播室播出述评

2018年8月22日上海新闻综合高清频道播出新闻述评《"店小二"精神：上海新特质 招商新砝码》，新闻主持人在视频短片开始前在演播室以口播形式进行评论（见图7-6）。具体内容如下：

每个人都有自己的个性，而每座城市也都有自己的特质，"守规则，重契约"就一直是上海的标签，也是吸引众多大企业落户的强大磁场。

去年上海提出全力打造国际一流的营商环境以来，企业明显地感受到，在规则和契约之上，上海的政务服务变得更加热情和贴心，也更富创新。大上海要做"有求必应，无事不扰"的"店小二"，这份新特质也成为吸引优质企业的新砝码。（后面播出记者采访制作的短片。）

图7-6　上海电视台新闻主持人在演播室播出述评

要　领

新闻评论的分类

新闻评论可以分为纯评论和新闻述评两大类。

纯评论主要体现为本台评论、评论员文章、本台短评、短评和新闻评论员评论。前面四种形式的新闻评论基本延续了纸媒时代的新闻评论特征，先是由专人写作完成新闻评论文稿，然后由新闻主播采用比较正式的方式予以播报；后者则是近年来，我国视频新闻媒体向西方媒体学习的产物。

新闻述评是指在新闻节目中将对新闻事实的叙述报道和与其相关的新闻评论结合起来，是一种夹叙夹议、叙议结合的新闻评论形式。

第二节 ‖ 新闻评论类节目的主持方法

"主持人中心制"是西方主流视频新闻媒体采用的基本工作机制，新闻主持人在新闻节目的策划、采访、编辑、播出等主要环节发挥核心作用，各个工种工作人员的工作都围绕新闻主持人展开。20世纪90年代，我国也提出了"主持人中心制"的发展设想，并且开设大量与主持人个性风格相适应的新闻节目，甚至以主持人的名字来命名一些新闻栏目，有意识地在新闻节目中凸显新闻主持人的地位和作用。经过多年的发展，新闻主持人已经成为我国主持人队伍的重要组成部分，全国各级视频新闻媒体中也涌现出了一大批优秀的新闻主持人。在这些新闻主持人中，就有不少是因为擅长进行新闻评论而脱颖而出的。

不同类型的新闻节目，可以采用不同的新闻评论形态；不同的新闻主持人，具有不同的新闻评论能力和水平，可以在不同的新闻节目中找到适合自己的主持人位置。当然，新闻主持人的评论能力和水平是可以通过后天的学习积累、实践锻炼获得改进和提高的，评论能力和水平提高的过程实际上就是新闻主持人不断走向成熟的过程。

一 ||| 把握新闻评论的三个核心环节

（一）选择话题

好的选题是新闻节目成功的重要基础，新闻评论类节目更是如此。选题的重要性、典型性、时效性等新闻价值要素，决定了新闻评论类节目的成败。新闻评论类节目的选题，不仅要看题材的重大与否，更重要的是要看其是否具有讨论、思辨的空间，简单明了的新闻事实是没有进行新闻评论的必要和可能的。

适合新闻评论类节目的选题通常具有普遍性。这类选题会涉及数量众多的受众的切身利益，容易引起大家的关心和重视。各项涉及国计民生的政策推出，都会影响广大公民的实际利益；重要社会现象的出现，都会对人们的思想情感造成冲击；重大新闻事件的发生，都会造成一系列的连锁反应，给未来带来更多的不确定性……这些新闻选题，都需要包括视频新闻媒体在内的各种媒体进行报道、解读和评论。

适合新闻评论类节目的选题一般还具有思辨性。这类节目的选题所涉及的新闻事实通常比较复杂，情节比较曲折，结论指向比较多维，容易"仁者见仁，智者见智"，产生不同的意见分歧，需要在节目中进行新闻评论，以便引导受众透彻地理解新闻事实，形成正确的思想认识。

新闻评论类节目选题的确定，通常由新闻策划人提出并撰写策划案，由制片人或其他节目主管审定。新闻主持人如果能够从选题策划阶段就介入，参与到该选题的具体执行和实现过程中，那么，其对于该选题的了解会非常深入、全面，这对于新闻主持人有理、有力、有节地进行新闻评论会大有裨益。

（二）进行立论

在新闻事实的基础上，如何立论是新闻评论类节目的关键。国家的各项政策法规是进行新闻评论立论的重要依据，新闻主持人的立论观点不得违背国家的政策法规。社会公共道德和行为规范也是新闻评论类节目立论的重要参照系，新闻主持人的评论观点不能与道德规范和公序良俗相违背。

新闻主持人的新闻评论必须要有一定的创新性，其思想观点要具有新意，不能是老生常谈。有了"思想力"，才能有"行动力"，角度新颖、观点新鲜、形式新奇的新闻评论才容易获得成功。

新闻评论类节目的立论代表的是媒介的立场和观点，而不是新闻主持人的个人观点。新闻主持人在思想观念、对事物的看法方面要努力和所服务的媒体保持一致，即使在某些具体问题上存在不同看法，在主持新闻评论类节目时，也要以大局为重，对个人观点和看法予以保留，不能自我膨胀、意气用事，造成严重的不良后果。

（三）良好论证

评价新闻评论类节目的优劣，不仅看其"说什么"，还要看其"怎么说"，同样的观点，不一样的表达论证，其论证效果会有很大差异，受众的接受程度也会完全不同。

新闻评论的播出都不是孤立的，而是和相关新闻报道配合进行的，通常都是"新闻事实"在先，"新闻评论"在后。新闻主持人在新闻评论的论证过程，必须坚持用"新闻事实来说话"，不能主观臆断，更不能妄下结论，一切观点都应该有扎实的事实基础。

在论证过程中，讲求逻辑严密、环环相扣。事物之间的因果关系、相互之间的横向联系、彼此之间的相互作用和影响都必须是客观、真实、合理的。在进行推理、演绎、归纳、概括、总结时，要坚持真实性、科学性原则，不可指鹿为马、随意关联，以致误导受众。

新闻主持人在主持新闻评论类节目时，还要努力做到深入浅出、举重若轻地组织论证过程。运用受众喜闻乐见的表现形式、选择生动形象的典型故事、使用活泼有趣的语言表述，避免新闻评论类节目生硬、枯燥、费解，是主持新闻评论类节目的常用之法。

新闻评论类节目的主持人，在保证完成主持工作的同时，要努力提高自己的新闻评论能力和水平。

要　领

新闻评论的三个核心环节

新闻评论的三个核心环节是选择话题、进行立论、良好论证。

话题选择要注意选题的普遍性、思辨性，通常由新闻策划人提出并撰写策划案，由制片人或其他节目主管审定。

进行立论要有新闻事实基础，要以国家的各项政策法规为依据，以社会公共道德和行为规范为参照系，同时，要注意有所创新，并且代表媒介立场和观点。

良好论证必须坚持用"新闻事实来说话"，要逻辑严密，坚持真实性、科学性原则，同时，要深入浅出、生动有趣。

二 ⫻ 主持新闻评论类节目的具体方法

（一）重要新闻评论播读

重要的新闻评论一般都会采用口播的方式，在视频新闻媒体最重要的新闻节目中播出，由优秀的新闻主播负责播发。在视频新闻媒体中，通常有专人负责承担重大新闻评论播报任务。

在完成此项工作任务的过程中，新闻主播必须要对相关政策有准确的把握，对所涉及的新闻事件有充分的了解，对新闻评论的目标意图有清晰的认识。只有这样，才能真正吃透稿件，保证重要新闻评论的播读。

在重要新闻评论播读过程中，强调的是新闻主播的播音业务能力和水平，"在播读过程中要注意分寸得当，质朴庄重，重音坚实，语气肯定，节奏稳健，张弛有致"[①]。

重要新闻评论一般代表国家立场、党的方针、政府的政策方向，通常会在最权威的新闻媒体发布。新闻主播要有强烈的国家意识、坚定的政治立场和高度的社会责任感，并将其体现在重大新闻评论的播读中。

重要新闻评论的播读，对播音业务水平有很高的要求，不仅要求字正腔圆、不能出错，还要高端、大气、庄重、严肃，做到字字入耳，达到良好的传播效果。

通常，各视听媒体都会安排专人负责重要新闻评论的播读。近些年，中央广播电视总台主要由康辉、海霞等政治过硬、业务精湛的当家新闻主持人负责播读各种重大新闻评论。

> **【案例】** 央视新闻主持人播读《人民日报》评论员文章
>
> 2015年7月31日，中央电视台转发了《人民日报》评论员文章《铁腕反腐凝聚党心民心》，同样选择在《新闻联播》平台发布（见图7-7），由资深新闻主持人海霞播发，其内容如下：
>
> 本台消息，今天出版的《人民日报》刊发评论员文章，题目是《铁腕反腐凝聚党心民心》。文章指出：坚

---

① 国家广播电影电视总局，广播影视从业人员资格管理领导小组办公室. 播音主持专业理论与实践. 北京：北京广播学院出版社，2003：215.

决惩治腐败，不是权宜之计；查处腐败问题，也不搞"适可而止"。党风廉政建设和反腐败斗争是一场输不起的攻坚战。继徐才厚之后，"八一"前夕宣布查处郭伯雄，这再次表明，党内决不允许有腐败分子藏身之地，军中也决不允许有腐败分子藏身之地。把反腐败利剑举起来、用起来，就是要让那些想搞腐败的人断了念头，搞了腐败的人付出代价。

图7-7　央视新闻主持人播读《人民日报》评论员文章

（二）串联节目，配合专家评论

新闻主持工作的一个基本内容就是进行节目串联，将新闻节目的各个组成部分流畅地衔接在一起，使之成为一个有机的整体。

在新闻评论类节目主持中，如果条件允许，节目组事先要和承担评论任务的专家进行充分的沟通，对新闻评论的主要观点、新闻评论的层次划分、新闻评论的呈现形式等进行一定的设计，对新闻主持人的具体工作任务做出明确的说明。在新闻评论类节目的录制（或直播）过程中，新闻主持人和评论专家都按照预定计划完成工作，通常新闻主持人负责播出节目的开场白，为后续的专家评论做好铺垫，引导专家从特定的角度展开评论。在评论过程中，新闻主持人负责提出一个个事先设计好的问题，采用问答对话的形式，配合评论专家展开新闻评论。在问答过程中，新闻主持人可以根据评论专家的评论内容进行追问，但是，要适度、适量，适可而止。在专家评论结束后，新闻主持人负责结束语的播出。

事实上，在这种形式的新闻评论类节目中，新闻主持人主要完成的是传统播音员的工作任务，其承担的是"配角"角色，并未介入实质性的评论内容。也就是说，新闻主持人自身并没有真正进行"评论"。

这种主持形式，主要用于消息类新闻节目（录播和直播均可）中，新闻主持人更多地承担新闻播报的任务，有专门的评论员负责进行新闻评论。新闻评论的形式和内容都可进行前期的设计和沟通，主持人负责给评论员"喂问题"，两者相互配合，共同完成新闻评论工作环节。

【案例】　央视新闻主持人和特约评论员合作进行新闻评论

2016年4月6日，中央电视台新闻直播间播出新闻评论《实践十号卫星成功发射有何意义?》，新闻主播周丽和特约评论员宋晓军合作采用问答对话形式对相关议题展开评论（见图7-8）。

周丽：我们经常能够听到这样一句话——"创新驱动发展，科技引领未来"，其中创新和科技被放在了未来发展的首位，那这次我国成功发射的科学实验卫星又有哪些创新之处？我们马上来连线本台特约评论员宋晓军。宋先生您好。

宋晓军：您好。

周丽：这次这个实践十号卫星成功的发射具有怎样的意义？

宋晓军：我觉得这个确实体现了我们"十三五"当中一开篇就提出来的"实施创新型发展战略"，那么我们刚才看到画面当中的这个实践十号的（发射）可能都有一系列的这些东西，而且这些东西可能跟我们"十三五"规划当中的很多看似比较抽象的文字其实都是一一对应的。比如说在优势发展的这样一个引领型战略，比如说在战略前沿里的创新突破，这些文字我们在"十三五"的报告当中的第二篇当中也就是开篇当中看着都是很干巴巴的一些文字铺在这个白纸上，但是这一次的实践十号确实是通过一些活生生的人，比如说它是11个研究所、6所大学的500多人干了10年，把六大系统集中在一块儿，也就是卫星系统、火箭系统，还包括地面测控系统，包括它的发射系统，还有它的科学应用系统，这么500多活生生的人，在"十三五"的开局的时候，都把这些文字凝聚在这颗实践十号卫星上了，而且它是首次，应该说，它为我们的"十三五"开局强调的"创新型驱动"的发展战略打出了一个非常好的开门红。

周丽: 作为我国首颗微重力实验卫星,其中有两项实验项目涉及国际合作,这又说明了什么?

宋晓军: 我们知道在"十三五"当中的"创新型驱动"的发展战略当中还特别提到了一个指标,那么这个指标是什么呢?"建设多个国际合作的创新平台",那么这一次呢,我们看到有欧洲的、有日本的科学家搭载的两个载荷也跟着我们的17个载荷一块儿上去,那么这个就是我们说的"要建设多个国际合作的创新平台"。我们知道,现在世界经济并不景气,那么,这个景气靠什么,主要是靠科学创新,创新呢,中国现在经济引领了世界经济,大概贡献率在25%左右,那么下一步怎么办?谁来引领这个创新?原来中国都是低端制造业,给我们的感觉,都是做一些很低端的加工品呀,等等,但是,这一次,"十三五"开局当中,我们中国对世界做出了这样的承诺,同时我们不仅自己跑,而且我们要搭建这种国际合作的创新平台,这一次的实践十号就是特别具体的体现。

周丽: 好的。谢谢宋先生点评,那我们也希望这次合作呢,能够带动相关高技术的跨越式发展,发挥空间科学在国家发展中的重要战略作用。

图7-8 央视新闻主持人和特约评论员合作进行新闻评论

从以上的案例中,我们可以看出,这种新闻评论类节目的主持形式有利有弊。好处在于,新闻主播不可能是各方面的专家,请专家进行评论,可以保证新闻评论的科学性、权威性。弊端在于,新闻主播基本上只是发挥了一个提问、串联的作用,主持人和评论员之间并没有什么实质性的交流和沟通,没有真正融入新闻评论之中。

(三)短评(点评、快评、微评)

在多年的"主持人中心制"推进过程中,越来越多的新闻节目主持人希望超越新闻播音员的层次，真正发挥新闻主持人应该发挥的作用。在新闻评论类节目的主持过程中，他们不再仅仅满足于串联、配合的角色，而是积极介入新闻评论内容环节，直接代表媒体和新闻栏目发声。

"新闻播音员"在我国已经逐渐成为一个比较过时的称谓，各大视频新闻媒体基本上都使用了"新闻主播"这样的概念，新闻主播不再只是一板一眼地播读新闻稿件，而是更加强调新闻主持语言表达的生活化，更加强调和受众的良性互动，还可以在新闻播报的同时，对相关新闻进行简短的评论。

这种短评以点评、快评、微评等多种形式出现，基本特征就是短小精悍，寥寥数语，点到为止。此外，此类短评往往和新闻主持人的个性特征紧密结合，或嬉笑怒骂，或直抒胸臆，点到为止，异彩纷呈，为我国的视频新闻评论增色很多。中央电视台《朝闻天下》的主持人长啸、《24小时》原主持人邱启明和江苏电视台《南京零距离》原主持人孟非都是此类新闻主持人的优秀代表。他们基本都有比较丰富的社会阅历，有从事编辑、记者等新闻工作的实践经历。新闻主持人如果想具备一定的新闻评论能力，则必须要改变单一的播音主持学习背景，要深入新闻采访报道第一线，进行学习和锻炼，提高自己的新闻专业素质。此外，新闻主持人还需要博览群书，拓宽自己的知识面，广泛关注和了解社会现实。只有练好内功，才能在新闻短评时灵光闪现、妙语连珠。

【知识窗】 "光头"孟非与"铁嘴"邱启明

通过主持《非诚勿扰》在全国走红的主持人孟非，崭露头角是通过2002开始主持江苏电视台新闻栏目《南京零距离》。在主持这个以民生新闻主打的新闻栏目时，孟非给人留下深刻印象的不仅仅是其光头形象，更重要的是他在每条新闻之后进行的短评，其点评言辞犀利，又时常兼有幽默元素，与当时勃兴的民生新闻风格浑然一体，领一时风气之先。

2009年开始主持央视《24小时》的邱启明，也是因为其在主持新闻节目中的点评而给人留下深刻印象。由于他和搭档在节目中的突出表现，《24小时》这样一档于深夜11：00播出的一天新闻总览式的新闻节目获得了较高的关注度。邱启明的新闻点评往往直击要害，个性鲜明（见图7-9）。

图 7-9 《南京零距离》原主持人孟非（左）和《24 小时》原主持人邱启明（右）

当然，受到新闻主持人身份地位、个人能力等多方面因素的影响，目前，这种评论形式还处于初级阶段，所涉及的话题较多社会新闻类题材。对于时政新闻而言，绝大多数新闻主持人还缺乏对之进行新闻点评的能力和资格，只有少数知名新闻主持人能够达到这样的高度，如中央电视台的白岩松、水均益，凤凰卫视的何亮亮等。

（四）谈话节目主持：做合格的对话者

在新闻评论类节目中，有一些以谈话节目的形态存在，如中央电视台的《面对面》、凤凰卫视的《新闻今日谈》、杨澜工作室出品的《杨澜访谈录》等。这些节目的主持人除了承担节目包装串联工作之外，更重要的是和谈话对象就相关话题进行对话，在对话过程中，对相关问题展开讨论，进行层层剖析，得出相应的结论和观点。这种新闻评论形式，不仅向受众表明了观点和态度，更重要的是为受众提供了更多的新闻背景资料、展示了理性思辨的思维过程，通过运用科学的研究方法，引导受众一起参与、一起思考，共同得出最后的结论，因此，更容易获得有较高文化水平、强调独立思维的知识文化精英群体的接受和认同。

谈话节目所涉及的选题一般都是社会热点问题，其牵扯的面比较广泛，其社会意义比较重大，对于社会舆论有重要的影响。谈话节目所邀请的嘉宾，通常都是某一行业、某一领域的专家或代表人物，本身就是政治精英、经济精英或文化精英的代表。有些谈话嘉宾是重大新闻事件中的关键新闻人物，如当事人、目击者等，对新闻事件有着绝对权威的发言权。

谈话节目对其主持人提出了较高的素质和能力要求，新闻主持人不应只是作为一个"提问者"出现，而应成为"合格的对话者"，能够和谈话对象平等对话。这一方面需要新闻主持人本身就是资深媒体人，在社会阅历、人生经历、知识能力方面有丰富的积累。另一方面在正式采访之前，新闻主持人及其团队需要做充分的准备工作，进行必要的前期采访，查阅大量的文献资料，补充欠缺的相关知识，对谈话对象有比较全面的了解，对所谈话题有深刻、完整的认识。在此基础上，对需要交流的问题进行梳理，对谈话的开始、进程、结束方式进行认真的设计。每一个谈话对象都是一本"书"，新闻主持人在谈话开始前需要充分阅读这本"书"，才能建立良好的谈话关系，很好地完成谈话节目主持。

在谈话进行过程中，新闻主持人不能只是充当一个"提问者"、一个"聆听者"，只管将事先准备好的问题依次提出，而是要认真听对方的回答内容，并根据新的内容提出新的问题。事先准备好的问题，只是提问大纲，而不能成为现场对话的束缚和障碍。在谈话过程中，新闻主持人要敢于插话、接话甚至打断对方的谈话，在适当的时机做出适当的反应，进行相应的追问，而不能自顾自提问，让谈话对象觉得自己是在"鸡同鸭讲"，最终导致"话不投机半句多"的现象出现。

董倩是央视知名的新闻评论类节目主持人，先后主持过《焦点访谈》《东方时空》《新闻调查》《新闻会客厅》等多档央视知名新闻栏目。对于新闻评论类节目主持人要成为"合格的对话者"，在央视工作多年的主持人董倩深有体会，"不管什么人，部长也好，普通老百姓也好，所谓'配'，就是让对方感到'你懂我说的话'。这样，在日后的采访中，能让别人把你当回事，还是一个'配'字。你更加'配'，他就会更重视你，采访出来的东西就会更客观、更准确"①。

【案例】　《面对面》主持人董倩对话亚投行行长金立群

2016年1月17日，中央电视台《面对面》栏目播出主持人董倩对亚投行首任行长金立群的专访，就广大国内外人士关心的问题与金行长进行了坦诚、深入的对话。对于这次采访，董倩进行了认真的准备，并对开始的问题进行了专门设计（见图7-10）。

---

① 百度百科词条：董倩．［2024-06-30］．http://baike.baidu.com/item/董倩/6256471.

图7-10　央视《面对面》主持人董倩对话亚投行行长金立群

董倩：在采访之前，我就犹豫半天，我怎么称呼您？因为您的同事都称呼您金部长，我也就随了他们叫金部长。但是要知道这个称呼是有一点疑虑的，您在2003年就已经卸任（财政部副部长）了，而且这中间您做过中投公司的监事长、中金公司的董事长，在此之前还在亚行当过副行长，那为什么他们都不称呼您这些称呼，反而执着地要坚持2003年的时候那个称呼？

金立群：我认为是这样，你叫惯了呢，你就会这么叫。中投的人见了我，都叫我监事长，中金的人见了我，很多人都叫我董事长，到现在还是这样，但是最早认识我的人，都叫我金部长，更老的人叫我小金。

董倩：但是，问题是您现在的同事，仍然坚持叫您金部长，这是

为什么？

金立群：其实我跟你讲，只是一种称呼而已。

董倩：但是，它反映出来的可不仅仅是一个称呼的问题。

金立群：这一点我倒是还蛮赞赏西方很多国家的方式，他们叫名字，不叫"长"。

董倩：那您希望我接下来的采访怎么称呼您？

金立群：叫我名字。

董倩：金先生还是金行长？

金立群：或者立群同志，立群先生也行。

解说：金部长还是立群先生，前者是带着深厚中国烙印的政府官员，后者是更具有国际普遍性的称谓，与之对应的，正是国际社会对亚投行的不同看法。

通过这段开场对话，我们可以看到，主持人董倩做了非常认真地准备和精心的设

计，从"称呼"这样一个小点切入，首先让谈话对象明白主持人对其工作经历非常了解，其次这个问题潜在对应着下一个更大的、更具实质性的问题——"亚投行建立的目的和意义是什么"。

凤凰卫视《新闻今日谈》栏目在新闻主持人选择上独辟蹊径，专门选择比较年轻靓丽的女主持人和老成持重的新闻评论员来搭档进行对话，新闻主持人干脆就认认真真做起了"小学生"，新闻评论员仿佛是年长的老师和智者，为"年幼无知"的青年讲解、分析各种重要的历史或现实问题。这种一老一少的搭配，也取得了良好的传播效果（见图 7 - 11）。

图 7 - 11　凤凰卫视《新闻今日谈》主持人胡玲对话新闻评论员阮次山

在大多数情况下，谈话节目中主持人和谈话对象可以形成良性的互动关系，双方在七分钟内展开友好的谈话，形成合力，共同使谈话节目取得理想的效果。在少数情况下，新闻主持人面对的谈话对象是负面新闻中的主要新闻人物，或者是与主持人所在的媒介立场相左的意见人士，双方在谈话中不是"友好交流"，而是"唇枪舌剑"，是一种言语之间的交锋和辩论，这就更需要新闻主持人有足够的知识储备、良好的思辨能力和语言表达能力，才能达成有效的对话平衡。

（五）独立完成新闻评论

新闻评论类节目主持人比较理想的状态是其自身就是优秀的新闻评论员，可以将主持工作和评论工作有机结合起来，既能很好地主持新闻节目，又能很好地进行新闻评论，既能够撰写文稿进行精彩评论，也可以脱稿进行即兴新闻评论。

能够将新闻主持和新闻评论能力兼具一身的新闻主持人通常要从新闻记者做起，在多年采访报道历练的基础上，表现出突出的新闻信息采集能力。此后，他会转为新闻编辑或编导，从不同的角度、不同的岗位体会新闻报道工作的规律。再经过一定年限的新闻主持工作的锻炼，通常由小栏目做起，在实践中逐步优胜劣汰，最终脱颖而出，成为新闻主持和新闻评论能力兼备的复合型人才。

由于我国视频新闻媒体中各个工种分工比较细化，各个工种又都具有自己的一套专业化标准，进行跨界发展的机会并不是很多。再加上，我国主持人群体整体来讲，文化水平和知识修养还有较大的提升空间。因此，在我国，此种类型的新闻主持人可以说是凤毛麟角，只有中央电视台白岩松、凤凰卫视的吕宁思等少数代表。

由于新闻主持人的特殊身份，其做出的新闻评论在受众当中容易产生更大的反响，因此，主持人在进行新闻评论时必须非常严谨，不仅观点要经得起推敲，措辞也要得当。在视频新闻报道日益追求"直播化"的大背景下，新闻主持人能够很好地做出有理、有力、有节、有据的新闻评论，需要极其过硬的专业素质和业务水平。

【案例】 白岩松部分评论引发社会关注和讨论

白岩松是中央电视台著名记者和新闻主持人，因其多年来在新闻报道、节目主持、新闻评论等方面的优异表现，受到广大受众的喜爱，被认为是中国电视界不可多得的、成熟的新闻主持人。白岩松所做的新闻评论大都观点明晰、尖锐大胆、言辞中肯、饱含激情，形成了独特的风格，使其成为能够影响公众舆论的媒介精英之一。即便如此，白岩松的评论有时也会因为其观点或措辞引起争议。

2011年7月25日，中央电视台《新闻1+1》栏目播出了《中国高铁：重建信任！》，聚焦"7·23"甬温线特别重大铁路交通事故（见图7-12左图）。在直播过程中，白岩松发表了对铁道部发言人相关言论的评价，具体内容如下。

白岩松：怎么说呢？今天我们都得到了这样一个消息，铁路7月23号的事故路段呢今天恢复了通车，但是，恢复的仅仅是通车。近一段时间以来接连出现的各种各样的铁路事故，让我们对铁路的信心和信任恢复起来，那可就大大需要时间了。可能也正是因为这样的原因，昨天晚上，铁道部的新闻发言人王勇平在举行新闻发布会的时候也意识到了这一点，我帮他统计了一下，他向所有的记者和在场的人员提出这种反问——"你们相信吗？"一共提出了不少于3次，他的回答是"我相信"。是，我相信他必须得说"我相信"。但是，你要问我呢，我的答案是，一个多月之前的话，我愿意相信，但是，现在呢，我不敢信，我不能信。我就这么简单地信了，对铁路纠错也不一定很好，要想真信他，有很多的工作要做。

这段评论说出了当时广大受众的心声，成为流传很广的新闻评论经典案例。然而，也有人批评白岩松在关键时刻没有和政府有关部门站在同一立场，违背了我国新闻工作者工作的基本原则。

2015年6月9日，《新闻1+1》播出了《肃宁特大枪击案，警察两死两伤！》（见图7-12右图）。在这一期节目中，白岩松并没有成段落地直接发表新闻评论，但因其在谈到两名警察殉职时，使用了"死亡""离世"而非"牺牲"这样的词，

而且在节目中与专家连线时，将"警察的实战训练和技能水平"作为一个观察点来讨论，这引起了部分观众（尤其是公安界人士）的反感和批评。白岩松后来回应说，当时是在新闻发生不久、事实还没有完全弄清楚的时间点报道新闻，自己是在坚持新闻中性的准则。由这个事例，我们可以看到，对于兼具评论员职责的著名新闻主持人而言，其言论具有很大的社会影响力，正因为如此，就更需要注意把握分寸，既不能词不达意，也不能过犹不及。

图7-12　中央电视台著名新闻主持人白岩松

相较而言，西方主流视频新闻媒体在长期的工作实践当中，一直坚持"记者—编辑—新闻主播—新闻主持人"这样的人才培养机制。优秀的新闻报道成就了名记者、名编辑；在此基础上遴选出业务精英担任新闻主持人，完成主持和评论工作；优秀的新闻节目又助推其主持人成为舆论领袖和媒介明星，在公共领域拥有更大的发言权和影响力。

新闻主持人具备良好的新闻评论能力和水平，可以有效地增强新闻评论的时效性。这种类型的新闻主持人可以走到新闻一线现场进行采访报道，并进行即时评论，将新闻评论与现场报道结合起来，从而使受众在接受新闻事实的同时，就受到新闻主持人

思想观点的影响。

具备主持和评论综合能力的主持人回到演播室，可以与各路专家、嘉宾平等对话，引导并参与大家的交流和互动，碰撞出思想和智慧的火花。在很多新闻评论类节目中，这样的主持人还可以独当一面，大大提高新闻报道和评论工作的效率。

要 领

新闻评论类节目主持的具体工作方法

新闻主持人在主持新闻评论类节目时，主要采用的工作方法如下：重要新闻评论播读；串联节目，配合专家评论；进行短评（点评、快评、微评）；在谈话节目的主持中，做合格的对话者，和采访对象对谈；独立完成新闻评论。

当然，现阶段，对新闻主持人来说，"主持"还是其主要的工作任务，"评论"则是锦上添花。随着新闻实践探索的不断发展，新闻观念会不断发生变化，未来兼具主持和评论能力的新闻主持人必定是发展方向。

【思考与练习】

1. 视频新闻媒体常用的新闻评论形态有哪些？

2. 什么是新闻评论员？视频新闻媒体的新闻评论员通常由哪些人员组成？

3. 什么是新闻述评？

4. 新闻评论类节目主持的方法和技巧主要包括哪些方面？

5. 新闻评论类节目主持人如何发挥"评论"功能？

实训三　演播室新闻节目主持实训

一、实训目的

通过实训，强调镜头前的交流意识、主持人的语言组织能力、主持人与嘉宾之间的互动交流能力；让学生更好地掌握新闻节目主持语言运用的技巧及方法，提高新闻评论类节目的语言控场和话语表达技巧。

二、实训内容

1. 重点训练学生的新闻节目主持能力，要求学生能够较好地完成新闻播报、评述、与记者连线、新闻节目串联等任务。

2. 组织学生观摩典型案例，带领学生分析总结优秀新闻主持人语言的特点和魅力，进行话题模拟主持训练。

3. 演播室新闻节目主持实训，要求以小组为单位完成一期演播室新闻主持人节目录制实训。

三、实训要求

1. 选题内容要求有现实意义、健康向上。

2. 小组合理分工、共同完成从节目选题策划、主持、采访到节目录制等各阶段、全过程的任务。

3. 演播室正式录制要求脱稿，强调节目主持自然流畅。

四、实训设备

1. 演播室。

2. 摄像机。

3. 无线话筒。

4. 三脚架。

五、实训考核

1. 提交新闻节目主持策划书。

2. 制作 8~10 分钟演播室新闻节目，完成录制和后期的工作。

3. 完成作品汇报交流。

第八章

视频新闻直播类 节目的主持

【学习要点】

◇ 世界一流视频新闻媒体的新闻实践逐步走向"视频新闻直播化""视频新闻直播常态化"。

◇ 视频新闻直播主持根据工作场景不同可以分为外景新闻直播主持、演播室新闻直播主持。其中，演播室新闻直播主持根据直播程度可以分为"准直播"状态下的新闻主持、"全直播"状态下的新闻主持。

◇ "记者—出镜记者—新闻主播—新闻主持人"模式是培养优秀新闻主持人的基本路径。

视频新闻直播可以在新闻事件发生发展的同时，对其进行同步记录、报道和传播，可以给受众强烈的现场感，可以跨越时空障碍，让受众即时体验"与历史同在"的感觉，成为最具视频新闻报道优势的新闻报道形式。

在视频新闻直播类节目中，新闻主持人占有举足轻重的地位，甚至可以决定一场新闻直播的成败。视频新闻直播对新闻主持人提出了很高的综合素质要求，优秀的新闻直播类节目主持人需要经过长期的实践锻炼和培养。

第一节 ║ 视频新闻直播化

在一定程度上，视频新闻报道发展的历史，就是新闻报道方式不断走向"新闻直播化"的历史。所谓"新闻直播化",是指新闻报道与新闻事件发生发展同步进行,受众可以在同一时间、不同地点见证新闻的发展变化。随着科学技术不断发展进步,视频新闻报道的手段不断改进,采用直播方式报道的视频新闻数量在视频新闻报道中的占比在逐步增加,视频新闻直播的质量也在快速提高。数字影像记录和传输技术的发展,为视频新闻直播化提供了技术基础和技术保障。受众对于新闻信息时效性需求的不断增强,为视频新闻直播化提供了需求原动力。各种新闻媒体竞争的逐渐加剧,成为直接推动视频新闻直播化的商业力量。

概　念

新闻直播化

新闻直播化是指新闻报道与新闻事件发生发展同步进行,受众可以在同一时间、不同地点见证新闻的发展变化。随着科学技术不断发展进步,视频新闻报道的手段不断改进,采用直播方式报道的视频新闻数量在视频新闻报道中的占比在逐步增加,视频新闻直播的质量也在快速提高。

一 /// 视频新闻直播化的优势

(一)时效性

传统的视频新闻报道方式主要采用录播的方式,新闻报道组要先经过前期的采访、拍摄,之后进行新闻编辑,经负责人审定后,再通过媒体平台进行播出。视频新闻采集、制作和传输技术越落后,受众与新闻事件之间的时间距离就越遥远。当受众接收视频新闻报道时,新闻事实情况早已发生了新的变化。由于"新闻"变成"旧闻",受众对此类新闻报道的感受就会变得比较平淡。受众的反馈由于不够及时,也就无法对新闻报道的社会事件产生恰当的影响,新闻报道在很多时候也就失去了实际意义。

视频新闻直播与传统新闻录播最大的区别就是新闻报道的时效性。时效性是新闻价值要素中的重要内容,利用现代先进的数字影像制作与传输技术,视频新闻媒体可以在相同的时间将不同空间里发生的新闻事实直接呈现在广大受众面前,时间和空间的阻隔感因此被大大削弱,受众与新闻事实的距离被大大拉近。"第一时间"成为视频新闻直播的最大优势。

随着互联网的快速发展，网络覆盖面越来越大，网络传输速度越来越快，影像摄录设备越来越小型化、轻便化，网络传输的声画质量越来越好，网络直播成为个人就能够独立完成的事情。一部手机或一个摄像头、一个自拍杆或稳定器、一个话筒、一个耳机，连上网络就可以在新闻现场向全世界进行高清直播报道了。个体网络直播不需要专业新闻媒体那样高端的设备，不需要大量专业人员组成的直播团队，不需要租用昂贵的卫星或微波线路，就可以随时把新闻现场的影像和声音直播、发布到网上。网络直播改变了视频新闻直播的工作模式和工作流程，随着 5G 时代的到来，以移动网络为基础的视频新闻直播将在新闻报道中占据更加重要的位置，成为人们接收视频新闻的重要方式。

（二）现场感

视频新闻直播报道可以即时将新闻现场的影像和声音传输给受众收看，这是截至目前，人类报道和接收新闻信息最生动、最形象、最直接的方式。随着数字高清技术、立体影像技术不断进步，尤其是虚拟现实（VR）技术、360 度全景视频技术的蓬勃发展，受众接收和感受异地发生的新闻事实的方式不断改善，受众与新闻现场的距离感越来越弱化，甚至受众会觉得自己"就在新闻现场"，亲眼所见、亲耳所闻、亲身所感事实的发生、发展和变化。经过新闻直播专业人员（包括摄影师、导播、新闻主持人等）的加工、包装和制作，受众观看新闻直播视频获得的现场感、体验感甚至还会优于真正置身于新闻现场获得的现场感。新闻摄影师的镜头不仅能客观记录新闻现场的各种情况，还可以拓展人类的视觉，为人类观察事物、感知世界提供全新的方式，带来前所未有的视觉效果。"第一现场"成为视频新闻直播吸引受众的另一大优势。

（三）悬念效果

在视频新闻直播中，新闻事件的发展变化和受众观看视频新闻的行为同步进行，观众和新闻当事人一样，都不知道新闻事件的未来发展方向和最终结局如何。即使大家通过理性分析和判断，能够推断出新闻的最终结果，人们还是会对结果的实现过程和个中曲折抱有浓厚的兴趣。这就使视频新闻直播自始至终都带有强烈而丰富的悬念因素，这也成为吸引受众持续收看视频新闻直播类节目的重要原因。

经过长期实践，视频新闻直播专业工作者总结出了系统的新闻直播理论和实践方法。他们会在制作新闻节目时，有意识地运用各种行之有效的叙事技巧和方法。这其中重要的一条就是"设置悬念"，通常悬念自始至终存在，中间经历多种曲折，直到节目最后谜底才会揭开。悬念越强烈，对观众的吸引程度就越高。通过对悬念因素的有效运用，新闻节目制作者和传播者可以很好地把握受众的接受心理，极大地增强视频新闻直播对受众的吸引力。

（四）互动性

在人类新闻传播史上，新闻传播观念经历了多种变化，传者和受众的关系定位也新旧不同。最初，人们强调传者在媒介传播过程中的主导作用，认为受众只是信息的被动接受者，这就是所谓的"传者中心论"。随着科学技术的发展，新闻传播实践也发生了根本性变化，当今新闻传播观念越来越重视受众在媒介传播过程中的作用，越来越强调传者与受众的互动，满足用户需求成为当代视频新闻报道追求的终极目标。

传者和受者之间的互动可以分为间接互动和直接互动。从时间维度来考量，间接互动是指传者和受众之间的影响与反馈不在同一时间段进行，相互之间具有一定的时间差，双方的行为都是单向度的；直接互动是指传者和受众之间的影响和反馈在同一时间段进行，是相互的、双向的。

当代视频新闻报道越来越强调媒体与受众的互动。只有视频新闻直播这种方式，才可以使双方在同样的时间维度、特定的媒介平台进行直接互动。受众反馈也成为视频新闻直播类节目的重要组成部分，它可以对新闻直播的内容、方式造成影响，甚至使其发生根本性变化。

从20世纪90年代开始，我国受众与新闻媒体的互动方式一直随着科学技术的进步在发生变化。从最初撰写观众来信反馈意见和建议，到后来使用热线电话提出自己的观点和看法，接着使用手机短信来提供新闻线索和发表新闻评论，再到现在通过微博、微信、微视、客户端、网络音视频采集传输设备等分享甚至生产新闻，人们与新闻媒体互动的手段越来越先进，时效性越来越强，受众提供的信息在视频新闻直播类节目中发挥的作用越来越大。

二 ∥ 视频新闻直播常态化

视频新闻直播是最能发挥视频新闻媒体优势的新闻报道形式。但是，视频新闻直播通常需要投入较多的人力、物力、财力，花费大量的时间，协调新闻采访、制作、传输、播出等多个部门，通过多工种之间的团队合作才能完成。如果说，常规的视频新闻采访报道是"轻骑兵"，那视频新闻直播就是动用重装备的"兵团作战"。

由于上述原因，传统上，视频新闻媒体对于使用直播方式进行新闻报道比较慎重，只有时间、空间具体且可控的重大新闻事件才会使用直播的方式进行报道。视频新闻直播在新闻报道节目总量中所占比例并不是很大，往往是作为特别节目来制作和推出的。

进入 21 世纪以来，媒体制作和传输技术快速发展，视频新闻媒体的记者、编辑、导播、技术保障等部门人员的业务水平逐步提高，更重要的是，受众对于视频新闻报道提出了时效性、现场感、真实感、互动性等方面的更高要求。与之相适应，以 BBC、CNN 为代表的世界一流视频新闻媒体关于新闻报道的实践方法和理念在不断发生新的变化，在原来的新闻报道栏目化、频道化、直播化的基础上，逐步实现了"视频新闻直播常态化"。

所谓"视频新闻直播常态化"是指新闻媒体的视频新闻报道主要采用直播方式进行，不仅重大新闻题材使用现场直播方式报道，对于那些日常生活中具备动态变化、具体的时间空间条件的事件性新闻，也普遍采用直播方式进行报道。"视频新闻直播常态化"是视频新闻媒体在新闻报道方面走向成熟的重要标志，是视频新闻媒体具备超强综合能力和业务水平的体现。

实现"视频新闻直播常态化"，首先需要先进的技术保障。技术是支撑新闻采访与报道业务拓展的基础。"视频新闻直播常态化"需要每个现场报道小组除了具备采访和报道等新闻业务能力之外，还要具备多机位信号采集、现场切换、音视频信号远距离传输能力。视频新闻采访报道小组必须是包括出镜记者、摄影师、导播、技术人员等在内的组合体。便携式切换台、音视频信号传输设备成为其标准配置。同时，"视频新闻直播常态化"还需要新闻媒体具备在多个时间、空间的新闻报道点之间顺畅地进行直播信号切换与衔接的能力。新闻主持人成为组织、串联、引导各新闻报道点流畅地完成视频新闻直播的重要角色。

世界主要的视听媒体机构如 BBC、CNN、RT 等，早已将新闻直播作为其日常运作的核心部分，并通过先进的全球信号传输网络，实现了跨国界、跨地区的报道点间无缝切换与高效衔接。这不仅彰显了其前线新闻团队的专业素养与响应能力，更凸显了其技术支撑体系的雄厚实力和技术领先地位。

【案例】　BBC 全球连线直播报道利比亚战争

2011 年，利比亚战争爆发。从 BBC 的一则电视新闻直播报道中，我们可以看到其超强的新闻直播技术保障能力。BBC 的主持人身处伦敦，在电视台的主演播室里进行新闻直播主持。在主持人的引导下，新闻直播节目首先将镜头切换到了利比亚反对派的大本营班加西，身处现场的出镜记者给大家报道了反对派占领区域的情况。随后，新闻直播画面切换到了利比亚首都的黎波里，现场出镜记者给大家报道了政府军控制区域的情况。接下来，在主持人的引导下，镜头切换到了比利时布鲁塞尔北约总部，现场出镜记者向大家报告了北约关于利比亚战争的最新动态。之后，主持人请大家一起看看美国人对于利比亚战争的反应，镜头切换到了美国城市街头，出镜记者正在那里进行现场出镜报道。

在这样一则长度十几分钟的直播新闻中，直播信号在伦敦、班加西、的黎波里、布鲁塞尔、美国这样几个相距遥远的地理位置之间顺畅地切换和衔接，体现出 BBC 技术保障团队超强的实力，也造就了世界顶级的视频新闻直播节目。

随着近年来电信及互联网信号传输技术的飞速跃进，便携式视频摄录设备已全面运用至新闻采集一线，加之视频压缩技术效能的显著提升，新闻直播业已开辟出超越传统电视传播渠道的新技术路径。现今，专业记者仅需一部具备网络连接功能的智能手机，在任何具备稳定手机网络或互联网信号的地方，即可迅速开展视频新闻直播报道。此举极大地降低了操作难度与经济成本，推动了新闻直播报道形式的普及与革新。新闻直播报道形式运用的频率和程度，主要受到新闻把关观念和审核制度的影响，从业人员的专业素质和技术部门的保障能力现阶段已经能够满足新闻直播常态化的需要。

近年来，中国主要媒体的视频新闻报道能力明显提升，这在国际战争、地区冲突和自然灾害等非常规题材的新闻报道中得到了充分体现。这些题材的新闻报道环境更为危险、条件更为恶劣、各方面保障更加缺乏，还会有各种突发情况，对此类题材的现场报道、直播报道能力一定程度上体现着视听媒体机构的新闻报道能力和水平。

在俄乌冲突和新一轮的巴以冲突中，中央广播电视总台和新华社都派出了多路记者多点进行新闻报道，也经常采用记者现场出镜的方式进行报道，形成了全方位、立体化、多层次的报道态势。

除了从国内派出的驻外记者，中央广播电视总台和新华社还在各个新闻热点地区招募了一些新闻报道员。他们往往就是当地居民，具备一定的新闻报道专业素质和能力。在重大新闻发生发展过程中，他们往往就是目击者，甚至就是当事人。他们的报道地点往往就在新闻现场，其报道的时效性、现场感、真实性等都是其明显的优势。

中国记者已经能够出现在世界各地的重大新闻现场，并采用出镜报道、现场采访和拍摄相结合的方式，给观众带来时效性优、现场感强的视频新闻。但是，受到多种客观因素的影响，我国主流媒体对于国际战争、地区冲突等相对敏感的国际新闻选题较少采用直播报道的方式。

概 念

视频新闻直播常态化

视频新闻直播常态化是指新闻媒体的视频新闻报道主要采用直播方式进行，不仅重大新闻题材使用现场直播方式报道，对于那些日常生活中具备动态变化、具体的时间空间条件的事件性新闻，也普遍采用直播方式进行报道。"视频新闻直播常态化"是视频新闻媒体在新闻报道方面走向成熟的重要标志，是视频新闻媒体具备超强综合能力和业务水平的体现。

实现"视频新闻直播常态化"，需要视频新闻媒体拥有一批成熟的出镜记者。出镜记者是在新闻现场采集新闻信息的"触角"，他们可以和演播室主持人进行连线，直接面向镜头进行新闻报道，或者在镜头面前进行调查、采访，将挖掘新闻的过程和成果展现在受众面前。视频新闻媒体只有拥有一支优秀的出镜记者队伍，才能具备新闻直播的基本支撑条件。

实现"视频新闻直播常态化"，还需要良好的新闻导播团队。新闻导播是新闻直播过程中，控制节目流程和报道顺序的核心人物，需要具备优秀的新闻专业素质，并且熟练掌握直播过程中的调机、切换等技术，对新闻直播的技术流程和新闻报道业务都非常熟悉。在大型新闻直播中，导播根据新闻报道的需要，主要负责发出指挥口令，具体执行由切换员、字幕员、音频员、视频员等配合其完成。在外景新闻直播小组中，导播会和记者在新闻直播前共同设计场面调度方案，拟定报道计划，在直播过程中主要负责多机位信号的切换。在我国，传统上，导播经常由技术部门的工作人员担任，他们往往对直播技术和设备非常精通；但是，由于缺乏新闻报道的专业知识，在实际工作中，经常会出现调机、切换不到位的情况。培养一批既懂技术又懂新闻的新闻导播，是我国视频新闻媒体人才培养亟待完成的任务。

实现"视频新闻直播常态化"，对于新闻主持人也提出了更高的要求。新闻录播和新闻直播对于新闻主持人的压力是不可同日而语的。新闻录播中有多次重复录制的机会，还可以通过后期编辑将前期录制过程中出现的瑕疵去除。如果前期出现错误，后期还有时间和机会弥补或改正。所以，新闻主持人主持新闻录播节目，心态上会比较放松。对于新闻直播，新闻节目制作和播出同步进行，新闻主持人的一言一行都会直接呈现给广大受众。如果新闻主持人在主持过程中出现瑕疵和错误，则会直接传播给广大受众。尽管新闻主持人可以通过改口或重新说明的方法，在一定程度上弥补出现的错误，但还是会造成一些不良影响。因此，新闻主持人主持新闻直播节目，其心理素质和业务水平都要更加过硬。在视频新闻直播过程中，新闻主持人成为直播链条上的一环，需要在导播的指挥和协调下，与多路出镜记者、专家、评论员等进行连线、采访和对话，其头脑必须清醒，思维必须敏捷，对于所涉及的新闻话题必须要有充分的了解。在常态化的新闻直播过程中，新闻主持人再也不是按照既定程序完成指定动作的"传声筒"，而是真正成为参与新闻报道、主导新闻报道的"主持人"。

第二节　视频新闻直播主持的分类及工作方法

在视频新闻直播类节目中，根据工作场景的不同，我们可以将新闻主持分为外景主持和演播室主持。

一　外景新闻直播主持

外景新闻直播主持又称实景新闻直播主持，是指新闻主持人在新闻现场、在真实场景中进行主持，采用直播的方式报道新闻，新闻主持人融入新闻现场，和各种新闻人物一起见证或参与新闻事件的发展和变化。

外景新闻直播主持主要是区别于演播室新闻直播主持而言的。那些将新闻直播演播室设立在新闻现场，但演播室空间仍然和新闻现场区隔开来的主持方式，严格来说，只是演播室的"前移"，不属于真正的外景新闻直播主持。

【案例】 新闻现场直播中的外景新闻主持人

2006 年 11 月 6 日 14 时，从辽宁大连出发的"中铁渤海 1 号"铁路轮渡船顺利抵达山东烟台，标志着国内最长的海上铁路运输通道（海上距离约 159.8 公里）正式投入试运行。齐鲁电视台制作播出《长龙腾海——烟大铁路轮渡试运行现场直播》节目，采用的就是外景新闻直播主持的方式，将主持人的主持区设立在海边，在背景画面中可以直接看到广阔的大海，还可以看到铁路轮渡运行、到达的情形（见图 8-1）。该现场直播节目获得了 2007 年中国广播影视大奖。

图 8-1　齐鲁电视台主持人在烟大铁路轮渡试运行报道中进行现场直播

外景新闻直播主持主要用于报道重大的新闻事件，如中央电视台直播的长江三峡截流、山东电视台直播的烟大铁路建成通车仪式、足球世界杯决赛直播等。在这类新闻事件报道中，新闻现场有着特别重要的意义。它具有特定的空间特征，比较丰富和复杂，其中包含多个小的新闻报道场景，涉及多条新闻线索和多个报道对象。因此，要在新闻现场设立外景新闻直播主持区，以便更好地组织、串联、协调、主导现场的多点报道，圆满地完成新闻直播任务。此外，这种新闻事件还有比较明确的时间节点，时间长度具有可控性。特定的时间、空间因素，决定一场新闻直播是否适合采用外景新闻直播主持这样的方式。

（一）外景新闻直播主持的优点

其一，新闻主持人在新闻现场可以获得"第一手"的新闻信息。在新闻现场，新闻主持人能充分发挥各种获取信息的感知器官的作用。新闻主持人会直接感受到新闻现场的整体气氛，会亲眼看见新闻事件的发生发展过程，会共同经历和见证重大历史时刻的到来。新闻主持人受到现场新闻信息的影响和激发，会自然而然地产生向受众"描述"或"陈述"新闻事件的主观愿望。新闻现场可以给外景新闻直播主持人带来丰富的感受，带来"场信息"，而不是"碎片化的信息"，这是新闻主持人处在演播室环境中无法深切体会到的。新闻主持人在演播室只能通过监视器屏幕看到、听到经过选择、切换过的新闻事件的局部，受到摄影视角及其表达方式的局限。新闻主持人在演播室对新闻事件的观察、了解基本上属于"管中窥豹"，都是来自间接的渠道，他们等于是在向广大受众"转述"各种新闻信息。在新闻直播过程中，新闻主持人在外景新闻直播中可以和新闻人物、现场群众进行直接的交流，并将对他们的访问、互动过程呈现在视频新闻上，而在演播室则只能主要通过连线的方式。新闻主持人走出演播室，置身于新闻现场进行直播报道，会给新闻直播带来强烈的现场感。

其二，外景新闻直播主持可以提高新闻直播的工作效率。新闻主持人处在第一现场，可以通过自身的观察、感受，即时将自己看到、听到的现场情况报告给受众，可以随时对现场出现的各种最新进展、突发情况、意外情况等进行应对处理。这种直接报道的方式，大大简化了中间环节，优化了节目主管、技术主管、导播、记者、主持人之间相互配合的工作方法，从而使新闻直播报道的效率大大提高。

其三，采用外景新闻直播主持方式，可以在很大程度上降低新闻直播技术系统搭建的难度，使记者与主持人、主持人与新闻人物、主持人与新闻直播团队之间的沟通联系、信号传输方面变得更加简便易行。

（二）外景新闻直播主持人与出镜记者的关系

外景新闻直播主持人和出镜记者有一些相似之处，他们都是身处新闻现场承担新闻信息采集、报道的任务，他们都要面对镜头以声画俱佳的方式进行新闻报道工作。外景新闻直播主持人有时可以承担一些出镜记者的工作任务，但是，其工作的核心还是"新闻主持"，即从全局角度来统筹、协调、组织新闻直播，其工作性质和出镜记者有着本质的不同。

外景新闻直播主持人与出镜记者获得新闻信息的主要方式不同。

出镜记者主要是通过自己个人（或和少数同事合作，如编导、摄影师等）深入新闻一线，通过采访、调查等努力获得新闻信息，并在此基础上撰写新闻稿件，录制出镜报道，完成新闻报道任务。即便一些大型深度报道栏目（如《新闻调查》）设有专门的出镜记者岗位，明确出镜记者不必承担新闻策划、撰稿、编导等工作职责，但是出镜记者通常还是需要深入新闻现场，参与全部调查采访的过程，并随机录制出镜报道或在镜前对新闻人物进行访问。出镜记者对新闻报道的介入程度比较深，其采访、报道能力对于新闻作品的质量有决定性的影响。

外景新闻直播主持人则主要通过团队获得新闻信息。新闻直播是一项多工种团队合作才能完成的工作，新闻主持只是直播工作链条中的一个环节。新闻主持和前方记者、导播、技术部门等多工种相互合作、互为支撑，在这个工作链条中，新闻主持处于核心环节。新闻主持人作为整个新闻采集和制作团队的形象代表进行新闻报道，各个方面的工作成果都要和新闻主持这个环节发生联系，才能最终将视频新闻呈现在广大的受众眼前。

（三）外景新闻直播主持的工作方法

首先，培养观察、分析新闻现场的能力。这是新闻主持人在演播室中很少遇到的情况。很多主持人已经习惯了从演播室的监视器中看现场，但是一旦身处纷繁复杂的事件当中，就会有些茫然不知所措，不知道节目所需要的是什么、观众最想知道的是什么，迷失在纷乱的新闻现场中。只有明确新闻报道的目的，对新闻现场有充分的观察和分析，然后再去寻找现场当中最能打动人的地方，选择精彩细节，确定典型人物或者目击者、当事人，才能发现好的故事为我所用。要做到这一点，镜头前光鲜亮丽的主持人，其实在采访前要下很大的功夫，要对采访对象、新闻事件的整体脉络有比较清晰的了解。

其次，发挥良好的语言表达能力。新闻主持人需要运用自己的语言表达能力，清晰而顺畅地将自己在现场看到的、感受到的表达出来。这不同于演播室中有提示器和稿件的帮助。现场主持对主持人的语言功力和心理素质是一大考验。紧张是现场主持人最大的敌人。白岩松作为一名资深的主持人，对克服这种状况有一个很管用而且经典的办法就是在现场"说人话"。所谓"说人话"就是不需要冠冕堂皇的书面语言，主持人要从以前做演播室主持人读稿件中转换过来，用普通人的视角、平常的语句组织方式来进行现场表达，讲述事件。

再次，需要主持人在新闻现场对自身情感进行适度把控。在电视新闻中，我们常看到有的主持人因为处于原先演播室主持状态，对新闻事件的态度冷漠，不管发生了什么事、现场的气氛如何，都把自己置身事外，始终保持同一表情。这样很容易造成现场的采访者与被采访者之间的隔阂，被采访者不会把自己看到的或自己知道的告诉采访者，很有可能在关键的时候关闭了话匣，最后造成采访的终止或只是停留在表面。还有一种现象，和上面的情况正好相反，那就是主持人在现场很容易被当时的气氛影响，或因为被采访者的不幸遭遇而心生怜悯，或因为遇到不公平的事而悲愤不已，或因为看到了光明的前景而兴高采烈，喋喋不休地叙述自己对这个新闻事实的看法。其实二者都不是一个合格的出镜主持人应有的表现。主持人应该时刻牢记自己的职责，做到公平、公正、客观地报道，将自己隐藏到事件的背后，起到凸显现场、画龙点睛的作用。

还有，外景新闻直播主持人要有节目意识，避免受到现场多种因素不必要的干扰。对于演播室新闻直播而言，需要新闻主持人在主持节目时，有"现场感""对象感"，尽管身在斗室，但却能够通过联想和想象，做到"心在现场"，力求生动、形象、真实、准确地为受众报道新闻事件的来龙去脉、前因后果及发展变化过程。而对于外景新闻直播而言，新闻主持人由于身处新闻现场，容易受到周围多种因素的影响和干扰，所以，需要努力做到"心在节目"，清楚地知道自己的主持言行呈现在最终直播节目中的状态如何，一切以直播效果为准。

三 ///演播室新闻直播主持

演播室新闻直播可以分为两种：一种是"准直播"，又称"半直播""亚直播"；另一种是"全直播"，也是真正完整意义上的新闻直播。

（一）"准直播"状态下的新闻主持

世界一流的视频新闻媒体通常采用全天候新闻滚动播出的方式，新闻栏目以整点为时段节点设计，主要的新闻节目一般采用"准直播"的方式进行，即新闻主播在演播室内进行的"文稿播读""串联词表达""新闻连线"等采用直播的方式，而其中穿插播出的新闻短片则是事先录制、剪辑好的。新闻主播的工作是为一系列视频新闻报道短片的播放搭起一个框架，而承担新闻报道主体任务的是一个个新闻短片。这种"准直播"构成新闻报道的常规节目形态。每当重大新闻发生时，视频新闻媒体会随时打断常规新闻节目的播出，通过插入直播的方式，将其以最快的速度向广大受众传播。

概　念

准直播

准直播是指新闻主播在演播室内进行的"文稿播读""串联词表达""新闻连线"等采用直播的方式，而其中穿插播出的新闻短片则是事先录制、剪辑好的。新闻主播的工作是为一系列视频新闻报道短片的播放搭起一个框架，而承担新闻报道主体任务的是一个个新闻短片。

演播室中的新闻主持人日常承担的主要工作就是担任新闻主播，新闻主播与传统的"播音员"不同，其语言表达的状态更加生活化，其需要承担的工作任务也更加多样。

1. 文稿播读

口播新闻在当今的视频新闻报道中依然存在，重要的新闻通告、评论，简短的消息、动态报道，不太适合画面表现的抽象主题新闻，都会采用口播新闻的方式。新闻主播根据文稿内容，采用口播新闻使得新闻文稿转化为视听形象，传播给广大受众。新闻主播的语言表达状况、播读时的举止神态和文稿文字一样，成为传达新闻信息的重要元素。

2. 串联词表达

在"准直播"状态下，播放新闻短片前后都需要新闻主持人做串联。新闻主持人在开始时要说开场白，为接下来的新闻报道进行铺垫。此处，新闻主持人语言表达的内容通常起到新闻导语的作用，主要用来介绍新闻背景、提出问题、说明报道意义和价值，同时还要有衔接前后新闻的相关内容。短片段落之间，还需要新闻主持人说串联词，保证各个部分顺畅合理地起承转合。新闻短片结束后，新闻主持人要说结束语，进行总结、评论，并通过关联性的语言转向下一条新闻的开场白。

"准直播"状态下的新闻主持人需要提前做认真的准备，对单位时间内需要播出的新闻数量、内容要有清楚的认识，对节目中包含哪些新闻环节要心中有数，对各个部分的衔接转换点要做明确的标注。在直播过程中，在提词器的支持和帮助下，在导播的引导指挥下，在多工种工作人员的配合下，准确、流畅地完成新闻直播任务。

3. 新闻连线

在当今的视频新闻报道中，与前方记者、新闻人物、专家学者、评论员等人通过音频、视频连线成为一种重要的新闻报道形式。新闻连线需要事先进行精心的策划和协调，并需要先进的技术保障。在新闻连线时，直接体现为新闻主持人和连线对象的问答对话和交流。这对演播室中的新闻主持人提出了较高的要求，他们再也不能只是"念稿子"，而是要根据前期设计的问题进行提问，更重要的是和连线对象形成真正的"对话"。这就需要他们对新闻事件、新闻背景、新闻人物等等有更广泛深入的了解，这样他们才能对连线对象说的话做出应有的反应，并在其连线对话的基础上进行相应的追问或评论。当连线对象出现语塞、思路不清或者偏离主题时，还需要新闻主持人适时打断并加以引导，使其能够回到正常的轨道和方向上来。在出现更意外的情况时，还需要新闻主持人快速结束连线，或者通过适当的方式"救场"，保证新闻节目的正常播出。

4. 新闻评论

新闻主持人与"播音员"的一个重要区别，就在于新闻播报最后是否进行相应的评论，"播音员"通常只是完成播音任务，其观点和态度隐含在其播读文稿时的语音语貌之中。新闻主持人则在新闻报道的最后会进行相应的新闻评论。当然，这种新闻评论以点评、快评、微评等短评形式为主，可以是事先写好的评论文稿，也可以是新闻主持人现场的即兴发挥和评论（见第六章相关内容）。

5. 操作新闻播报互动设备

最传统、最常见的需要新闻主持人操控的就是提供给提词器的文稿。新闻主持人根据自己的播报速度，将事先准备好的新闻文稿依次放入扫描区，以便自己能够准确地播报新闻的文字内容。

其次是操控新闻报道的互动设备，包括大屏幕、互动电视、平板电脑等。越来越多的视频新闻媒体对新闻演播室进行了改造，传统的新闻主持人安坐主播台的形式被改变为更多样的互动形式。他们可以在大屏幕墙或互动电视屏幕前进行"新闻讲解"，点选新闻、缩放影像、标注符号等。视频新闻报道越来越强调互动性，其中，既包括新闻主持人和现场互动设备的互动，也包括主持人和广大网民、传统媒体受众的互动。借助新型的全媒体演播室，新闻主持人可以随时引入广大网民通过微博、微信、客户端等途径发表的观点、提出的问题等，改变传统视频新闻主持信息单向传播的局面。

有的视频新闻媒体在新闻报道中使用了虚拟演播室技术，这需要新闻主持人了解相应的技术特点，能够凭借想象在演播室准确地走位，结合道具完成现场演示、体验、验证等过程。

在"准直播"状态下，新闻短片是新闻报道的主体，新闻主持人更多的是承担主持串联任务。有时某些新闻主持人会出现懈怠、放松的现象，仅以中央电视台为例，近些年就出现了"哈欠门""挖鼻孔""咳嗽门""短裤门""鼻涕门""中指门""打嗝门""补妆门"等多次有关新闻主持人的播出事故。因此，需要大家引以为戒。即使是在"准直播"状态下主持新闻节目，也要时刻保持直播状态，保持注意力高度集中，积极认真地投入新闻直播主持之中。

要 领

"准直播"过程中新闻主持人的工作任务

在"准直播"过程中，新闻主持人的工作任务主要有以下几个方面：第一，文稿播读；第二，串联词表达；第三，新闻连线；第四，新闻评论；第五，操作新闻播报互动设备。

（二）"全直播"状态下的新闻主持

所谓"全直播"状态，是指新闻报道的各个主要环节都采用直播的形式进行，如演播室主持人报道、出镜记者现场报道、新闻现场画面呈现、与专家学者或评论员连线、演播室嘉宾访谈等都采用直播的方式完成，只有少量介绍新闻背景的图片或视频短片是事先录制或搜集而来的资料。

概 念

全直播

全直播是指新闻报道的各个主要环节都采用直播的形式进行，如演播室主持人报道、出镜记者现场报道、新闻现场画面呈现、与专家学者或评论员连线、演播室嘉宾访谈等都采用直播的方式完成，只有少量介绍新闻背景的图片或视频短片是事先录制或搜集而来的资料。

从新闻主持人角度而言，"全直播"状态的新闻直播可以分成两种主要情况：一是可预知的重大新闻现场直播；二是无法预知的突发性新闻现场直播。

1. 重大新闻现场直播

对于可预知的重大新闻现场直播，演播室主持人可以和直播团队中的其他成员一起提前进行充分的准备。一方面对新闻事件的背景资料进行搜集和研究，从中精选可以用在新闻直播当中的部分；另一方面是对新闻事件的发展方向和态势进行分析和研究，尤其是对新闻事件在既定直播时间内可能的发展变化做出充分的预测和判断。

承担直播任务的新闻主持人要对重大新闻事件的背景资料进行专门的研究，对其中的时间、地点、人名、地名、数据等关键信息要进行专门的识记；对新闻人物和事物之间的相互关系要梳理清楚，对二者各自在新闻事件中所处的地位和发挥的作用有准确的认识；对新闻事件出现的原因要彻底弄明白。

新闻主持人不仅要对新闻事件进行纵向的深度了解，还要在横向上对类似的新闻事件进行对比研究，通过纵横对比，对新闻事件形成比较全面、客观、准确的判断。比如，2015 年 9 月 3 日，我国举行了"纪念中国人民抗日战争暨世界反法西斯战争胜利 70 周年"大阅兵。在直播阅兵之前，新闻主持人和直播团队其他成员不仅需要对中华人民共和国历史上的历次大阅兵的资料进行搜集、调阅、研究，弄清楚此次大阅兵与以前历次大阅兵的不同之处，明确其独特的现实意义，还需要搜集和研究俄罗斯等国举行的类似阅兵式及其产生的反响，从国际层面清醒地认识到此次大阅兵的重要价值。

经过认真地搜集、整理和研究，新闻主持人在新闻直播之前，可以将这些信息"烂熟于心"，内化为自己熟知的信息，以便需要时择机适当使用。新闻主持人还可以将重要的背景信息资料打印出来，分类存放，也可以将其制作成提示卡片，方便自己查询、记忆和直播时调用。

可预知的重大新闻现场直播之前，新闻主持人需要对新闻事件的前继发展情况有所了解，对于直播时段新闻事件的发展变化过程要有清楚的认知。在此基础上，新闻主持人还需要清楚地知道直播团队制订的直播工作计划，不仅了解自己应该承担的工作任务、需要实现的目的，还需要弄清楚与自己工作相关的导播、摄影师、出镜记者等的工作任务，以及这些工种如何和自己进行衔接和配合。俗话说"知己知彼，百战不殆"，充分了解直播对象，多了解一些团队工作人员的工作任务，对直播计划清晰明了，对于新闻主持人在直播过程中自如把握新闻事件、与其他部门良好合作，具有重要意义。

在前期准备过程中，新闻主持人还要对新闻直播时新闻事件发展变化的各种可能性做出预判，并对其应对之法做预案。对于直播团队工作过程中有可能出现的各种意外，新闻主持人根据自己多年的工作经验，也应备有化解之法。"计划赶不上变化"，再认真的前期准备，也有可能遇到超出计划的意外情况。因此，新闻主持人需要在认真准备的基础上，保持随机应变的灵活性。只有这样，才能确保可预知的重大新闻现场直播顺利开展。

在可预知的重大新闻现场直播过程中，新闻主持人可以按照既定的工作计划，听从导播的指令，按部就班地完成自己的工作任务。

首先，新闻主持人需要完成主持串联工作，开场白、过渡词、结束语等都是主持人工作的基本内容。由于新闻事件处于不断发展变化的动态过程中，因此，新闻主持人的串联语、过渡词、结束语等都需要适时进行调整，必要时还需要新闻主持人放弃前期准备的话语，进行即兴口语表达。

其次，新闻主持人要和现场出镜记者、异地专家和评论员等人进行直播连线。在直播连线过程中，新闻主持人可以提出预先准备的问题，但是，必须要时刻关注出镜记者（或专家、评论员等）的回答和报道内容。因为随着时间流逝，新闻现场的实际情况可能发生了预料之外的新的变化，新闻主持人要能够抓住最新的新闻信息，和出镜记者（或专家、评论员等）进行实时互动交流。

在直播连线过程中，新闻主持人一方面要注意和连线对象的交流，另一方面还要注意接收耳机里新闻导播的指令，控制直播连线的时间长度，在不同空间的连线对象之间进行转换和衔接。

最后，与演播室嘉宾、专家对话。在可预知的重大新闻现场直播过程中，通常直播团队会邀请相关问题的专家或主要新闻人物到演播室和主持人一起对话，参与新闻直播。新闻主持人要对直播的新闻事件有充分的了解，努力使自己能够和嘉宾、专家"平等对话"。新闻主持人要成为广大受众的代言人，向嘉宾和专家提出大家感兴趣的问题。

演播室嘉宾和专家在新闻直播当中，具有重要的地位和意义。他们不仅能够为广大受众提供丰富的新闻背景资料，对新闻事件进程进行具有专业深度的评析，对新闻事件的意义进行说明等，而且从直播操作层面来说，他们能够起到"阀门"或"弹簧"的作用，也就是说，新闻直播团队可以通过控制嘉宾、专家谈话的长度，控制新闻直播各个环节之间转换的时机和节奏。如果新闻现场有足够吸引人的新闻信息，则可中断嘉宾、专家的谈话，先为受众呈现新闻现场的最新情况；如果新闻现场暂时缺乏新闻点，则可先切回演播室画面，由新闻主持人和嘉宾、专家就新闻事件进行对话。可长、可短的对话，成为控制新闻直播节奏的重要方法，还可以为各工种处置意外情况提供时间窗口。

2. 突发性新闻现场直播

所谓突发性新闻指的是那些在人们不可预知的情况下突然发生的新闻事件。这类新闻报道无法在事先进行计划和设计，具有偶然性、突然性和未知性等特点。突发性新闻经常采用电视现场直播的方式进行报道。突发性新闻能够激起受众的好奇心，引起强烈的反响，是最富有魅力的新闻种类之一。

世界一流的视频新闻媒体都会在重大突发性新闻发生的第一时间，中断正常新闻播出，采用直播方式插播突发性新闻的最新情况。在这种新闻直播方式中，新闻主持人的作用显得愈加重要。

突发性新闻现场直播过程中，新闻主持人不能进行前期有针对性的充分准备，其在完成工作任务时，主要需要把握两个原则：一是依靠平时丰厚的知识积累；二是坚持新闻报道的基本准则。

新闻主持人平时要有丰厚的知识积累。"腹有诗书气自华"，新闻主持人在平时的工作、生活中，就应该养成良好的学习习惯，努力保持对多个社会领域的广泛兴趣，使自己成为知识渊博的"杂家"。对于与自己工作相关的专业知识，更是应该精益求精，进行深入的学习和研究，积累丰富的专业知识。比如，中央电视台新闻主持人水均益，多年以来，一直专注于国际新闻报道。他对于国际政治、军事、经济、文化、外交等各个方面都积累了非常丰富的知识。那么，在主持突发性国际新闻直播节目时，他可以即兴提问，并且与研究国际问题的专家进行充分的交流，很好地完成直播主持任务。

新闻主持人在主持突发性新闻现场直播节目时，要坚持新闻报道的基本准则。突发性新闻现场直播过程中，新闻主持人在没有充分准备的情况下，被推上前台，直接面对广大的受众。在新闻事件正在发生发展，其重要内在信息、前因后果尚且不得而知的时候，新闻主持人必须在镜头前面对广大受众说些什么，怎样避免说错话呢？

首先，突发性新闻现场直播主持人应该坚持客观原则。在新闻直播过程中，主要向受众报告确有来源的新闻信息，并且首选来自权威部门机构和主流新闻媒体的、可信度较高的新闻信息。在突发性新闻现场直播过程中，在各种深层新闻信息尚未弄清楚的时候，新闻主持人可以和直播团队一起，多使用描述性的语言，主要向广大受众呈现新闻事件正在发生和进行中的客观情况，持续地将获得的最新新闻信息报告给广大受众。对于突发性新闻现场直播过程中所获得的各种渠道的信息，新闻主持人及直播团队要仔细进行鉴别和选择，避免成为谣言、小道消息的放大器。

其次，突发性新闻现场直播主持人应该坚持中立原则。在突发性新闻现场直播的开始阶段，新闻主持人要少进行评论，尽量不使用带有明显情感色彩和观点倾向的词语，保持中立的立场进行新闻报道，不要急于表明态度和立场。对新闻事件还有诸多疑点待解的情况下，不对突发性新闻事件发生的原因进行猜想、推测和主观臆断，以免对受众造成误导。

最后，突发性新闻现场直播主持人应该体现媒介立场。随着新闻事件的发生发展，基本事实弄清楚之后，新闻主持人需要及时代表所在媒介表明立场，以便更好地引导和影响受众，形成良好的社会舆论。需要注意的是，新闻直播主持人所发表的观点，所进行的评论，必须代表其所在的媒介的立场，而不是其个人的立场和观点。作为新闻现场直播节目的主持人，绝对不可以将自己个人的情绪和观点凌驾于媒介立场之上，新闻直播主持是一种职业行为，视频新闻媒介是社会公器，绝不可以等闲视之。

要 领

突发性新闻现场直播中新闻主持人的工作准则

首先，突发性新闻现场直播主持人应该坚持客观原则。其次，突发性新闻现场直播主持人应该坚持中立原则。最后，突发性新闻现场直播主持人应该体现媒介立场。

三 视频新闻直播主持需要注意的若干问题

（一）救场

在视频新闻直播过程中，难免会出现一些意外情况。当这些情况出现时，直播团队要以最快的速度采取措施进行"救场"，以便将意外情况造成的不良影响降低到最小。

直播团队有多种多样的救场方法，比如：导播可以增加或者删减直播节目的内容，或者调换不同环节的直播顺序；切换员可以将出现意外情况场景的画面切换到远景景别，使观众无法看清其中的细节局部；摄影师可以将镜头从出现意外情况的场景摇开，避免其出现在最终播出的画面中……

然而，由于直播团队绝大多数工作人员是处于幕后的，所以，他们所采用的救场方法都只能在幕后悄悄地进行，其最终的结果只能体现在对镜头画面和音频信号的控制上，而不能改变已经呈现在镜头之中的内容实质。新闻主持人是处于镜头前与出镜记者、新闻人物、嘉宾、评论员等直接进行交流的媒体工作人员，应该积极主动地利用自己的语言对一些意外情况进行应对，或机智或幽默地化解新闻直播过程中的尴尬局面，而不能因为意外情况出现就中断新闻直播，等待其他工作人员来解决问题。新闻直播节目中救场，一方面需要新闻主持人具有随机应变的快速反应能力，另一方面也需要新闻主持人有丰富的知识积累和社会生活阅历，才能在意外情况出现时，及时、合理、适度地完成救场。

【案例】　央视出镜记者直播连线忘词，主持人连续救场

　　2012年11月9日下午三时许，中央电视台新闻频道进行直播报道，郎永淳主持新闻直播，播出《聚焦十八大：中东国家关注中国未来政策走向》（见图8-2）。当连线中央电视台驻中东女记者冯韵娴进行新闻报道和解读时，后者出现语塞、忘词现象，郎永淳及时救场，用一个小段落式的提问，给出镜记者做铺垫和缓冲。然而，出镜记者接着说了没有两句，又开始只动嘴，却又说不出话来。郎永淳就势做了个听不到声音的表情，然后说："由于技术的原因，我们和韵娴的这种通话可能暂时要中断一下，非常感谢冯韵娴，我的同事，来自中东地区的一个现场的观察，稍后我们继续聚焦十八大。"

　　这次失败的直播连线令人遗憾。其实，冯韵娴不是一个新手，她此前做过多次直播连线，报道过若干重大的国际新闻，是当代中国女战地记者的代表人物之一。出现这种状况，令人匪夷所思。看来，出镜记者也要注意调整自身状态，状态欠佳、感觉不好时，最好不要承担出镜直播报道任务。

图8-2　央视出镜记者直播连线忘词，主持人连续救场

【案例】 央视《环球财经连线》连线直播

2010年4月26日，中央电视台《环球财经连线》节目播出关于泰国局势的新闻报道《泰国红衫军与政府爆发新一轮冲突可能性加大》，就此问题现场直播连线中国现代国际关系研究院的博士褚浩进行分析评论（见图8-3）。在直播过程中，褚浩因为过于紧张，出现磕磕巴巴、表达不流畅的现象，而当值主持人芮成钢只是面无表情地等待褚浩继续进行自己的评论，而没有根据当时的情况接话救场。之后褚浩越来越紧张，以至于彻底说不出话来，呆坐在镜头面前，造成了中央电视台近年来少见的播出事故。

图8-3　央视《环球财经连线》连线直播

通过上述两个案例的对比，我们认为，作为央视驻外记者的冯韵娴和作为专家的褚浩，在新闻直播连线过程中，都存在着业务不精、心理素质和语言表达水平不过关的问题，需要做深刻的自我检讨。然而，从媒体工作者角度来说，遇到很少接受大众媒体连线采访的专家、文字记者，"晕镜头"以至于大脑一片空白也是常有的事情。在与冯韵娴的直播连线中，郎永淳很好地为出现语塞现象的记者铺垫和缓冲，在无可挽回的情况下，就势结束了连线，最后的结束语还暗含了对出镜记者的安慰之情。而在与褚浩的直播连线中，如果主持人当时也能够像郎永淳一样帮褚浩接话，而不是只顾抛出问题而后静待回答，也许可以避免最终尴尬局面的出现。

（二）全媒体演播室与新闻主持

在媒介融合时代，传统媒体努力跟上时代的脚步，力求和新媒体融合发展，越来越多的视频新闻媒体建成并投入使用了一批全媒体演播室。技术的进步，改变了演播室新闻主持的方式，需要新闻主持人做出相应的改变。

全媒体演播室通常秉承"全景式、全媒体、全高清、交互式"的理念进行设计和施工，演播室一般包括主播报区、访谈区、互动区、资讯播报区等，具备权威新闻和服务资讯播报、直播连线、嘉宾访谈、全媒体互动等功能。全媒体演播室不仅是新闻发布的重要空间，还是新闻汇聚的重要平台，通过数字技术，可以将微博、微信、客户端、手机媒体、互联网等各种渠道的新闻资讯汇聚，并在制作新闻节目时有选择地将之接入。

对于新闻主持人而言，全媒体演播室带来的最大改变是多种数字技术的应用，以及各种新媒体资讯平台的接入，这使得新闻主持人在演播室中与广大网民进行联系和沟通成为可能，使得新闻主持人与普通受众互动成为可能，真正实现了媒介对人的连接作用。在今后的新闻报道中，来自各种新媒体平台的资讯会逐渐发挥更大的作用。这就要求新闻主持人熟悉各种各样的新媒体，了解它们的技术特点、使用方法，知道其媒介特性、资讯特点，对其主要用户的群体特点也要有清楚的认知。简而言之，全媒体演播室要求演播室新闻主持人必须真正成为全媒体新闻人，而不能只是单一用传统媒体新闻人的思维方式和行动方法。

除此之外，新闻主持人还必须熟悉各种新的数字影像技术在新闻节目制作当中的作用，尤其是虚拟影像生成技术与真实影像合成技术对新闻主持人提出的全新要求。只有这样，新闻主持人才能正确地站位、走位、做动作和表情，为广大受众呈现出全新形态的视频新闻节目。目前，3D（三维）虚拟演播室已经开始被众多视频新闻媒体启用，在军事新闻报道、科技新闻报道、气象新闻报道、体育新闻报道等领域应用广泛。

【案例】　俄罗斯 RT 电视台利用 3D 虚拟影像技术进行新闻报道

俄罗斯 RT（今日俄罗斯）电视台将 3D 虚拟影像技术运用到军事新闻报道中。在 3D 虚拟演播室中，为了配合新闻主持人的新闻报道，虚拟生成的战斗机会从主持人身边呼啸飞掠而过，坦克战车会从背景画面中"冲出"屏幕，"开进"

演播室，并且开炮射击（见图8-4）。新闻主持人不仅在声音方面要注意和战机、坦克音效的配合，在坦克开火后，还会拍一拍落到自己身上的火星（虚拟生成的影像），还会配合坦克开走后留下的烟尘影像咳嗽几声。

3D虚拟影像技术丰富了新闻报道的影像表现手段，还很好地增强了新闻报道的现场感，拓展了人们的视觉经验，营造出新闻报道的"视觉奇观"。因为新闻主持人在演播室无法实时看到影像合成后的效果，所以，必须按照事先设计好的位置、动作、表情等进行"表演"，还要做到从容自然、天衣无缝。

图8-4　俄罗斯RT电视台利用3D虚拟影像技术进行新闻报道

【案例】央视利用虚拟影像生成技术与新闻主持人演播室影像相结合报道新闻

在2016年的金秋十月，中国的航天事业再次迎来了辉煌的时刻。10月17日，神舟十一号飞船的成功发射，不仅标志着中国载人航天工程从第二步迈向第三步的重要跨越，更为中国空间站的未来建造与运营，以及航天员的长期驻留奠定了坚实的基础。

为了这场盛事的预热宣传，中央电视台在2016年10月16日播出了《筑梦天宫特别报道：走进神舟十一号》。在这场别开生面的新闻直播中，观众们见证了CGI影像植入与合成技术的神奇魅力。

创作团队巧妙地运用这一技术，让神舟十一号的飞船模型栩栩如生地"飞"入演播室，悬停在主持人文静的面前。文静宛如面对实物一般，对这艘承载着中国梦的飞船进行了深入浅出、精准到位的介绍。

更为惊艳的是，文静竟然"穿越"进了神舟十一号的内部，坐在宇航员的座椅上，为观众们带来了返回舱内的第一手报道。随后，她又在轨道舱中自如地"行走"，详细介绍了轨道舱的精巧结构、先进配置及其多功能性。甚至，她还

"拿起"了舱内架子上的餐包，与观众进行了一场别开生面的互动式报道。

这一切，在现实世界中绝对是不可能实现的。然而，正是CGI影像植入与合成技术的加持，突破了现实的局限，将不可能变为了现实。这场直播不仅展现了中国航天事业的辉煌成就，也彰显了科技与新闻报道完美结合的无限可能（见图8-5）。

图8-5　《筑梦天宫特别报道：走进神舟十一号》直播截图

【案例】　美国气象频道主持人结合3D虚拟影像技术报道气象新闻

美国气象频道大量使用3D虚拟影像技术进行气象新闻报道。在下面的飓风新闻报道中，新闻主持人向观众讲解、演示降雨积水达到不同深度时会产生的不同影响，以及人们应该采取的不同应对措施。当积水达到3英尺①深时，大约会淹到主持人的腰部，比较危险；当积水达到6英尺深时，会淹过主持人的头顶，更加危险；当积水达到9英尺深时，主持人会沉入水底，居民家楼房的一层会被淹没，是非常危险的（见图8-6）。

使用这种技术与实拍的新闻主持人报道相结合，可以让观众更加直观、真切地看到可能发生的情况。尽管影像是"虚拟"的，但是感受确实非常"真实"。

---

①　1英尺约为30.48厘米。

图8-6　美国气象频道主持人结合3D虚拟影像技术报道气象新闻

（三）视频新闻现场直播主持人的培养路径

视频新闻现场直播对主持人提出了很高的素质和能力要求，怎样才能培养出合格的新闻现场直播主持人，造就优秀的新闻现场直播名主持人呢？

纵观中外视频新闻媒体中各位优秀的新闻现场直播主持人的成长之路，我们发现，他们大都具有一些相同的工作经历，从中我们可以总结出视频新闻现场直播主持人的培养路径。

许多优秀的新闻现场直播主持人都是先从文字记者岗位做起的。对于视频新闻媒体来说，文字记者属于幕后工作者，只有自己的新闻作品才会呈现在屏幕上。通过一线文字记者工作经历的锻炼，可以使其具备良好的文字写作能力，可以有效地提升其理性思考水平，也可以使其熟悉新闻采访报道业务的基本流程，广泛地接触报道对象，积累社会阅历，掌握扎实的基本功。

具备良好的新闻选题、文字写作、编辑制作能力的文字记者群体中，逐渐涌现出一部分形象和语言表达能力突出的记者或编辑，他们逐渐由幕后走向台前，开始担任出镜记者。出镜记者的工作经历，更好地磨炼了他们在镜前采访和报道的能力。他们开始更多地使用口头语言、镜头语言来报道新闻，更多地作为新闻直播链条中的一环，参与到视频新闻现场直播过程中，使其心理素质、即时采访和报道能力得到了迅速提高，对视频新闻现场直播的报道方式有了切身的感受。

以出镜记者为班底，从中选拔形象、语言表达、新闻业务三者都比较突出者担任新闻主持人，是世界一流视频新闻媒体的通行做法。经历了新闻写作、采访、报道全方位锻炼的新闻主持人,有足够的能力和信心主持、主导一档新闻节目的制作和播出。再经过"新闻主播"—"准直播"新闻节目主持—"全直播"新闻节目主持这样一个发展轨迹,优秀的视频新闻现场直播主持人就会在视频新闻实践过程中脱颖而出。

 【思考与练习】

1. 什么是"视频新闻直播化"?它具有哪些优势?

2. 什么是"视频新闻直播常态化"?

3. 什么是外景新闻直播主持?

4. "准直播"状态下的新闻主持包括哪些工作内容和工作方法?

5. "全直播"状态下的新闻主持需要注意哪些问题?

6. 突发性新闻现场直播主持需要坚持哪些原则?

7. 全媒体演播室对新闻主持提出了哪些新的要求?

第九章

出镜记者与新闻主持人素质要求和能力培养

【学习要点】

◇ 出镜记者和新闻主持人需要具备政治素质、新闻素质、语言表达素质、形象素质、影像素质和镜头意识、倾听素质。

◇ 出镜记者和新闻主持人应具备新闻价值判断力、对自身情感的把握能力、沟通交流能力、提问能力、评述能力。

出镜记者是我国视频新闻报道不断发展和进步的产物。视频新闻报道的发展促使行业内分工进一步细化，同时，新闻报道方式的进步和变化使得新闻记者频频出镜以满足视听媒体受众对于新闻报道真实性、直观化、形象化等更高层次的需求。在近些年的视频新闻作品中，有很多新闻就是由于一些优秀的出镜记者在其中的出色表现而增色的。目前，活跃在视频新闻报道第一线的出镜记者，大多有担任播音员或普通新闻记者的工作经历和工作背景。

第一节 出镜记者与新闻主持人的素质要求

出镜记者和新闻主持人是视听媒体的形象代言人，其各方面的综合素质显得尤为重要。出镜记者和新闻主持人在一定程度上是视听媒体的直接代表。

一 // 政治素质

在我国，报纸、通讯社、电台、电视台及其新闻网站等新闻媒体是"党和政府的耳目喉舌"，是宣传和贯彻党的路线、方针、政策的工具。因此，这些媒体的出镜记者和新闻主持人的工作具有与生俱来的政治性。随着时代的发展，一些商业机构主办的新媒体逐渐在新闻传播过程中发挥着越来越大的作用。这些新媒体在进行新闻信息传播过程中，也应该遵守国家相关的法律法规，不能营造独立于官方舆论场之外的所谓"民间舆论场"。无论是政府主办的传统媒体还是商业机构主办的新媒体，都应该正确地引导社会舆论，坚持正确的新闻导向。

2016年2月19日，习近平总书记实地调研了人民日报社、新华社和中央电视台三家中央新闻单位，并于当天下午主持召开了党的新闻舆论工作座谈会并发表重要讲话。在讲话中，总书记指出党的新闻舆论工作是党的一项重要工作，是治国理政、定国安邦的大事，提出了新时期"党的新闻舆论工作的职责和使命"的48字方针，即"高举旗帜、引领导向，围绕中心、服务大局，团结人民、鼓舞士气，成风化人、凝心聚力，澄清谬误、明辨是非，联接中外、沟通世界"。总书记进一步强调新闻媒体要坚持党性原则，坚持正确的舆论导向，要求网络舆论宣传弘扬主旋律，要求传统媒体和新兴媒体优势互补，要求不断创新新闻舆论宣传工作的理念、手段。

习近平总书记的重要讲话，为新时期我国新闻舆论工作的开展确立了原则、指明了方向。随后，国家有关部门提出要对网络信息传播加强管理，进行依法治网，实现网络舆论管理全覆盖，对于体制内和体制外涉及新闻报道的媒体一视同仁进行管理。

出镜记者和新闻主持人活跃在新闻报道的第一线，工作在引导新闻舆论导向的重要岗位上。新闻报道工作不是个人行为，而是一种公共行为、媒介行为。进行大众传播的新闻工作者必须要有坚定的政治立场、较高的政治觉悟，意识到自己肩负的重大责任，积极学习领会党和政府的各种宣传报道精神，并创造性地运用到自己的新闻工作实践当中。

二 // 新闻素质

出镜记者和新闻主持人都是新闻工作者，需要具备良好的新闻素质，接受系统的新闻学、传播学专业训练，才能很好地完成新闻报道工作。

出镜记者和新闻主持人需要系统学习新闻理论知识，对新闻事业的发展历程、新闻的根本特性、新闻工作的功能、新闻价值判断标准、新闻传播的客观规律、新闻媒体的类型及特点等有深入的了解。在我国，出镜记者和新闻主持人还需要认真学习中国特色社会主义新闻理论知识，明确"新闻媒体是党和政府的耳目喉舌"，要宣传和贯彻党的各项方针、政策，要为广大人民群众的利益服务。对于西方一些不适合中国国情的新闻理论要有客观、清醒的认识，对于与舆论监督、新闻自由有关的理论观念尤其需要具备正确的观点和看法。

除了学习已有的、成熟的、经典的新闻理论知识，出镜记者和新闻主持人还应该积极关注新闻事业和新闻报道工作的最新发展，随时了解新闻学界和业界的最新动态。近年来，新闻事业迅猛发展，传统媒体面临巨大挑战，需要不断革新转型，以求继续发展。新媒体不断涌现，新的新闻采集和报道方式也不断出现，不断突破原有的新闻理论和新闻观念。新闻工作者在不断探索新的新闻报道实践方法的同时，还需要进行深入的思考和理论总结，将理论与实践密切结合，才能与时俱进，获得最佳的新闻传播效果。

出镜记者和新闻主持人需要加强自身的新闻业务学习和训练，在采、写、编、评等基本功过硬的基础上，加强自己在镜头语言、口头语言运用方面的训练，以更好地适应视听媒体新闻报道的需要。在熟练掌握传统媒体新闻报道、新闻传播方法的基础上，对于微博、微信、新闻客户端等新媒体的新闻报道和传播方式，要积极参与其中，真正了解其内在本质。对于自媒体、社交媒体等新媒体所传播的新闻内容及其传播方式，也需要有深入的了解。新媒体新闻报道与传播是建立在新型的媒介技术基础之上的，新闻工作者要对最新的媒介技术进行学习，并积极加以应用。新媒体对新闻报道的题材选择、体裁样式、语言风格、传受方式等都提出了新的要求。因为实践发展得非常迅速，所以，许多知识的获得都需要新闻工作者很强的自我学习能力，而不能等待理论界的理论沉淀和总结。

良好的心理素质也是出镜记者与新闻主持人专业素养的核心要素之一。他们时常需要面对并报道如自然灾害、社会动乱、种族冲突、恐怖袭击、国际战争等高度紧张且复杂的新闻题材。此类新闻现场往往秩序混乱，存在显著的风险性，且突发状况难以预估，出镜记者与新闻主持人无法拥有充足的准备时间，必须在第一时间进行准确的新闻采访和报道。这就需要他们具备临危不惧、处变不惊的心理调适能力，在确保个人安全的同时，精准把握新闻报道的各项要素，即刻做出反应，以高效、准确的方式完成报道任务。这种特殊情境下的应对能力及心理稳定性，无疑是衡量出镜记者与新闻主持人新闻素养不可或缺的组成部分。

【案例】　新闻特写：记者直播拍下空袭瞬间

2023年10月7日，新一轮巴以冲突爆发。12月20日，半岛电视台记者哈尼·马哈茂德在加沙地带南部城市拉法做直播连线时，附近遭遇以色列空袭，几枚导弹击中了科威特医院附近的一幢居民楼，造成四人死亡，数十人受伤。

在空袭发生后，马哈茂德和摄像师并没有停止直播、四处躲避。马哈茂德在画外继续用声音报道现场的情况，摄影师用长镜头一镜到底连续拍下了以军四枚炸弹连续空袭和爆炸的画面，其心理素质、专业素养和敬业精神令人称赞（见图9-1）。

图9-1　记者直播拍下空袭瞬间的画面

新闻素质的培养和提高是一个长期的过程，除了学习新闻理论知识、新闻业务知识，出镜记者和新闻主持人还需要时时关心国内外政治、经济、军事、文化以及社会生活中的各种重要的新闻信息，做到"家事、国事、天下事，事事关心"，能够用历史的眼光看问题，用联系的思维思考问题，对各种事物有更深入、更准确的认识，避免孤立化、表象化地看问题。出镜记者日常活跃在新闻报道的一线，能够直接获得来自现实生活的各种鲜活的信息。然而新闻主持人主要工作在新闻报道的后方，容易与社会生活和新闻报道实践脱离，所以，格外需要加强对各方面信息的了解和积累。这样才能在主持新闻节目时"知其然又知其所以然"，避免照本宣科，避免在进行新闻评论时就事论事，而是更加深刻、生动，游刃有余。

三 语言表达素质

出镜记者和新闻主持人的普通话水平要好。说一口标准的普通话是基本要求。中国幅员辽阔、人口众多，各地有很多方言，为了保证各地、各民族群众很好地进行信息交流，国家要求各级视听媒体在传播新闻信息时必须使用普通话。国家语言文字工作委员会制定了普通话等级测试的标准，将普通话等级分为一、二、三级，每一级又细分为甲等、乙等。国家广播电视总局对于编辑记者和播音员主持人的普通话水平也有相应的要求。编辑记者、播音员主持人只有获得相关证书并按照规定进行执业资格注册，才能从事相应的工作。

【知识窗】 对广播电视播音员主持人资格认定的相关规定

按照国家广播电视总局 2023 年 4 月发布的《广播电视播音员主持人资格认定服务指南》规定，"在省级（含）以上播出机构从事播音主持工作的，《广播电视播音主持业务》口试成绩应达到 A 级等次；在其他制作、播出机构从事播音主持工作的，《广播电视播音主持业务》口试成绩应达到 B 级（含）以上等次。"

按照《2023 年全国广播电视播音员主持人资格考试大纲》规定，口试内容和评判标准如下：

一、口试内容

（1）新闻播报。

应试者面对镜头播报一条自己抽取的新闻稿。

（2）话题主持。

应试者从不同栏目类型的话题中选择一题，面对镜头主持。

二、口试标准

A 级

（1）声音状态。

播报和主持节目时，发声状态积极、饱满、大气；声音运用松弛、自如、通畅；声音干净、明朗，圆润、大方。

（2）语音面貌。

播报和主持节目时，语音标准，声、韵、调准确无误；语音连贯、流畅；吐字清晰、准确；语调自然。

（3）形象气质。

形象端正、大方，服饰、妆容、仪态、仪表符合广播电视职业规范。

（4）语言表达。

新闻播报：理解准确，感受具体，感情真挚，基调恰切；语言目的明确，停连重音准确，语句流畅，语气生动，分寸得当；语言表达时状态积极，与受众有真切交流，仪态自然大方；能准确鲜明地体现所播节目的基本形态和特征。

话题主持：导向正确，态度鲜明；内容充实，言之有物；能实现节目的播出目的。

思路清晰，逻辑感强；语言表述准确规范，符合广播电视语体特征和语境；语言表达顺畅，对象感、交流感强；语言运用生动、形象；现场反应积极、敏捷，表现富有个性，能体现栏目特色。

B级

（1）声音状态。

播报和主持节目时，发声状态较积极、饱满、大气；声音运用较松弛、自如、通畅；声音较干净、明朗，圆润、大方。

（2）语音面貌。

播报和主持节目时，语音基本标准，声、韵、调基本准确，偶有失误；语音基本连贯、流畅；吐字基本清晰、准确；语调总体自然。

（3）形象气质。

形象、妆饰、仪态、仪表符合广播电视职业规范。

（4）语言表达。

新闻播报：理解正确，有一定感受；感情、基调基本恰切；语言目的基本明确，停连重音无明显失误；语气、分寸把握基本到位；语言表达时状态积极，语句顺畅，有一定的对象感，自然大方。

话题主持：导向正确，态度鲜明；内容比较充实具体；能基本实现播出的具体目的。

思路清晰，逻辑基本清楚；语言表述基本规范，符合广播电视语体特征和语境；语言表达基本顺畅，有一定的对象感、交流感；语言运用偶有词汇、语法等失误；现场反应积极，基本能体现栏目特色及个性。

　　新闻主持人在推广普通话过程中发挥着重要作用，其普通话的吐字发音是广大人民群众学讲普通话的示范和样板。即便是一两个字的读音问题，都有可能引起社会的广泛关注，不可等闲视之。

【案例】　央视新闻主持人将安徽"六（lù）安"读为"六（liù）安"引争议

　　2016年4月27日，中央电视台新闻主持人郭志坚在新闻播报过程中，将"安徽六（lù）安"读为"安徽六（liù）安"，引起广大网友争议。郭志坚随后在微博中做出反馈，并贴出《现代汉语词典》图片，显示"六"只有"liù"一个读音（见图9-2）。但是，大多数网友及专家还是认为，地名读音应该尊重历史和地方传统。经笔者调研，中央电视台其他新闻主持人在播报该条新闻时，"六安"读音均为"六（liù）安"，因此，这并非偶然现象，而是大家统一遵守一定的语言发音规定的结果。

由该事例大家可以看到，新闻主持人的普通话发音还是很受公众关注的，在某些特定情况下，还会造成较大的社会影响。

图9-2　央视新闻主持人将安徽"六（lù）安"读为"六（liù）安"引争议

其次，口语表达能力要好。大多数新闻记者具备良好的文字语言应用能力，能够妙笔生花、文采飞扬，但是，并不是所有的新闻记者都具有良好的口语表达能力。文字表达的速度和口语表达的速度是相差很大的，后者对新闻记者的思维方式和表达习惯都提出了新的要求。

口语表达可以分为两种：一种是备稿口语表达，即事先写好了文字稿件，在充分识记的基础上，再进行脱稿口语表达。这种口语表达方式对于新闻主持人来讲是其主要运用的口语表达方式。另一种是即兴口语表达，即没有现成的文字稿件，要求记者在新闻现场，面对正在发生发展的新闻事实，一边观察一边报道，语言的组织和表达几乎是同步进行的。即兴口语表达能力对于出镜记者而言，显得更为重要。无论是备稿口语表达还是即兴口语表达，都要求出镜记者和新闻主持人语言表达逻辑要强，能够对新闻事实进行清晰、准确、流畅的描述，并且能够根据新闻材料进行及时、适当的评论。

【案例】 央视记者出镜报道《胶济铁路事故路段恢复通车后运行正常》

2008年，胶济铁路列车相撞事件发生后，经过各方努力，胶济铁路终于恢复通车。央视新闻频道曾经播出一则《胶济铁路事故路段恢复通车后运行正常》的现场报道，进行报道的出镜记者语言表达缺乏条理，"这个""那么"等口头语频繁出现，严重影响了播出效果（见图9-3）。具体内容如下：

……那么现在6个小时已经过去

了，据我们现、刚才从调度室了解到的最新情况呢，已经有70多趟、这个70多趟列车呢从这个铁路线上已经顺利地、已经顺利地经过了这个现场。那么，现在，就是说，整个铁路、铁路的这个双向通车已经恢复了这个正常的状态……

不到两分钟的报道，"这个"一词出现了39次，以至于观众都没听清楚报道的内容。

图9-3 央视记者出镜报道《胶济铁路事故路段恢复通车后运行正常》

出镜记者和新闻主持人在现场直播过程中，偶尔会出现口误。由于出镜记者是在新闻现场即兴表达，所以，受众对出镜记者的口误宽容度是比较高的。而对于新闻主持人，由于其通常可以事先备稿，工作现场通常有提词器，还有导播等多个工种为其新闻播报和主持保驾护航，所以，观众对其出现口误现象的宽容度是比较低的。出镜记者和新闻主持人在工作实践中要集中注意力，一旦出现口误，不必惊慌失措，而要及时更正并向观众致歉。工作现场的其他工作人员则有义务提醒和帮助出镜记者和新闻主持人避免或纠正口误问题。

四 || **形象素质**

出镜记者和新闻主持人主要通过自己的"形象"和"语言"示人，因此，出镜的形象要好。出镜记者主要在外景新闻现场工作，对其形象的要求并不一定是帅哥美女，但是不能影响观众的正常视觉感受，不能给观众造成不良的视觉心理反应。出镜记者的颜值整体上还是要高于普通新闻记者整体水平的，这一点在凤凰卫视这样的媒体中体现得更为明显。相比而言，对新闻主持人的外在形象要求会更高。在我国，长期以来，新闻主持人基本被年轻的俊男靓女垄断。他们大都经过层层选拔，毕业于高等院校的播音主持或者演艺类专业，然后，再经过各级媒体自己的出镜委员会之类的机构选拔和审查，才能走上新闻主持人的工作岗位。

与我国的情况不同，世界一流的视听媒体中中年、老年的新闻主持人数量众多，他们的外在形象并不是最重要的，其新闻工作经历、生活阅历、知识水平等才是最受媒体重视的素质。近些年来，由于不断向世界一流视听媒体学习，我们的视听媒体中也出现了少数年龄较大、以内在知识和阅历见长的新闻主持人（如凤凰卫视推出的吕宁思、郑浩、曹景行、杨锦麟等）。在内地视听媒体中这类主持人更多地出现在新闻评论类节目中（如中央电视台的白岩松、董倩等），但在比例上还是占少数。

出镜记者和新闻主持人仪态要大方得体。出镜记者和新闻主持人在正常情况下都应该有饱满的精神状态，给人以职业化、专业化的感觉。出镜记者的穿着要与所报道的场景相适合，不能太随便，要大方得体。出镜记者现场报道时，表情不能太夸张，相对保持客观冷静的态度，不能过于情绪化、主观化，其情感倾向要隐藏于客观报道之中。新闻主持人的工作环境主要是在后方的演播室里，所以，对其穿着、妆容有更高的要求。一般情况下，新闻主持人都要穿正装出镜，要按照新闻节目的要求化妆，不能素颜示人，也不能浓妆艳抹。大多数时候，新闻主持人因为不在新闻现场，所以在报道重大新闻事件时更应该保持客观冷静。即便是在新闻现场直播过程中，也要保持"泰山崩于前，我自岿然不动"的状态，不能出现惊慌失措、语无伦次的情况。当然，这里说的客观冷静与冷漠无情是完全不同的概念。

无论是出镜记者还是新闻主持人，都应该加强自身的内在修养。"腹有诗书气自华"，一个人的外在形象是其自然外形和内在气质的综合体现。自然外形是皮囊，内在气质才是魂魄，两者有机结合，才能达到最佳的效果。多年以来，我国的新闻播音员最为人诟病之处就是"缺乏内在知识和修养"，经常被人批评为"传声筒"和"花瓶"。然而随着"新闻播音员"向"新闻主持人"方向转变，这一问题在逐渐改善。

五　影像素质和镜头意识

出镜记者需要具备良好的影像素质，根据出镜记者与视频新闻摄影师的关系不同，我们可以从三个层面讨论出镜记者的影像素质和镜头意识。

（一）专职出镜记者和新闻摄影师各司其职，在新闻现场采用"纯纪实"方式，合作完成报道任务

这种工作方式是电视媒体出镜记者现场报道的常规模式，在时效性较强的新闻报道中运用较多。出镜记者主要负责现场采访、面向镜头进行有声语言新闻报道，摄影师主要负责现场纪实拍摄，双方基本属于"拍"和"被拍"的关系。新闻报道内容由出镜记者负责，视频画面和声音质量由摄影师负责。出镜记者如果具有较好的影像素质，就能保证在出镜报道时与新闻摄影师配合默契。出镜记者必须明白一点，自己所有的报道行为、报道内容只有通过摄影师镜头的完美记录才能传播给广大的受众。再好的新闻内容、再好的报道方法，如果不能被摄影机很好地记录，那么其传播效果就会大打折扣。在新闻现场，出镜记者需要在拍摄之前积极和摄影师沟通，把自己的采访报道思路告诉摄影师，认真听取摄影师根据摄影规律提出的建议和要求。长期以来，在新闻实践当中，一直存在着记者和摄影师配合不够默契的现象，其根本原因是记者缺乏对摄影知识的了解，缺乏对摄影师工作的尊重，认为新闻摄影不过是"纯体力劳动"，是"机械记录"，从而过于强调新闻摄影的快捷，对画面的技术和艺术质量缺乏较高的要求。殊不知，新闻报道有新闻报道的规律，摄影有摄影的规律，在视频新闻报道中必须要两者兼顾，才能取得最佳的报道效果。

优秀的出镜记者不仅仅能够适应和满足摄影师拍摄的需要，还懂得引导和调动摄影机进行拍摄，并且能够和摄影机（即观众视点）形成良好的互动，能够在出镜报道时对自己的报道行为、报道内容、出镜形象在画面中的效果做出准确的判断和把握。出镜记者必须要明白一件事，就是优秀的摄影师会通过自己的镜头使得新闻报道大为增色，新闻报道不仅仅是记者的任务，也是摄影师的任务。

（二）出镜记者和摄影师按照事先设计好的场面调度方案，相互配合，完成走位、报道和拍摄任务

在一些现场直播、调查报道、专题报道节目中，制作团队为了确保节目的流畅性

和专业性，会进行详尽的场面调度规划。这种规划涉及报道的每一个环节，从而确保节目从始至终都能吸引观众并保持高水准。

对于出镜记者而言，他们在这个体系中扮演着关键的角色。他们不仅是信息的传递者，还是节目视觉效果的组成部分。因此，他们被要求具备两种核心能力：精准的走位和与摄影师的协同合作。

首先，走位要精准。这意味着记者需要在正确的时间出现在正确的地点，以便摄影师能够捕捉到最佳的镜头。这种准确性不仅增强了节目的视觉效果，还有助于引导观众的注意力，使报道的重点更加突出。

其次，记者的有声语言报道时长和走位时长必须一致。这是一个对记者时间管理和节奏感的考验。记者需要在走动中流畅地报道，同时确保报道的完整性，不让观众感到匆忙或拖沓。

对于摄影师而言，他们的任务也同样艰巨。根据预定的机位调度方案，他们需要精准地完成每一个镜头的拍摄。这要求他们不仅熟悉设备和技术，还具备敏锐的观察力和判断力，以便在瞬间捕捉到最有价值的画面。

更为重要的是，摄影师和出镜记者之间需要建立一种默契，使得记者在走动和报道时，摄影师能够准确地预测和跟随，捕捉到记者最自然、最生动的状态。这就要求出镜记者在某种程度上具备"演员"的素质，能够在镜头前进行"现场表演"，同时保持报道的真实性和深度。

【案例】 央视《厦门走透透》系列出镜报道中的场面调度

2017年9月3日至5日，金砖国家领导人第九次会晤在福建省厦门市举办。为了宣传厦门，为领导人会晤活动营造良好的氛围，中央电视台于2017年8月26日开始播出系列报道《厦门走透透》，"走透透"就是"走遍"的意思。该节目包括《"逛"在厦门》《"学"在厦门》《"听"见厦门》《"玩"在鼓浪屿》《"吃"

在厦门》《"骑"在厦门》《"戏"在厦门》。记者王春潇采用动态出镜报道方式，走遍厦门的代表性场景，通过亲身体验和观察，向观众全方位地介绍和展示厦门。《厦门走透透》属于专题报道，与追求时效性相比，更加注重报道的全面和深度，出镜报道段落的场面调度经过事先的精心设计，记者的走位、报道语言的表达、镜头拍摄方式等都非常精准，出镜记者和摄影师相互配合，既保证了记者语言报道的顺利、流畅，也很好地发挥了摄影师影像语言的优势，在"视"和"听"两方面达到了完美统一。

《厦门走透透："骑"在厦门》一期中的出镜报道格外令人印象深刻（见图9-4）。记者在中山路骑楼老街、环岛路、空中自行车道的出镜报道和摄影师对其的拍摄都是在自行车骑行中完成的。摄影机采用前跟、侧跟、后跟的连续方式拍摄出镜记者。快速运动的镜头，不仅向观众较多展示了老街、骑楼、环岛风光等环境景物，凸显了厦门传统与现代结合的气质，还给观众带来强烈的动感，增强了报道的现场感。

图9-4　央视记者王春潇在《厦门走透透："骑"在厦门》中出镜报道

（三）出镜记者和摄影师"合二为一"，报道和拍摄都由记者本人完成

随着新媒体的崛起，Vlog这种源自生活的视频日记形式，已经逐渐渗透到新闻报道的各个领域，成为一种充满活力和即时性的新媒体新闻报道方式。这种方式的出现，无疑对传统的新闻报道模式产生了深远的影响。

在新闻现场，我们常常会看到出镜者和摄影者"合二为一"的Vlogger的身影。他们身兼数职，既是记者，又是摄影师，甚至还要担任编辑的工作。这种综合性的角色要求他们不仅具备良好的新闻素质，而且拥有出色的影像技能。他们需要熟练使用手机、数码相机、小型摄像机等便携摄影设备，还要灵活切换不同的拍摄模式，时而自拍，时而将镜头对准新闻现场，捕捉那些转瞬即逝的精彩瞬间。

网络直播的兴起，对网络主播的素质提出了更高的要求，特别是涉及新闻资讯类信息的网络主播。他们要在镜头前清晰、准确地传达新闻信息，引导观众的关注点，同时还要能够根据现场情况即兴发挥，展现自己的个性和风格。这需要他们具备扎实的新闻专业知识、敏锐的洞察力和丰富的实践经验。同时，很多现场性网络直播主要使用手机进行拍摄和直播，直播主播需要在各种复杂的环境中，独立完成拍摄任务，确保影像的质量和新闻的真实性，同时还要保障信号传输的流畅和连续。这要求他们不仅熟练掌握各种摄影设备的使用技巧，而且具备良好的构图能力和光影感知能力。

总之，新媒体时代下的新闻报道方式正在发生深刻的变革。Vlog 和网络直播等新兴形式的出现，对出镜报道者的综合素质提出了更高的要求。他们不仅需要具备专业的新闻素养和口头表达能力，还需要掌握新媒体的影像语言，独立完成高质量的拍摄任务。这无疑是对高校传统新闻教育提出了挑战，也需要对传统新闻人才培养模式进行创新。

【案例】 央视财经记者刘仲萌在《百年百城：体验莫干山民宿》中的出镜报道

2021 年 11 月 9 日，央视财经推出新媒体短视频《百年百城：体验莫干山民宿》，记者刘仲萌采用 Vlog 方式探访和体验浙江湖州莫干山的精品民宿。他独自一人手持手机拍摄民宿的内景外景、采访民宿老板和客人、出镜介绍背景信息和进行评述，以第一视角进行报道，使该报道具有鲜明的生活化、个性化特点，给受众带来强烈的代入感、参与感、体验感、现场感。该视频中还使用了较多的表情包、花式字幕、网络音效等，帮助加强"网感"。在新媒体时代，适应社交媒体传播的需要，记者出镜报道的方式也与时俱进，突破了传统电视记者出镜报道的模式化和"专业范儿"，呈现出全新的媒介作品形态和景观（见图 9-5）。

图 9-5　央视财经记者刘仲萌在 Vlog《百年百城：体验莫干山民宿》中出镜报道

六 ‖ **倾听素质**

采访过程是新闻记者获取信息的过程，大家都知道"提问"在获取信息过程中的重要作用，但有时却没有意识到"倾听"和"提问"一样，是获取信息的重要方法。在新闻采访和报道过程中，大多数时间记者是在"倾听"的。新闻信息源来自被采访者，而非记者本人。出镜记者要做的，是引导被采访者说出与采访内容有关的信息并适当加以述评即可，因此倾听间或适当提示十分重要。

对于新闻主持人而言，在进行新闻播报时，基本上是独角戏，不涉及和谈话对象面对面交流的问题，也就谈不上倾听素质了。而在谈话类、评论类、直播类新闻节目中，往往会邀请嘉宾或新闻相关人士到演播室，和主持人进行面对面的对话、交流，这时就需要新闻主持人除了会"提问"，还要会"倾听"，"提问"不能是简单地按照编导的设计和提示抛出问题，而是要真正和对方沟通，"倾听"对方的回答，并从中获得新的信息点和未知点进行进一步的提问，使得谈话层层深入。

出镜记者和新闻主持人的"倾听"，首先是出于尊重，让对方充分表达自己的观点和想法。其次，"倾听"是鼓励对方打开话匣子的一种期待。新闻采访往往是渐入佳境式的，如果耐心"倾听"，就是对倾诉者的嘉许，不知不觉间人家原本不愿意打开的话匣子可能就被开启了。作为被采访者，谁都希望有一个平等的交流氛围，可以被引导，但不希望被支配。

要　领

出镜记者与新闻主持人应具备的素质

政治素质，做好"党和政府的耳目喉舌"；新闻素质，具备良好的新闻理论知识和新闻业务水平；语言表达素质，说好普通话，口语表达要好；形象素质，具有良好的外在形象和内在修养；影像素质和镜头意识，能够和摄影师良好配合，并能够引导摄影机拍摄新闻现场；倾听素质，尊重采访对象，鼓励引导沟通。

第二节 出镜记者与新闻主持人的能力培养

出镜记者和新闻主持人除了需要具备良好的素质，还要具有超强的能力，才能在工作实践中很好地完成新闻采访和报道任务，给受众提供优秀的视频新闻节目。

一 新闻价值判断力

新闻价值判断力是构成新闻工作者综合素养的一个重要方面，也是出镜记者和新闻主持人的核心能力之一，是新闻工作者在较短时间内对新闻线索、新闻事实了解后进而对其新闻价值做出判断的能力，其直接决定着出镜报道和新闻主持工作的成败得失。

新闻价值判断力是新闻工作者的核心能力之一，它主要在新闻策划、新闻报道两个阶段发挥作用。

在新闻策划阶段，参与其中的出镜记者和新闻主持人需要对新闻线索的新闻价值大小做出判断，从而去粗取精，从众多的新闻线索中挑选出最具真实性、时效性、典型性的新闻线索，确定选题，并对其进行更进一步的调查研究，将其发展成单个或者系列新闻报道。时刻保持高度的新闻敏感，能够从普通的社会生活中发现新闻点，是优秀新闻工作者特有的能力。

在新闻采访和报道（尤其是在新闻直播）过程中，面对时刻发生变化的新闻现场、新闻事件，面对不断获得的新闻信息，出镜记者和新闻主持人需要及时对其新闻价值做出准确的判断，以便确定自己采访报道跟进的方向和重点，避免误入歧途，偏离报道主题，错失最有新闻价值的新闻内容。对于突发事件，更是不可能事前准备，全凭记者的现场观察、分析、归纳和构思，并及时做出恰当的处理和报道。

【案例】 央视主播长啸直播连线中打断雅安市委书记

2013年4月20日8时2分，四川省雅安市芦山县发生7.0级地震，中央电视台快速采用直播方式持续报道地震灾区的情况。当日11时14分，央视《新闻直播间》在直播过程中，与雅安市委书记徐孟加进行连线，意图报道有关救灾的最新举措、最新进展（见图9-6）。出人意料的是，徐孟加在直播连线中对抗震救灾轻描淡写，却花费不少时间大谈特谈四川省各级领导正在赶往灾区指挥救灾。央视当值新闻主持人长啸不客气地直接打断了徐孟加的讲话，将报道的重点拉回到"了解抗震救灾措施及进展"这个主题上来。央视新闻主持人的这一举动受到全国电视观众的一致称赞，而徐孟加的媒介形象则非常负面。在后来的反腐肃贪活动中，徐孟加被查出存在违法违规行为，最终获刑16年。

图9-6　央视主播长啸直播连线中打断雅安市委书记

具体连线内容如下：

长啸：马上我们要连线的是雅安市委书记徐孟加，我们请他给我们介绍一下具体的情况。你好，徐书记。

徐孟加：你好。

长啸：现在您是来自雅安地区的最高首长了，接受我们的连线，根据您所掌握的情况，我们现在所要了解到的伤亡的情况有没有最新的统计？

徐孟加：现在是这样，整个灾区的通信中断，引发的山地灾害致使道路中断，所以，所有的情况都在很零散地向指挥部集中。那么，据现在掌握的情况，伤了400多人，死亡（人数），现在大概前线了解的情况是接近30人，接近30人。现在省市县都启动了抗震救灾的一号应急……一级的应急响应，省委正在成都召集有关方面研究应急救援的措施，省委书记王东明同志、省长魏宏同志和四川军方的高级领导同志都正在绕道赶往赈灾中心……

长啸：有关赈灾的情况，可能我们了解的比你还要更多一些。我想知道，从雅安地区，从整个雅安市来说，目前你们指挥部有哪些具体的措施正在贯彻当中。在目前通信不畅的情况下，这些救灾的措施和方法或者是执行这个信息如何去贯彻落实？

徐孟加：第一，民兵预备役部队和医疗专家队已经赶到了赈灾中心，进行一系列的医疗救护和防疫工作。第二，通信方面正在千方百计地使通信尽快恢复。第三，道路交通方面也正在进行疏通和保畅。

在这一段直播连线对话当中，作为新闻主持人的长啸有多年的新闻采访和主持工作经历，具有较好的新闻专业素质和新闻价值判断力，清楚地知道当时最有新闻价值的新闻信息是地震的灾情以及抗震救灾的具体情况，而徐孟加对于各级领导的信息表述，对广大受众而言，并不具有多少新闻价值，更多的是一种出于官本位思想的官话、套话，甚至有谄媚之嫌。在抗震救灾的危急时刻，任何无用讯息都应该被无情打断，长啸的行为获得了广大受众和业界专家、同行的广泛赞誉。

三 ‖ 对自身情感的把握能力

出镜记者和新闻主持人在报道新闻过程中，会遇到各种各样的题材，既有战争、自然灾害、疾病、难民潮等灾难性新闻，也有娱乐、体育、文化、日常生活等比较轻松的新闻。前者有可能会对正常人的心理造成很大的冲击，对其情感形成强烈的刺激；后者则可能让人心情愉悦，甚至是乐不可支。对于出镜记者和新闻主持人而言，在报道不同的新闻事件时，必须要控制好自己的情感，既不能情感失控，也不能无动于衷，其中的"度"必须要把握好。

对于履行"出镜记者"职责的人来说，在情感把控上容易走向两个极端：一种是浓郁过度，情绪完全随着新闻事件的发展呈现亢奋、惊诧、兴奋、悲伤、欣喜等等，完全沉浸在现场气氛中，或激动万分，或惊诧惶恐，或兴高采烈，或悲愤不已，忘记了自己应该是新闻现场和受众之间的桥梁和媒介。这种情况多发生在新记者身上，他们容易分不清自身形象和采访现场之间的主次关系，过多地表现自我，或苛求自身形象，或故作深沉、自我欣赏，最终的结果往往是适得其反。还有一种则是矫枉过正，完全走了极端，将采访人应客观中立、需表情把控的准则，片面理解为麻木、不动声色。这种置身事外的一脸冷漠，很容易造成访谈双方的情感隔阂，使采访浅尝辄止。

对于新闻主持人而言，尽管通常不在新闻现场，但是，也要和在现场的记者一样能够共情，能够真正理解新闻人物、出镜记者的境遇及心理情感，而且以恰当的情感状态进行新闻播报和主持。在主持新闻评论类节目或者在播报新闻之后进行随机点评时，更是需要新闻主持人亮明态度，对善恶美丑不同事物表明不同的情感。有些新闻主持人在长期的工作中形成了一些职业病，如在播报新闻的时候，即使是播报灾难性新闻，依然脸上带着职业性的微笑，无论主持什么内容的新闻节目都是同一副表情，这是不应该出现的情况。有些新闻主持人在播报或主持有关灾难性新闻的报道时，因为受到残酷画面及信息的刺激，而潸然泪下甚至泣不成声，显然也不够专业和职业。还有一些新闻主持人在主持节目过程中，因为导播、摄像师或者嘉宾出现工作失误或意外，忍不住笑场，而没能以更好的方式来补台或救场，也是自身情感控制力不强的表现。

【案例】 新闻节目主持人情感把握失当致播出事故

世界多国电视台的新闻节目主持人都出现过情感把握失当的情况。

图 9-7 上左图为韩国文化广播公司（MBC）电视台女主播张美一于 2007 年 5 月在主持早间新闻节目时发生的事故，她爆笑出声以致节目无法进行。当搭档口吃时，张美一大笑。接下来在自己报道的"朝韩列车试运行考验军事保障协议"的新闻时又笑出声。

图 9-7 上右图为 2011 年 2 月 28 日，

北京卫视《北京您早》节目中，在 8：20 前后，男主播念稿子时读错了词儿，但表情依旧泰然自若，女主播开始表现很淡定，两秒钟后便忍不住偷笑，切换镜头之前男主播面露尴尬。

图 9-7 下图为 2015 年 12 月 1 日，日本气象新闻女主播冈田美晴在播报天气时突然流泪，边哭边把节目播完，事后其被 NHK 开除。

图 9-7　中日韩新闻节目主持人情感把握失当节目截屏

　　出镜记者和新闻主持人在新闻报道中具有双重身份，即"真实的我"与"职业的我"。前者说明出镜记者和新闻主持人也是"常人"，感情方面要能够和广大受众形成同感和共鸣，必要的时候也可以真情流露，但不能过于另类，显得与大众格格不入；而"职业的我"则要求感情、态度、立场和所服务的媒体保持一致，在新闻报道工作中，力求客观、公正、冷静、平和，始终围绕采访主题，不能仅仅以个体自我的感情为标准，来观察和审视新闻事件，体验新闻人物的情感。

【案例】　"义墩墩"含泪告别冰墩墩

　　2022年北京冬奥会期间，日本电视台记者辻岗义堂以其真实、真诚的报道方式赢得了中日两国观众的广泛喜爱。他对冬奥会吉祥物冰墩墩近乎狂热的喜爱成为他报道的一大亮点，这种真情实感的流露使得他的每一次出镜报道都充满了感染力与亲和力。

　　2022年2月21日上午8时40分左右，

辻岗义堂与日本电视台进行本届冬奥会的最后一次直播连线，本来他在一本正经地总结冬奥会的报道情况，突然之间，一个意想不到的惊喜降临：冰墩墩出现在了新闻中心的门口，这一幕对毫无准备的"义墩墩"来说无疑是巨大的惊喜。他马上喜出望外地尖叫着冲向冰墩墩，深情地拥抱了这个赋予他无数欢乐记忆的吉祥物。在最后的告别时刻，"义墩墩"眼含热泪，用中文高喊出"再见！北京！谢谢！"这一饱含感激与不舍的话语，触动了无数电视观众的心弦(见图9-8)。

实际上，冰墩墩的出现是由日本电视台精心策划的一次"意外惊喜"，唯独辻岗义堂被蒙在鼓里。电视台用心良苦的安排，使得镜头成功捕捉到了辻岗义堂最纯粹的情感爆发瞬间，让全世界观众共同见证了"义墩墩"与冰墩墩之间超越国界的友谊，以及他对北京冬奥会深深的感情投入，成就了一段温馨且难以忘怀的经典画面。

图9-8 "义墩墩"含泪告别冰墩墩

三 沟通交流能力

中国人常说"功夫在诗外"，新闻采访和报道也不例外。在正式采访之前，需要事先跟采访对象进行良好、充分的沟通，获得采访对象的充分理解和积极配合，进而才能优质高效地获取新闻信息。这就需要出镜记者和新闻主持人具有良好的与人沟通能力。在新闻采访实践中，我们经常见到这样的案例，同一个新闻选题，同样的采访对象，有的记者去联系就"碰了一鼻子灰"，而有的记者去联系则"一路绿灯"。这充分体现出不同的人在沟通交流能力方面存在着巨大差异。

在新闻现场，出镜记者比较容易出现的一个偏差是缺乏采访沟通力，即找不到和采访对象进行良好沟通的方法，特别是面对一些性格内向、不善言谈的采访对象，或者采访对象是被曝光或被批评的对象。出镜记者应该有多种采访方法，适用于多种不同的采访对象。出镜记者应该具有丰富的社会阅历，能够洞察和体会采访对象的心理活动，还要事先进行充分的前期准备，对采访对象有尽量充分的了解，这样才能有的放矢，事半功倍。

有些出镜记者和新闻主持人无法摆正与采访对象之间的关系，不能和采访对象平等相对。他们错误地理解"新闻媒体是党和政府的耳目喉舌"，以党和政府的代言人自居，以"钦差大臣"自居，面对普通民众高高在上；而采访一些官员时，则以下级自称，甚至显得有些低三下四。

出镜记者和新闻主持人在进行新闻采访和报道时，无论采访对象是谁，现场记者的行为视角都不宜仰俯，而应平视；新闻主持人演播室连线采访时，要能够对各位采访对象平等相待。出镜记者和新闻主持人采访报道新闻时，代表的不是自己，而是媒体和观众。这样才能平等地对话，平等地相互尊重。

出镜记者和新闻主持人的采访态度会直接影响新闻的采集过程和最终成果，进而影响新闻的传播效果。常见的表现如下：一是把控意识过强，有些出镜记者在采访中、新闻主持人在主持中，主题先行，完全将采访对象作为实现自己采访意图的工具和素材提供者，不顾对方的真实观点和想法，一味让其按照自己事先设计好的方式来行事。这种做法强人所难，让采访对象言不由衷，必定难以做出优秀的新闻报道。有些出镜记者始终以自我为中心，完全忽略了要协调好与采访对象关系的重要性。到了就拍，一拍就问，问完就走，无法营造现场和谐、轻松的采访氛围。二是神态居高临下，提问咄咄逼人，俨然法官庭审，缺乏平等的采访氛围，甚至动辄打断对方谈话，对对方的行为、谈话内容发号施令。比如，"你不能走""你可以走了"地乱指挥，有的直接喊"够了""停"，很不尊重采访对象。

良好的新闻采访，出镜记者或新闻主持人和采访对象之间的谈话应该形成良性互动关系，大家平等对话，而且气氛和谐，相互激发，不断深入。

在视听媒体新闻节目中，出镜记者和新闻主持人采访、主持时的神态、语气、声调、提问的方式和措辞等，都会直接呈现给观众。他们的采访态度如何，沟通交流能力如何，将直接影响新闻事实的最终挖掘，进而影响最终的传播效果。因此，出镜记者和新闻主持人在一定程度上作为"以说话为职业的人"，必须具备高超的应变协调和沟通能力，努力从"说话者"向"对话者"的角色转换，提高自己的采访沟通能力，以保证新闻采访报道顺利进行，以及呈现出相对完美的新闻报道。

四 ‖ 提问能力

出镜记者和新闻主持人在与人谈话的过程中，大多数情况下是承担"提问者"角色的。从某种程度来说，新闻是"问"出来的。会说话不等于会提问，而能够提出"好问题"，是新闻工作者的一项重要能力。

提问可以开门见山，也可以迂回曲折，无论采取怎样的方式，都要事先充分做好功课。对采访对象、新闻事件有比较全面的了解，条件允许时可以事先列好提问提纲，有针对性地提出问题。提问要避免"套话""程式化"，比如"请问您现在有何感受""请问您心情如何"之类的问题，还是少问为好。在正常情况下，出镜记者和新闻主持人的提问要给采访对象一定的表述、发挥空间，减少提出答案非此即彼的选择题式的问题。但是，在面对一些被问责、批评、曝光的采访对象时，在其不愿意展开话题的情况下，出镜记者或新闻主持人可以在提问环节对新闻事实进行较多的客观描述，然后提出相关问题，让采访对象做出"是"或"否"的回答即可。

出镜记者或新闻主持人在对采访对象进行提问时，要给予对方应有的尊重。即便是面对罪犯，也应当平等相待。在采访不良事件的受害者或当事人时，考虑到采访会唤起对方痛苦的回忆，应当给予其足够的人文关怀。在提问方式、问题内容、语言语气等方面，都应该特别注意。在提出有可能涉及采访对象个人隐私的问题时，一定要事先征得对方的同意。新闻工作者的提问，不能简单、粗暴，不能给受害者造成二次伤害。

【案例】 凤凰卫视鲁豫专访璩美凤

2002 年 4 月 13 日，凤凰卫视《鲁豫有约》播出了鲁豫对台湾地区电视节目主持人璩美凤的专访（见图 9-9）。这一期节目后来被称为"《鲁豫有约》最尴尬的一期"，一向以提问、谈话见长的鲁豫因为在这期节目中的表现广受批评和诟病。之所以造成这种结果，主要源于以下这段鲁豫和璩美凤的对话。

怎樣發生的 可能只有你比較清楚

图 9-9　凤凰卫视鲁豫专访璩美凤

鲁豫对璩美凤的这段专访内容如下：

陈鲁豫：你还记得你第一次知道自己出事是在什么时候吗？还记得吗？

璩美凤：其实现在（看）过去如云烟啊！

陈鲁豫：之后那几天你是怎么度过的？

璩美凤：就把自己关起来了。

陈鲁豫：那家人呢？

璩美凤：当然也是希望守在我旁边，但是其实我那个时候最期望的方式就是能够很孤独、很独自一个人这样子，我不晓得这是不是人类的那种直觉的自然反应。

陈鲁豫：你完全不看电视，不听广播，不看报纸吗？那个时候。

璩美凤：有时候还是忍不住会看，看的时候又觉得想赶快把它关掉。

陈鲁豫：为什么会忍不住想看呢？

璩美凤：就是那种天性的那种想知道的那种好奇吧，会憋不住。

陈鲁豫：看过以后呢？

璩美凤：看过以后又很后悔，干吗去看？就觉得早知道心情会很激动就不要看。

陈鲁豫：事情发生以后多少天你才第一次走出那个家门？

璩美凤：现在不容易算。

陈鲁豫：大约有多长时间？一个星期，一个月？

璩美凤：不太容易去数计，因为有时候我会清晨的时候去买报纸，对。

陈鲁豫：化装吗？戴上帽子，戴上围巾？

璩美凤：就戴帽子了，用一个（让）自己能够最舒坦的方式出门，对。实际上人家也不看你。

陈鲁豫：那个时候也没有人看你吗？

璩美凤：人家不会去察觉，不会去注意路上的每一个人。但是自己就是觉得好像没什么安全感，就会东穿一件，西套一件，但回来以后，又觉得其实人家也不会看你。

【鲁豫出镜串场】在联系采访璩美凤的过程中，她的助手一再对我们表示，璩美凤不愿意涉及有关偷拍的话题，当时我们的回答是我们理解，也会很善意地、有分寸地对待她。我们谈话展开以后，我发现璩美凤对于有关她的所有话题都习惯性地用一种很空洞的、抽象的方式来回答，我不知道这是不是她一贯有的一种讲话的方式，还是偷拍事件以后，她找到的一种自认为最

佳的自我保护的方法。

陈鲁豫：美凤，有一点必须要跟你讲一下，也许，我没有看过那个VCD，因为我想如果我看过的话，我不可能这样很直视你的眼睛。所以这样讲，可能对你来说我不知道内心会不会有帮助，我想很多事情发生，怎么发生的，可能只有你比较清楚，所以你如果能跟我们分享的话，其实对于你的心灵治疗，我觉得可能是一个很有帮助的过程。

璩美凤：我不晓得心理治疗要怎么做，对，反正就是……

陈鲁豫：因为到现在为止大家看到的，大家听到的，并不是你想让他们看到的，不是你想让他们听到的，如果让他们能够听到你的声音是最好的方法，你不觉得大家对你的了解里面也许没有多少是真实的呢？

璩美凤：每个人都有他自己想象的一份空间嘛，只是我觉得……

陈鲁豫：你没有必要再给别人增加这个想象的空间，对不对？

璩美凤：不过我倒是觉得有一个很值得学习的跟好奇的，就是说，其实我有一种心愿，那就是过去的生命，把它当作一个历程，所以我不会再把很多的力量跟注意力放在过

去，我会很希望把我的……

陈鲁豫：一个人在经历那样的事情之后，不可能轻描淡写地说一句，过去的事情就是一个生命的历程，你觉得可能就这样讲吗？这太轻描淡写了，那样的伤痛，那样的伤痛不是这样一句话就能够过去的。

璩美凤：所以可能你可以教我更多。

陈鲁豫：不是我来教你更多，

是你来跟我分享你的过去。

在鲁豫对璩美凤的采访提问过程中，鲁豫始终处在一个社会道德审判官的角色，一直纠结于璩美凤性爱光碟事件发生后其受到的伤害。在访谈过程中，鲁豫几次打断璩美凤，执着地努力再次揭开她心底里的伤疤。这样的采访和提问，对璩美凤造成了新的伤害，引起了人们的质疑和批评。

出镜记者和新闻主持人的提问，要站在广大受众的角度来进行，问广大受众想要了解的问题，问与新闻事件有关的关键问题，而且，提出的问题要尽量具体，是采访对象熟悉、了解的相关问题。千万不能不着重点、漫无边际，一方面让采访对象难以回答，另一方面也让广大受众大失所望。

五 ‖ 评述能力

随着视频新闻报道的不断发展，对出镜记者和新闻主持人提出了新的能力要求。出镜记者不仅要"报道新闻"，新闻主持人不仅要"播报新闻"，两者在很多时候还需要进行适时的评论。

在新闻现场，出镜记者如果只是完成采访、报道新闻的任务，将现场的新闻事实客观、准确地报告给广大受众，那么只是完成了出镜记者的基本任务。要想成为一名优秀的出镜记者，必须要在新闻现场适时、适度地对新闻事件、新闻人物进行即兴点评。这种点评有感而发，带有强烈的现场感，具有最佳的时效性，往往是优秀出镜记者的标志。如央视记者白岩松、水均益等，在各种重大新闻现场，不仅能够完成采访任务，还能够看透事物的本质，鞭辟入里地即时点评。凤凰卫视的记者沈玫绮更是经常在新闻现场直接从记者变身为时事评论员，在报道新闻信息的同时，进行画龙点睛的即时评述。在2001年"9·11"事件现场，沈玫绮进行出镜报道，画面背景是冒着黑烟的世贸大楼，沈玫绮用这样一句话作为自己出镜报道的结束语，"世贸大楼上的黑烟像愁云一样笼罩在纽约上空，一个多事的二十一世纪已经到来"。这句话虽然简短，但却非常有深意，既报道了客观新闻事实，又站在历史的高度预见了国际风云变幻的未来。现场报道中出镜记者的现身，一个重要使命就是现场述评，尤其是调查类节目，必须通过述评部分加强理性深度。

传统的新闻播音员主要任务是在演播室字正腔圆地播读新闻稿，但是，随着时代的发展，新闻播音员逐渐向新闻主持人方向转变。他们不仅能够很好地播报新闻，更重要的是能够在演播室里和嘉宾进行对话，和外景记者进行连线采访，对于所报道的新闻、所主持的节目中涉及的新闻事件、新闻人物，也要进行适时、适度的点评。在日常新闻节目中，此类点评或许还有策划人、编导、导播等部门工作人员的支持，而在新闻直播节目中，此类点评则主要由新闻主持人即兴发挥，能够真正体现其新闻素养和评述能力。

现代视听媒体新闻报道不再和过去一样，追求绝对的客观、真实、中立，而是不仅要报道新闻，更要表达媒体态度，打造"有立场、有态度、有温度"的新闻媒体。任何新闻报道总是具有主观性和倾向性的，适度的主观性融入，或许能使新闻报道更接近事实的本来面貌。不予述评，会使报道完全失去理性剖析。我们不可以将现场或表象信息不加梳理地呈现给观众，使报道仅仅停留在肤浅的感知层次。有些新闻完全是可以旗帜鲜明地展现立场的，对于涉及大是大非问题的新闻报道，更是如此。

新闻评述能力的培养需要出镜记者和新闻主持人平常加强新闻理论、新闻业务的学习和研讨，加强对各项国家政策、方针的学习和理解，全方位加强自身的文化修养，广泛深入地接触现实生活的方方面面，在此基础上，要勤于思考，善于思辨，持之以恒，日积月累，就能对各种事物、各种问题产生深刻、独到的观点和见解，才能在新闻报道中做出高质量的述评。

要　领

出镜记者与新闻主持人应具备的能力

新闻价值判断力，准确抓住具有新闻价值的内容；对自身情感的把握能力，情感表达适度；沟通交流能力，相互尊重，良性互动；提问能力，问题精准，公众立场；评述能力，立足新闻事实，观点深刻独到。

【思考与练习】

1. 出镜记者应该具备的影像素质和镜头意识包括哪些内容？

2. 新闻主持人语言表达素质体现在哪些方面？

3. 怎样培养和提高出镜记者和新闻主持人的新闻素质？

4. 怎样培养和提高出镜记者和新闻主持人的评述能力？

实训四　出镜与主持短片摄制

一、实训目的

通过实训，使学生更好地掌握视频新闻直播的基础知识，熟练运用出镜报道、现场采访和新闻节目主持的方法和技巧，培养良好的新闻现场的把握能力、镜头前的口头报道能力和节目主持能力。

二、实训内容

1. 重点训练学生综合运用本课程所学习的新闻采访、出镜报道、新闻主持等知识和技能，并以此为基础制作一个比较成熟的新闻短片。

2. 组织学生观摩优秀典型案例，带领学生分析总结选题策划、节奏把握、主题表达、画面呈现等，分析优秀新闻主持人和出镜记者的专业能力。

3. 出镜与主持短片摄制实训，要求以小组为单位完成一期出镜与主持短片创作。

三、实训要求

1. 选题要求舆论导向正确、健康向上。

2. 小组群策群力、合理分工、共同完成从选题策划、现场采访报道、演播室录制等拍摄、制作包装各阶段、全过程的任务。

3. 演播室主持环节和报道环节要求脱稿，演播室环节强调良好的氛围和互动。

4. 保质保量完成，按照播出标准剪辑包装。

四、实训设备

1. 演播室。

2. 摄像机（或数码单反相机、手机等）。

3. 无线话筒。

4. 三脚架、手机稳定器等。

五、实训考核

1. 提交实训策划书。

2. 摄制 8～15 分钟的出镜与主持短片。

3. 完成作品汇报交流。

第十章

出镜报道与新闻主持典型案例研究

【学习要点】

◇ 视听媒体是技术与艺术相结合的媒体，新技术的发展为视频新闻的制作和传播提供了各种新的可能，带来了一系列创新。

◇ 出镜记者现场报道需要具有良好的镜头意识、清晰的思维、适度的情感控制，能够利用所有信息通道进行采访报道。

◇ 新闻主持人和出镜记者可以合二为一，采访和主持是其核心能力。

第一节 《数说命运共同体》外景主持评析
——影视制作新技术与外景主持的创新可能

2015 年国庆期间，中央电视台《新闻联播》《新闻 30 分》等新闻栏目连续多天头条推出"一带一路"特别节目《数说命运共同体》，引发业界、学界和广大观众热议，这个节目值得我们思考。

所谓"一带一路"是"丝绸之路经济带"和"21 世纪海上丝绸之路"的简称，不仅从地理位置上贯穿亚、欧、非大陆，涉及约 44 亿人口、60 多个国家、40 多个语种，而且内容包括政策沟通、道路联通、贸易畅通、货币流通、民心相通等"五通"，内容之广、数据之大、概念之深难以想象。正如《数说命运共同体》宣传片提到的，该系列报道是"新闻频道诚意奉献"，央视究竟有何"诚意"，又用怎样的数据新闻方式来表现"一带一路"命运共同体呢？

一 │││ "绿幕（屏）技术"与外景主持"一镜到底"

"一镜到底"是电影中多见的"长镜头"拍摄手法，与普通的多镜头拼接剪辑即蒙太奇不同，一镜到底采用摄像机不间断地完整记录，对拍摄对象、场面调度、整体配合都提出了很高的要求。由于长镜头拍摄费时费力，需要进行精心的前期设计和多工种的多次演练，所以，在影视艺术节目中，长镜头是经常运用的拍摄方法，但是在新闻节目中，视觉效果精美的一镜到底式的长镜头很少被用到，或者说，即便有一镜到底式的长镜头出现在新闻节目中，其往往也是视觉效果比较简单、粗糙的一般化电视纪实镜头。

【案例】　欧阳夏丹出镜报道数据新闻作品《数说命运共同体》

2015 年 10 月 3 日开始，中央电视台在《新闻联播》栏目中播出全新大型数据新闻节目《数说命运共同体》，报道"一带一路"沿线国家之间的社会联系和经济往来。在该节目中，创作团队使用了电影化的长镜头拍摄方式，结合虚拟影像技术拍摄，将艺术化的影像和新闻报道的内容有机结合，创造了全新的新闻表现形式。

图 10-1 中，主持人欧阳夏丹在一个连续的长镜头中，完成了从巴基斯坦伊斯兰堡—泰国曼谷—中国北京三地机场的穿越。

图 10-1　欧阳夏丹出镜报道数据新闻作品《数说命运共同体》

《数说命运共同体》的创作团队大胆策划、精心构思，将近些年经常用在电影拍摄中的"绿幕（屏）技术"运用到电视新闻类作品的拍摄制作中。有了这个技术，摄制组可以在一个场景一个镜头不关机连续拍完欧阳夏丹的一段现场串接，然后在另一外景地，用同样的方式拍摄，后期剪辑时再把两个现场拍摄的镜头组接在一起。这时观众看到的，好像是一个传统意义上的长镜头，但背景环境瞬间就变了，人仿佛快速地从一个空间到了另一个空间，穿越感由此产生。摄制组可以自由地更换出镜主持人走过的背景影像，从而在一个主持人连续运动的镜头中，实现背景场景快速变换，造成强烈的时空穿越之感。

在第二集《通向世界的路》中，为了展现湄公河流域的电力合作开发、电网互联取得的成果，摄制组赶赴了中国云南、老挝等地，在节目中运用一镜到底式的长镜头呈现了欧阳夏丹穿越多个场景的神奇效果。这一集的最后一个场景，摄制组将一台斯坦尼康和无人机航拍的两组镜头无缝剪辑到一起，才实现了超长镜头、近景拉至远景的效果。

为了获得一镜到底效果的完美，欧阳夏丹说的话和她的肢体动作，必须要和拍摄节奏、环境因素严丝合缝，稍有脱节，就要重来。

《数说命运共同体》现在呈现的长镜头穿越效果已经足够令人惊艳，其实，创作团队还有更大胆的创意——欧阳夏丹坐在《新闻联播》的主播台上播报"一带一路"报道的导语，而后起身离开，直接进入"一带一路"某国某地的现场，他们就是希望给观众带来双重穿越的感觉。很遗憾，《新闻联播》栏目不是新闻创新的最佳试验田，这样的创意也只能想想作罢。

二 ／／ 虚拟场景与外景主持实拍镜头相结合

在《数说命运共同体》中，创作团队大量使用了虚拟影像技术，虚拟影像技术让电视人摆脱了对现场的依赖。欧阳夏丹第一次和他们合作，是在演播室里。她凭空拈来一个牛油果的场景令人称奇。创作团队还创造性地在实景现场做虚拟，然后，将虚拟场景与主持人外景主持的实拍镜头结合起来，使得欧阳夏丹可以流畅地直接"移步换景"，就是夏丹说着说着，一转身（或者推开一扇门）就一下子从 A 国的海滩到了 B 国工厂里的流水线旁，再挥一下衣服就到了另一个国家的稻田边。人还是那个人，背景已经不再是那个背景。

《数说命运共同体》使用了大量虚拟影像技术营造非同凡响的视觉效果，绿幕背景区域在后期可以被替换成任何其他背景场景，呈现出"移步换景"的效果。创作团队还创造性地在实景现场使用了虚拟影像技术（如图 10 - 2）。

图 10 - 2　中央电视台数据新闻作品《数说命运共同体》拍摄场景

为了保证画面效果的连贯性，欧阳夏丹特意在 40 天不同场景的拍摄中留一样的发型、化一样的妆容、穿同样的衣服，目的就是获得主体不变而背景环境改变的时空穿越效果。

这种拍摄方式和传统的电视新闻摄影完全不同，更像是科幻或神话电影的拍摄方法。主持人不再是简单的新闻出镜记者，而是说着真实的"新闻台词"、做着电影化表演动作的新型角色。

这就需要夏丹与摄制组进行多次磨合，还要考虑到真实场景与虚拟场景的调度与转换，通过不可思议的一镜拍摄，完成了许多大空间的转场，让观众觉得她仿佛具有神奇的魔法，可以在相隔遥远的各个国家自由穿梭，轻轻松松周游世界。

为了实现虚拟场景与实拍镜头的有机结合，确保人与背景协调一致，制作团队应用了跨平台的摄像机轨迹反求（一种电影虚拟制作手法），控制人与背景运动速率、运动路径等，涉及特效场景制作、摄像机轨迹反求、人物抠像、虚拟合成等多种工序，并在最后进行调色、调光，实现最终的视觉效果。为了完成七集《数说命运共同体》中所有虚拟场景的转换，在 90 天的制作周期中，前期虚拟拍摄团队的 6 名灯光师、3 名摄像师、1 名摄影师，共使用了 71 盏灯，拍摄素材达 1.8TB。后期动用了 18 名影视特效师，共工作 23 300 小时，使用了 19TB 的存储设备。

三　记者型主持人外景主持

在 40 天时间里，创作团队跑遍了"一带一路"沿线的主要国家和城市。国内去了北京、天津、青岛、上海、东莞、云南，国外到了印度尼西亚、新加坡、马来西亚、泰国、老挝、孟加拉国、巴基斯坦、哈萨克斯坦。

在《数说命运共同体》的拍摄过程中，欧阳夏丹不再只是一个话筒架子，而是可以用自己的眼睛去发现细节，用自己的舌头去表现个性，她要在每次 30 秒左右的现场话语里描述现场、表达观点、抒发情怀。

在孟加拉国的一个鞋厂，摄制组在机器上发现一行字"2010 年东莞制造"，团队由此判定这条生产线来自中国东莞，一问果然是 5 年前从东莞搬来的。于是，中国东部"腾笼换鸟"，劳动密集型产业向东南亚转移有了细节支撑。这样现场发现的东西，需要夏丹迅速组织语言，加进只有 30 秒的现场词。

即便是在《数说命运共同体》这样一个有很强设计感的新闻节目里，主持人即兴语言表达的魅力也是难以替代的。欧阳夏丹在这个节目中，不仅仅面向镜头声情并茂地背出策划人、编导、撰稿人为其量身定做的外景主持词，而且要参与组织报道词的内容，她已经成为创作团队中完成新闻报道任务的真正核心。创作团队中有专人负责和欧阳夏丹磨合现场外景主持词，既要体现出策划的意图，也要保留下她的机灵劲和简练的语言风格。

这次《数说命运共同体》的创作团队赋予欧阳夏丹的任务，就是让她说出记者想说的话，将她嵌入自己的故事体系。这还不是真正意义上的将主播变成节目主编，但欧阳夏丹已经是这个节目报道的灵魂之一，她不能只是复述稿件，而是要"我心记我眼，我口说我心"。

四 ‖ 视频新闻主持形态的创新

在《数说命运共同体》中，欧阳夏丹将"站大屏"升级为"走实景"。在节目中，她在虚实景中边走边说，这在电视新闻节目当中是一种新的主持形态。欧阳夏丹既经历过《新闻联播》的坐播新闻，也经历过"两会"特别报道的"站大屏"，在"数说五一"中又对数据新闻有了新体验。而在《数说命运共同体》中，她移步换景，在不同国家不同场景中自由穿梭主持，更是引发大家的赞赏。除了后期的特效支持，欧阳夏丹为实现这种神奇的效果，也是辗转多国，随着制作团队一起走进实景，拍摄的艰辛难以想象。

在"站大屏"日益繁多的电视新闻环境下，实景中边走边说的主持，则对主持人的要求更加严格。在实景中，主持人需要一边面对摄像机镜头，一边面对背后的信息进行解说，与虚拟的受众进行交流。主持人更应培养自己的语言组织表达能力，通过有声语言、肢体语言和丰富的物件语言，共同呈现一个完整的新闻报道。

在《数说命运共同体》中，欧阳夏丹的串场方式颇有新意，彰显了副语言的魅力。在电视新闻主持当中，主持人基本上都是运用语言表达进行串场的。副语言上也只是一些肢体语言的运用。虽然这和新闻的严肃性有关，但副语言对于其出场、解说、主持和转场，有着重要作用。

《数说命运共同体》副语言元素的丰富，不仅增加了节目看点，对于主持人的塑造也至关重要。节目中，欧阳夏丹脱下一件外套，就从孟加拉国的大桥施工现场穿越到了哈萨克斯坦的道路施工现场。简单的纱丽、帽子，甚至是馕饼，都可以成为转场的道具，这比起其他新闻节目来说，给人带来了不可思议的奇幻色彩。为了更好地与观众互动，对手势等元素的运用会大量增多。副语言的丰富，既是新闻信息量增长的表达诉求，也是主持人表情达意需要重视的必要手段。

五 数据新闻促使视频新闻主持角色的转变

大数据环境下，新闻主持人变身为有温度的"数据分析师"。新闻主持人需要加强数据分析理解能力。新闻主持人不仅仅是新闻的传声筒，更应该是参与采、编、播等环节的制作者。数据新闻不仅需要传统的新闻采编素养，更需要具备一定的数据挖掘、分析能力。在当前这样的信息超载时代，《数说命运共同体》的工作人员用实际行动证明了对信息的处理能力。

新闻主持人需要注入更多人文关怀，在海量的数据资源中，挖掘出有价值、有意义的新闻。新闻报道的切入点也要更加准确，这对主持人以及其他新闻工作者提出了更高的要求。数据是冰冷的，主持人是有温度的。在节目中，主持人及节目虽要注重数据的分析，更要注重人文关怀，把冰冷的信息讲出温度，说着温情。

在新媒体环境中，新闻主持人要当好媒介融合的形象代表。主持人需要不断加强自身专业，增强创新意识。新媒体环境中，新闻主播面对的是全国观众乃至全球观众，应做到准确传达文稿内容，适应多重工作需求。当然这不仅仅是要在节目最后加上一句"欢迎您继续关注我们节目的微博、微信和客户端"，更需要在工作和生活当中，加强对新媒体的认识与应用，加强创新意识，加深对受众的了解和互动，不断利用新媒体扩大主持人、节目乃至电视台的影响力。主持人作为电视节目的"门面担当",只有适应了新媒体、大数据的新环境,才能将电视节目做出新意。而《数说命运共同体》的热播与欧阳夏丹的创新主持,则是一个不错的探索与创新。

　　《数说命运共同体》是中央电视台积极运用数据新闻形式进行新闻深度报道的全新尝试,是近年来央视数据新闻报道的巅峰之作。为了呈现"一带一路"沿线国家的经贸合作成果,中国与沿线各国之间的货物往来数量有何变化,在策划阶段,央视摄制组就计划尝试使用具体的数据或指标将其量化,并且通过先进的数据可视化手段,使它成为生动形象、可见可感的视觉影像,而不再是抽象、干巴、索然无味的数字(见图 10-3)。

　　在第一集《远方的包裹》制作过程中,记者与拥有全球海事数据的机构联系,几番讨论后确定了根据货船全球定位系统(GPS)信号进行检索的方法。但是,因为全世界货船总数超过 30 万艘,其 GPS 信号又都是实时更新的,需要搜集和处理的数据量极其庞大。最后,经过和有关机构协商,请他们派出了 5 名数据分析员,利用 21 天的时间对约 120 亿条数据进行分析,最终得出了一个重要的数据结论:最近一年时间内,在"海上丝绸之路"航线上的船舶往来数量上升了 14.6%,而 2014 年全球航运平均只增长了 3.8%。通过这样的对比,摄制组发现,全球货船航运数据增长速度远远低于"海上丝绸之路"航线上货船航运数据增长的速度。由此可以看出,"海上丝绸之路"在全球经济发展中,正在发挥越来越重要的作用。

　　在第二集《通往世界的路》中,为了展现"一带一路"沿线基础设施建设的热度,创作团队希望用挖掘机五年来的 GPS 数量变化、轨迹变化来透视基础设施的变化,而这十分艰难。散布在沿线各地的项目中的挖掘机经常会在几个项目中穿梭,这就造成信息重复。挖掘机的 GPS 数据量非常庞大,需要精确计算出挖掘机数量、分布、位置变化等信息,从中筛选出兼具信息量与趣味性的数据。创作团队最终选择了分析最大的工程建设企业——中交集团在沿线施工的上千台工程机械五年来实时位移数据。该集团本身并没有这样的数据统计,创作团队经过多次与企业的沟通,最终在企业的协助下,超过 1 000GB 的数据被摄制组和数据分析机构调取、分析,历时 3 个月的时间,最终呈现出了"一带一路"沿线基础设施的"热力分布图"。

图10-3 中央电视台数据新闻作品《数说命运共同体》中的数据可视化影像

在《数说命运共同体》系列报道中，央视创作团队一共只做了114个大数据可视化镜头。然而，在七集《数说命运共同体》创作过程中，创作团队共分析了1亿GB的数据，这基本上相当于1亿部高清电影的海量数据。想用数据说话，从哪里能够获得科学、准确的数据呢？央视跨行业、跨领域地整合了国家发展改革委、商务部、国资委、统计局、海关总署、国家信息中心"一带一路"数据库、中科院地理研究所、世界银行、世界贸易组织、国际能源署等众多国内外政府部门和社会机构的海量数据，并与业内专家、学者和一流的数据处理公司合作，对海量数据进行挖掘、比对和整理，揭示出了"一带一路"沿线众多不为人知的事实和规律，为这一伟大战略构想提供了强有力的注脚。

有了扎实的数据分析结果，创作团队还要将其转化为生动形象、赏心悦目的屏幕影像。可以说，地球上的每一个点，每一根线，背后都对应着一个真实的权威数字。为了将1亿GB数据转化成可视化的语言，将这些数据转化为地理位置坐标，一一精确对应到卫星地图上，创作团队使用Tableau可视化数据分析软件统计分析各种数据，得到各集新闻报道所需的可视化数据支撑。在卫星地球制作中，使用三维建模软件（MAYA、3D MAX）与后期合成软件（Adobe After Effects、NUCK）完成了32段数据可视化视频、97个分镜头。10余名视频设计师，人均累计工作时间超700小时。20台双CPU图形工作站完成了超过10TB文件的渲染生成，视频渲染时间累计超30 000小时。

在《数说命运共同体》七集的背后，还凝结了创作团队所有成员的辛苦付出。

《远方的包裹》一集，制作周期超过100天，横跨亚欧大陆中国、德国、法国、西班牙、泰国5国10地拍摄了港口、铁路、贸易中心等多处场景，其间访谈请教中国社科院、中国与全球化智库等机构的专家及业内人士32位，阅读背景资料130万字，前后修改稿件8次。

《文化的旅行》一集中，使用了45种语言分别翻译"一带一路"，利用大数据技术分时段抓取全球网络上对"一带一路"关键词搜索的联想词汇，经过长达半个月的多次变换算法搜索，最终形成了节目中鲜明的"关键词墙"，其间请教了北京外国语大学、商务印书馆、国家汉办等机构的20余位语言专家。

《通向世界的路》一集，创作团队实地前往云南、孟加拉国达卡等地，行程遍及5个国家的7个城市，咨询了相关业内人士20余人，前后修改稿件近30次，平均每3天就会对稿件进行一次修改。

《丝路，走起！》这集报道历时3个月，编导整理了超过10万字的背景资料和相关材料，走访国家发展改革委、商务部、国资委、中科院、东华大学、中国航信等数十个部门、企业及科研机构，并在中科院地理所的帮助下，在对全球900多家航空公司3 500个机场和每天80 000多架次航班的飞机数据整理后，最终在节目中呈现了难得一见的航线图。

《奔跑吧，能量！》一集对接中国电建云计算与大数据中心，从1 000TB的上百个国家海量的电力数据中，搜寻挖掘出了"一带一路"沿线主要国家的电力统计及规划数据，并查阅参考了《BP世界能源统计年鉴》，整理了54张表、3 000行数据。

《食物背后的故事》实地拍摄了中国、印度尼西亚、泰国、塔吉克斯坦、新加坡、哈萨克斯坦6个国家的9个城市，走访了国家发展改革委、农业部、商务部、华能、聚龙等数十家单位和企业，整理出上万行数列，前后修改稿件、画面30余次。

《中国制造，您选啥？》一集为描绘我国手机制造、出口分布图，记者从国家统计局获得权威数据，按照每一个光点代表100万部手机，绘制出制造图。此后，通过海关总署独家获取每个省以及整体的出口数据，出口到每一个国家的数据，力图保证地图上每个点的位置以及点数的多少，都做到真实可靠……

科学和艺术，是人类求真、求美的两大路径。一旦两者形成交集，一定会是别样的风景。《数说命运共同体》算是一个科学与艺术完美结合的尝试吧。

第二节　《岩松看台湾》评析
——外景主持人与出镜记者"合体式"新闻报道

2005年7月，《东方时空》派出由主持人白岩松、制片人刘爱民、策划记者王立明、摄像师董汉卿等4人组成的小组赴台湾采访，与台湾东森电视台亲密合作，在当地制作了 12 期专题电视节目。专题节目名称极富个人色彩，定名为《岩松看台湾》，在央视《东方时空》和台湾东森电视台同时播出。

《岩松看台湾》经 3 年酝酿，成为大陆主流电视媒体首次入岛零距离报道、与台湾媒体亲密合作的珍贵见证，留下一段珍贵的新闻史实，同时也是第一次通过央视名嘴白岩松的视角，全景式地报道真实台湾，展示了一幅描绘台湾风土人情的人文画卷。

《岩松看台湾》每期 25 分钟的节目由两部分组成，"台湾印象"和"台湾人物"。"台湾印象"以记者现场报道为主，带观众走进台北故宫博物院等历史文化景点，一行路线从北到南，囊括了台湾主要城市如台北、台中、高雄、台南以及著名风景区垦丁，介绍了岛内各处的风土人情、社会习俗，比如公路文化中的槟榔西施、台北 24 小时书市、"花莲原住民区"等都在"印象"之列。另一个板块"台湾人物"则以专访形式，由白岩松与岛内政治、文化、经济名人对话，包括宋楚瑜、连战、陈文茜、侯孝贤、柏杨、龙应台、高金素梅等。

白岩松在赴台之前接受采访时曾经说过，这次去台湾要调动全身器官去感受，眼睛、耳朵、鼻子、嘴全都用上。"眼睛嘛，就是要多看，然后用嘴告诉大家。耳朵就是多听，因为在台湾听到的是非常熟悉的语言，比如上次去台湾在桃园机场听机场广播，恍惚有点老电影里那国民党女播音员的感觉，这次我会去西门町、找'原住民'，听听那些声音。鼻子嘛，你听过辛晓琪的《味道》吧，我觉得台湾的味道和欧洲、美洲都不同，我去过一次台湾，那里的味道我熟悉，那里的字我都懂。比如夜市，那些吃的香味，这些我都想带给观众。"

一 主持人定位

白岩松作为央视新闻节目主持人，其定位一向是严肃和有深度，所以有个流传坊间的段子是这么说的，"一看白岩松出来，肯定是哪儿又出事儿了"。但台湾文化却是主打娱乐和流行，因此这位严肃的主持人如何面对台湾的娱乐和流行，将成为观众关注的一个话题。对此白岩松说："我会努力以很放松的状态采访，不过这对我而言也许很难。但另一方面，这个节目台湾东森电视台也会同步直播，让台湾观众看到一个岛内所没有的主持人也很好，至少在台湾我的风格是独有的，无可复制。"

作为以己之名命名此次节目的主持人，白岩松身上责任重大，被问及是否有压力，他坦言自己已经为这样一次采访积蓄 3 年，出发前也被国内最权威的台湾研究专家培训过 5 次了，现在没有压力，只有好奇。"我很自信这次节目没有差的机会，因为我们关注的都是不差的事情。"白岩松说。同时，他也坦言自己此行怀着忐忑不安的心情，希望观众可以挑剔着看，但不要把希望挑太高，"两岸新闻互通在我看来是一块大拼图，我拿到了拼图的第一块，所以我请观众不要抱着在头几块拼图中就看到全局的打算，此行只是一个开端而已"。

被问及此行意义时，白岩松说："在自己家里采访还需要背负那么多意义吗？请相信，我不仅仅把自己当成央视的记者，而且当成大陆媒体的代表；请放心，我到那边一定不会给大家捅娄子，让大家以后都去不了了，我的目标是让这扇门越开越大。"

二 ∥ **节目特色分析**

（一）"台湾年"里看台湾

2005 年对两岸关系来说注定是不平凡的一年。先是台商春节包机，随后江炳坤"破冰之旅"，之后连战、宋楚瑜先后来访。可以说，两岸的大事件在 2005 年上半年来了个"集体亮相"，所以有人说，2005 年可以称作大陆的"台湾年"。

7 月上旬，中央电视台《东方时空》一个包括主持人白岩松、制片人刘爱民在内的摄制组去了台湾。在台湾东森电视台的帮助下，他们花了 11 天时间采访到了连战、宋楚瑜、余光中、侯孝贤、高金素梅等十位台湾各界的知名人物。行程几乎踏遍台湾所有的主要城市，就连大街小巷中的夜市也被他们原原本本地摄入了镜头。

在随后的十几天里，一个名为《岩松看台湾》的节目在央视热播。这个节目不仅是对台湾风土人情的介绍，也是对台湾百姓日常生活的浓缩。大陆的观众在节目中感受到了一个原汁原味的台湾，更多的人认为白岩松这次"看台湾"，看得及时而且视角独特。

（二）用"感官"带动收视率

中央电视台《东方时空》策划的《岩松看台湾》专题节目，在众多新闻专题节目中有一种特别和新鲜的感觉，它冲击着我们传统的电视观念，并且能够隐隐约约感觉到我们的电视观念正在不断进步。

电视收视率现在是个热门话题，做电视必谈收视率。当然围绕收视率也有不同的争议，但争议归争议，收视率毕竟还是衡量电视节目成败的一个重要量化指标，所以电视节目还是得追求收视率，或者说让观众喜欢看。

　　要提高收视率，让观众获得感官享受是一个必备因素。感官享受就是从我们的视觉上来说感觉非常舒服、视觉欲望得到满足。如果从时代性来理解，感官享受应该还包含着性感、时尚、流行，再深入理解，还包含着稍微前瞻一点的生活方式。

　　《东方时空》是一个电视新闻杂志，首先给人的感觉是新闻节目，其次给人的感觉是人文节目，似乎和感官享受没有什么关系。但是《岩松看台湾》的专题节目给人一种全新的感觉。在这些节目里，给人印象最深刻的是白岩松和东森电视台的主播漫步在街头，给观众介绍台湾著名小吃的镜头，其间还有主持人自己在吃的镜头，最后快结束的时候北京演播室的主持人张泉灵说她的同事看着镜头嘴已经很馋了。这一系列镜头对于观众来说都是非常新鲜的，因为采用一种给人带来感官享受的镜头和解说来介绍小吃。还有一期节目介绍台湾著名的书店，也采用了这种电视语言和镜头，并且主持人说逛这家书店在台湾绝对不是我们所理解的感受文化氛围，它成为一种时尚，而且是年轻人约会的地方。这样的一种电视表达方法是非常出色的，因为介绍这个书店注重给人以感官享受，而不是像以往介绍一个书店先介绍一些书，然后找几个专家在那里点评，这样没有感官效应只突出文化效应的电视表达手法是很难打动观众的。虽然《东方时空》是电视新闻杂志，但是电视新闻杂志也可以给人带来感官享受，因为老百姓爱看。

　　（三）用口语打动观众

　　《岩松看台湾》之所以成功，也离不开优秀的台湾东森电视台主持人卢秀芳，她的语言功底非常出色，在节目中我们可以看到卢秀芳使用了大量口语化的语言。然后我们还发现白岩松的语言在卢秀芳的影响下发生了一些变化，口语化的语言多了，书面化的语言少了。其实电视主持人的语言是应该更加感官化的，在这里语言的感官化就是更加口语化，尽量少用书面语言表达，即使有人帮助写稿也要多使用口语化的语言。

　　长期以来，有一种错误的观点，就是电视节目主持人必须用词规范，这个用词规范其实就是要求主持人用大量的书面语言来主持节目。书面语言大多是规范的，口语化的语言大多不是很规范。但是从观众接受度来看，口语化的语言更有魅力。比如说杨锦麟先生的《有报天天读》，绝对不能逼着杨先生用一种很规范的语言来读报，必须使用不规范的、带有个人魅力的语言来主持读报节目。值得注意的是，杨先生的不规范绝不是基础不扎实，杨先生做了几十年的报纸编辑，文化功底绝对没有问题。他这样做是为了电视节目好看，有吸引力。

看了那么多主持人主持节目，大部分主持人基本上是用书面语言在主持节目的，很少有主持人用口语化的语言去主持节目。崔永元主持节目的时候，大量使用口语化的语言，所以他主持的《实话实说》非常受欢迎。还有一个最典型的节目是《锵锵三人行》，主持人窦文涛和两位嘉宾一共三个人，几乎每一句话都是口语化的，极富个人魅力。而我们经常看到的谈话节目，不论主持人提问还是嘉宾回答问题多是使用书面化的语言。我们经常可以听到："你觉得导致这个事情的原因是什么？""对你的意义是什么？""后果是什么？""你为什么要这样做？""你觉得？""你认为？"这些语言全是书面语言，我们听起来干巴巴的，没有一点儿魅力。

（四）数期节目浓缩台湾精华

许多人认为策划《岩松看台湾》是受到了连战、宋楚瑜大陆行的影响，但其实在连宋访问大陆之前，这档节目的策划方案已经报了上去。因为审批的环节十分复杂，如果在连宋来之后才上报这个方案，根本不可能这么快就成行。3月份正式打的报告，一个多月后，赶上连宋大陆行，这时央视把全部精力投入于报道连宋大陆行。之后，报告又经过相当复杂的审批程序才最终获批成行。

《岩松看台湾》最初确立的是以大陆观察节目的样态，近距离地走进台湾，捕捉台湾原汁原味的生活和社会万象。人物方面，则寻找大陆观众最关心的、台湾各界最具影响力的代表人物。为此，出发前栏目组请了大批研究台湾的专家学者过来上课，告诉栏目组成员哪些是最值得关注的。连战、宋楚瑜自不必多说；经济方面台塑集团董事长王永庆是台湾企业家的老大；文化界当推余光中和柏杨；陈文茜是当时台湾最活跃的媒体人；证严法师是第一次接受大陆媒体采访，这是前所未有的突破；高金素梅是当时最具新闻性的代表人物。可以说采访名单上都是台湾当时最具影响力的人物。当然也有遗憾，比如：刘文正10年没在媒体上露过面，台湾媒体找不到他；林青霞当时不在台湾；李敖是最早答应接受采访的，但栏目组到台湾的时候他却住院了。

《岩松看台湾》节目策划人员说，当时在进行节目策划的时候曾经做过一期关于台湾旅游的一个节目，那期节目就想做一个网上调查，就想知道大家对台湾到底了解多少，后来才发现了解非常少。虽然台湾离我们很近，就在我们身边，但我们对它知道的非常少。比如我们就从附近小学拿到小学课本，那上面有关于阿里山日月潭的介绍，我们可能基于政治的原因，想象台湾的政治因素很多，实际上当时对于台湾的很多东西我们都不了解，所以栏目组的初衷就是带着大家一块儿，走进台湾去了解真实的原汁原味的台湾。

这次栏目组的台湾之行是轻松的，因为它并不承载太多的政治意义。栏目组人员认为媒体就应该扮演媒体的角色，应该用自己的笔和摄像机去看百姓的生活。比如，节目中拍台湾小吃、淡水风景、慈济的骨髓库、志愿者、诚品书店、台北故宫博物院，还拍台湾的公共交通，让大家从多个层面更多地了解台湾。不要一提到台湾，就只有想象中的阿里山和日月潭。

（五）媒体交流促进两岸"脱敏"

白岩松说，在 2001 年时他作为"海峡两岸十佳青年"第一次去台湾，当时非常敏感，对台湾的了解也和大家都是在一个层面的，就想如果看到国民党党旗怎么办，如果接待人员说了句特别的话怎么办。而这次去台湾就没有第一次那么敏感了。大家偶尔说漏嘴了，就说漏了吧。合作方东森电视台的同行和其他人也都有自己的语言习惯，但大家说话时都会友善而下意识地去克制，不至于让对方难堪。

在赴台之前只是想做一些节目，回来后大家的关注和收视率说明这不仅仅是个节目，里面还有大家的期待、好奇、沟通，以及"连宋行"后大家对台湾巨大关注的惯性持续。这所有的纠缠在一起，和当初栏目策划人员想得不一样。但是作为栏目组方面来讲，更多的是用平常心看待这个节目，希望这只是一次媒体的采访，也希望海峡两岸可以尽早"脱敏"。

这种"脱敏"其实是对双方而言的。交流和沟通可以消除两岸的陌生感。央视栏目组成员在台湾有很强烈的感受，到了哪里都会有人认出他们，知道他们是中央电视台的。因为当时台商及其家属长时间在大陆，他们自然在看中央电视台的节目。台湾人口 2 300 多万，每年有超过 300 万人来大陆。因为政策的限制，大陆每年去台湾的才几百人。虽然这种了解是不对等的，但大家始终在交流。当你真的到了台湾后会发现，那种陌生感并没有我们想象的那么强。

（六）讲述老百姓自己的生活

其实谈论台湾，似乎或多或少都会带些政治味道，但对于普通人来说，大家最关注的是过日子，是自己的生活。这是栏目组到台湾后最强烈的感触，百姓真正关心的是那些对生活有改变有意义的事情。《岩松看台湾》中提到有个老板开了简体字书店的连锁店。老板说，台湾人有这个需求，他就两地来回跑。对于他而言，这是他的生活和商业利益，自然要把这件事做好。

在采访中，85 岁的柏杨说："杂文有什么用？全是偏激的语言，能改变什么？"他写了一辈子杂文，现在自己却这样说。柏杨说他一生从没快乐过，他家里菲佣在儿子找到工作后，跳了一夜的舞，喝了一夜的酒，他在旁边看着就很嫉妒。他说："人家有快乐，而我一辈子都没有。"接下来他这样说道："我还能活多长啊，我跟阎王爷见面都没有脸，人家问我想活多久，我说我想活到统一，能吗？我们这代人，无法做到衣锦还乡了，能不能平安还乡？"你听到这些话的时候，会觉得是回到人的角度，回到个体的角度来说这些话的。这也是我们大陆观众最关心的台湾老百姓真正的生活，想知道他们的生活到底是怎样的。

很多大陆观众都对台湾百姓的生活很感兴趣，正因不了解，台湾百姓的生活似乎显得很神秘。栏目组通过走访和报道，告诉观众其实台湾老百姓的生活和我们是一样的。栏目组抵达那里的第二天，正好赶上台湾的高考，新闻里报了三条：第一条是说家长在考场外焦急地等待，不过有趣的是有些考生还在脑袋上缠一块写着"必胜"二字的白条。第二条是关于温馨考场的。有个考生患了白血病，学校照顾他就在病房里给他单设考场，因为他书写不流利就多延长了 20 分钟。第三条是说在考场上发现了一种作弊用的涂改液，有关部门正在调查。在东森电视台旁有个台北补习一条街，来报名的都是今年没考上打算明年再考的，或者考上了但不满意的。这些都让人倍感亲切，因为大陆的媒体也都曾报道过这些事情，简直就是一模一样。

（七）温暖的新闻人本情怀

以前说到台湾更多的是略显生硬的政治话题，而《岩松看台湾》中更多渗透的是种亲情，以及台湾百姓生活的细节。这算得上是央视的一种新尝试。对此白岩松说，他曾经在台湾和东森电视台的主播卢秀芳开玩笑说，自己已经成功地从新闻主持人转变为旅游主持人了。其实，栏目组在出发之前就没有带太大的政治概念去做这个节目，他们是带着大陆的普通百姓真正的好奇，寻找相同、看到不同，然后把它们带回来，还原一个原汁原味的台湾，这是栏目组的宗旨，从观众反馈来看，这些也都基本实现了。

对于这次台湾行，白岩松说过没有把自己仅仅当成《东方时空》或者中央电视台的记者，他希望自己首先是个敬业的、能与大家很好沟通的新闻工作者，其次就是拿着中央电视台的话筒，和台湾老百姓能聊起来有共同感触的交流者。

很多观众认为《岩松看台湾》里台湾的风土人情、百姓生活的点滴细节，带给我们的除了新闻本身，更多的是平时新闻中少有的一种温暖的人本情怀。记得有位新闻前辈说过，"人的故事永远是最打动人的"。《岩松看台湾》这档节目之所以吸引人，就是因为整个节目把焦点始终集中在台湾民众的日常生活上，实实在在地反映了海峡那头百姓的真实生活。高考时，两岸的父母都一样站在考场外面着急上火；东西卖不出去了，两地果农兄弟的脸色谁比谁都好看不到哪儿去。柴米油盐酱醋茶、娶妻、生子、看病、养老谁都是一样操心受累。用白岩松的话说，去了趟台湾，发现大家最关心的都是自己的日子，这么一来，心也自然就贴近了。

三 专访案例分析

节目评析

《岩松看台湾》之柏杨专访

柏杨简介

柏杨，原名郭立邦，后名郭衣洞，笔名柏杨。1920年生于河南省开封市。东北大学毕业后，曾任东北青年日报社社长、沈阳辽东学院教师。去台后，曾在"反共救国团"任职，后在成功中学、省立成功大学、"国立艺专"等地从事教育工作。

柏杨20世纪50年代初期就开始发表小说，60年代，柏杨运用文学和艺术方式对当局的专制、保守、僵化统治展开批评。1966年，他在平原出版社任社长。他的妻子倪明华（诗人）主编《中华日报》家庭版，他负责该版"大力水手漫画"专栏。1968年1月13日，刊出一张漫画，内容描绘了一个水手和他的儿子流浪到一个小岛上，儿子对水手说："爸爸我也竞选总统。"水手怒斥："老爸没死，还轮不到你。"这幅寓意深刻的漫画一经刊载，立即引起全岛轰动。1968年3月4日，柏杨以"侮辱元首罪"被捕，并被判处死刑，最后定为判处有期徒刑12年，后减为8年，刑满后又在绿岛"住"了一年多，这就是震惊当时台湾的"大力水手事件"。

1977年4月1日愚人节，柏杨终于恢复自由，柏杨身居图圄长达9年零26天，身心受到严重摧残。但他的意志并未消沉，在狱中坚持完成了《中国人史纲》《中国历代帝王皇后亲王公主世系》《中国历史年表》三部书稿，以及一堆可与腰齐的尚未完成的稿件，因此患上了严重的眼疾。1978年出狱后，台湾当局勒令他约法三章：不准他提往事，不许旧调重弹，不许暴露台湾社会的黑暗。如此才准他为《中国时报》写专栏。柏杨出狱后和女诗人张香华结婚。1979年，韩国邀请柏杨和张香华出席诗人大会，但台湾当局以政治犯不能出境为理由拒绝。

出狱后，柏杨痛心于传统文化中的种种弊端，发表了《丑陋的中国人》等一系列杂文。书中，柏杨将传统文化的种种弊端喻为"酱缸文化"，对"脏、乱、吵""窝里斗""明哲保身"等丑陋现象给予痛斥，在两岸乃至整个华人世界都掀起了巨大的波澜。

"杂文像匕首一样，可以直接插入罪恶的心脏。"2003年，柏杨再次拿起"手术刀"推出最新杂文集《丑陋的中国人》的姊妹篇——《我们要活得有尊严》：剔除国人的丑陋，唯有寄希望于有尊严地生活！

他用白话翻译的柏杨版《资治通鉴》风行世界华人圈。有人说，有华人的地方，都在读这本书。柏杨自称为"老庄稼汉"，称对书桌和纸墨就像一个无限忠实于土地的老汉，只要活着，就要到他的土地上去转转。他共出版过100多部作品。

柏杨的婚姻经历坎坷丰富，先后有过5个妻子。自绿岛出狱后，结识小他20多岁的台湾当代著名诗人张香华，以一封《感谢上帝让我认识了你》的古老情书开始，最终与张香华结婚至今。柏杨子女分散在中国的台湾、陕西、河南以及澳大利亚各地。柏杨1998年之前去过三次大陆，2008年在台湾去世，享年89岁。

节目文本	内容评析
白岩松：您最后一次回大陆是 1998 年，转眼有 7 年时间没有回去了，有没有打算再回去一趟？ 柏杨：月是故乡明，还是想看一看，不知道这辈子还能不能看？ 白岩松：这是不是您现在最担心的事？ 柏杨：哎，这是我最担心的事，我 85 岁了，如果阎王说你想活多少岁，我都没有脸回答，我要活到中国和平统一，这话确实。我的盼望就是这样的。 白岩松：柏老，如果现在再回大陆，最想见什么，最想那儿的什么？ 柏杨：老朋友！朋友比本家要好，朋友要超过亲戚。60 年了，在那兵荒马乱的年代还是朋友可靠。我在台湾，可以说无亲无友，因为来得早，"外省"朋友还在一起。而因为我坐牢的关系，所以"本省"朋友也很多。所以说，现在和我差不多同龄的这些人中我最有福气，虽然我小时候受过种种苦，挨过打，受过各式各样的苦。 白岩松：但是留下了很多朋友，一直共同走。 柏杨：对，（有）朋友还是很美。 白岩松：是不是柏老年岁越大，"大陆"这两个字就越重，想家的感觉会更强？ 柏杨：你可以看得出来，有些人现在迫不及待（想回乡探亲），我们谈不到衣锦还乡，我们只谈得到平安还乡。能回到家乡看一看，我们就心满意足了，我们还要什么？ 白岩松：柏老，今年您肯定也注意到了，从连战主席到宋楚瑜主席接连去大陆了，好多人都没想到，您怎么评价这件事？ 柏杨：我说好极了。 白岩松：您对这个事是鼓掌的？ 柏杨：我觉得很好。 白岩松：柏老，1984 年的时候，您当时在爱荷华（艾奥瓦）大学演讲"丑陋的中国人"，很快书也出来了，在大陆、在台湾都引起了很大的反响，一转眼 21 年过去了，您现在怎么回头看当初的那些文字，当初的那些分析和评论？	中国有句古话，说人生得一知己足矣。武侠小说中，也总会有些大侠豪客，终老一生只为寻求一个实力相当的对手。武术比赛也是如此，只有两人相差无几才打得精彩，若是水平相差太大，那就没有什么可看的。白岩松与柏杨的访谈就是两人为电视观众上演的一场精彩演出。 说演出精彩并不是指两者实力相当，柏杨作为一名作家、学者，白岩松作为一名电视节目主持人，两人自然不具可比性。之所以说精彩是指两人可以不断碰撞出绚烂的火花来。 比如访谈一开始，白岩松并没有回避热点问题。作为从大陆到台湾的柏杨，其实不仅仅是代表他自己，在台湾有着无数的人和他有相同的经历，对于他们而言，两岸关系与他们的现实生活紧密相关。所以白岩松上来便抛出这样一个问题："有没有打算再回去一趟？" 人物访谈说难也难，说容易也容易，关键是得让接受访谈者自己有兴致、愿意说。对于柏杨，"家"就是一个按钮，只要一按下这个按钮，就等于打开了他的思维，打开了他的话匣子，一下子进入一个访谈的境界中，也就为整个访谈奠定了良好的基础。 也正因为如此，所以节目一开始就有出彩之处，柏杨说："我们谈不到衣锦还乡，我们只谈得到平安还乡。能回到家乡看一看，我们就心满意足了，我们还要什么？" 接下来很自然就过渡到柏杨对连宋大陆行的看法，这一问题对上一部分算是一个总结和展望。因为如果没有这一问，那么以一个遗憾来结尾也会给观众留下一些不舒服的感觉，觉得意犹未尽。 像柏杨这样的人，每个人的经历其实就是一段真实的历史记录，所以也被称作"活化石"，他们一旦离开就带走了一段鲜为人知的历史。所以对名人的访谈，务必得留下历史的资料。

节目文本	内容评析
柏杨：每一个字我都负责任，我在台湾，有些人说你为什么不在台湾讲？我说台湾不能讲嘛，有人问得奇怪："你为什么不拿屁股吃饭？"后来我原谅了这句话，因为他不知道这个困难。那个时候我刚从牢房里出来，根本大学门也进不了。 白岩松：这就是当时您蹲绿岛监狱的纪念杯？ 柏杨：这个杯上写的就是在那个年代，有无数母亲为她们被囚禁在这个岛上的孩子常年哭泣！ 白岩松：柏老，当时就有人说我们有的时候有问题，让您开个药方，但是您一直都不开。可最近两年我看过您的一篇文章《我们要活得有尊严》，我们怎么样才能活得有尊严？这篇文章您其实要表达给读者的是什么？ 柏杨：就是你要想活得有尊严，你必须得尊重别人的尊严，而且是内心的、真实的。所以这个意思是不能抬杠，中国人好抬杠。 白岩松：尊严是要活得有尊严呢，还是也要尊重别人的尊严？ 柏杨：我最近有一篇文章，就是讲礼貌。礼貌是一种教诲的工具，是一种乱世自卫的工具，是抵御攻击的工具。结婚婚礼的主要的目的就是你们两个要平等尊重，互相尊重。 白岩松：我听说您曾经打算发明一个新的结婚证书，上面写上一旦结婚，夫妻双方就要互相尊重，当成朋友，无话不谈。 白岩松：正好阿姨过来了，从1978年2月结婚一直到现在，一转眼27年过去了，很幸福吧？ 柏杨：幸福当然很幸福了，但幸福要自己找的，所以一个人只要有诚信，不要问运气。为什么不要问运气？我早就讲不要问运气，因为你没有办法控制运气。你说："主啊，求你救救我，救我这一次。"那你明天又来了："主，求你救我。"那光中国人口就10亿多，上帝该怎么办呢？要尽量靠自己，实在没有办法了，再求助。 白岩松：阿姨是不是老天爷送给您的一个礼物。	柏杨是著名的"大力水手事件"的当事人，也因此在绿岛监狱待了九年多。所以由柏杨说出来的绿岛监狱事件，意义尤其重大。因此白岩松的这一问，等于是又放出一个重磅炸弹，让节目在短时间内再次出现爆点。 有种说法是人物访谈节目其实就像打乒乓球一样，主持人发一个球，被访者接一个球，这样一来一往之间就会精彩不断。当然这个精彩得靠主持人和被访者双方的努力，主持人得问得好，被访者得答得好，两者同样重要，缺一不可。白岩松对柏杨的访谈，不到五分钟就已经有两个回合的精彩表现，显示了柏杨的价值，也显示了白岩松的智慧和魅力。 如果说以上是讲历史的话，那接下来这一环节则主要是讲人生了。白岩松从柏杨的一篇文章入手，让柏杨来表达他的一种人生态度。那就是"要想活得有尊严，你必须得尊重别人的尊严"。 这一段看起来有些偏离中心，但实际上一方面是展示柏杨对中国人的一种看法，因为柏杨在大陆广为人知很大程度上是因为他的一本书——《丑陋的中国人》，而这篇文章（《我们要活得有尊严》）被誉为其姊妹篇，同样是柏杨对中国人整体的劣根性的反思。 另外一方面就是通过这一问题，把整个访谈从历史拉回到现实来，为下一个回合做了铺垫。 从历史走入现实，谈生活谈爱情。 人们都在追求幸福的生活，但幸福生活对每个人来说有不同的向往的标准，名人的幸福标准也总是和普通人不同。 幸福是什么？ 白岩松没有问柏杨什么是幸福，也没有问他幸不幸福，但是从他的问题和柏杨的回答中，我们却看出作为一名80多岁老人，柏杨的生活中充满幸福。 柏杨认为妻子是靠自己的能力争取来的，他认为自己是老天给妻子的礼物，还觉得自己比妻子还要年轻，然后还调皮地说自己照顾妻子比妻子照顾自己还要多，还会在照相的时候把自己照好看而把妻子照难看一点，说这样才公平。

节目文本	内容评析
柏杨：没有，那是我自己争取来的。 白岩松：您是不是老天爷送给阿姨的一个礼物呢？ 柏杨：这还差不多。 白岩松：是不是觉得您心里头比阿姨还年轻？ 柏杨：我觉得比她还年轻。 白岩松：她照顾您多还是您照顾她多？ 柏杨：当然我照顾她多。 白岩松：听说一照相的时候您就说把我照得好看一点，把她照得难看一点？ 柏杨：这样才公平。 白岩松：阿姨也说过，说您的生活中可不像写字的时候那么清清楚楚，您有的时候穿着不同的袜子就出去了，很多时候得盯着，现在情况怎么样了？ 柏杨：现在不行，现在眼睛疼得有点眩，目眩。	从这些简单的玩笑似的话语中，我们看到的不是一个正襟危坐的学者，而是一个无比可爱的小老头，这才是真实的柏杨。 很多人物访谈节目容易犯一个毛病，就是人为地"拔高"被访者，让被访者显得高大无比，其实这样反倒让观众感觉到有一种隔阂，觉得被访者似乎遥不可及。在这段采访中，白岩松很好地克服了这一点，还原了一个真实、可爱、调皮、幽默的小老头——柏杨，让观众在笑声中感受到无比轻松亲切。
白岩松：您自己最想写的是什么？ 柏杨：我不想继续写这些东西，因为我觉得我写那些杂文实在是没有意义。 白岩松：怎么会呢？ 柏杨：假定有意义的话，意义也比较小，有的时候写杂文会讲极端的话。我觉得杂文的破坏性太厉害，而建设性比较少。我现在虽然写杂文形式（的文章），但我想我尽量能把普通的散文变成杂文就行。 白岩松：回头看走过的几十年道路，您自己觉得最满意的是什么？ 柏杨：我对我一点都不满意，我后悔。你看那个菲佣（柏杨家的保姆），她今年40多岁，有个小孩20多岁，大学毕业，叫我找个工作，高兴得不得了，唱歌、跳舞。我们认识几个字的人就在这里忧愁满腹。 白岩松：我们不开心？ 柏杨：不开心。 白岩松：您一直在想很多问题，想了几十年，但是最后没有办法解决掉？ 柏杨：没有办法解决。 白岩松：我看您的好多书都在大陆出版，是阿姨要替您去大陆？ 柏杨：她去，我也跑不动了，我也希望有一天再到大陆。	柏杨既然以杂文而闻名两岸，那么杂文写作就是他的事业。但是这份事业显然不轻松，作为一个以杂文著称的作家，柏杨却说杂文无用，因为其中有太多偏激的语言，破坏性大而建设性少。 柏杨快乐吗？ 在回顾自己走过的四十几年道路中，柏杨说对自己一点都不满意，他说自己家里的菲佣天天就很快乐，而认识几个字的人却只能天天忧愁满腹。 这些话从柏杨的口中说出，突然就会让观众感觉到，这过去的一个时代实在是赋予几代人以悲剧的命运，即使时常微笑，也不过是一个又一个悲剧之中短暂的转折。 由此，一种历史的沧桑感和厚重的文化底蕴便从节目中冒了出来。电视本来是一种由声音和画面组成的信息传播方式，适合于传播偏重感性的东西。柏杨话中那种历史沧桑感，在白岩松的引导下以简单的方式用感性的语言表达出来，意蕴深长，发人深思，使得以感性见长的电视表达突然之间有了一种并不简单的理性思考。 人物访谈以家庭话题结尾是一个不错的选择，因为家庭总是让人感到温馨，也会让接受采访者有话可说，还能很轻松愉快地结束整个采访。

节目文本	内容评析
白岩松：柏老现在是表扬多了还是还批评？ 柏夫人：我想他在比较和缓地批评。年纪大了，就是说觉得很多事情不是你这样干着急就能够解决的。 白岩松：听说您特别喜欢河南老乡二月河的作品？ 柏杨：二月河不错，但我不认识这位朋友。 白岩松：如果从一个大地图上看，您现在的孩子们在哪几个地方？ 柏杨：大陆有我两个女儿，台北两个男孩，澳洲有一个女儿，干女儿很多。 白岩松：您家也是一个大家庭，现在联系多吗？大陆的和澳洲的两个女儿现在岁数小吗？ 柏杨：都不小了，都四五十岁了。 白岩松：联系得多吗？ 柏杨：现在的科技叫人惊奇，你们当然应该知道，电脑可以讲话，我也会听得见，从前的电话、电报现在没用了。 白岩松：过春节的时候，除夕、大年初一，是不是大陆的孩子、澳洲的孩子还有台北的孩子都会给您拜年，那个时候特开心？ 柏杨：除非中国强我才会开心。我现在讲，我要回家了。现在回家只有回到这个家。我说回家了，是我回河南，那儿才美啊！ 白岩松：好，柏老，争取在河南的时候再见您，怎么样，咱们约定一下？ 柏杨：好啊！	白岩松以家庭为话题来结束对柏杨的采访，但显然是出了"问题"，但是这个"问题"出得好，使节目再次出彩。 "问题"出在白岩松问柏杨春节的时候孩子们都拜年，那个时候特开心吗？柏杨的回答并没有顺着白岩松的设置往下走，他说不开心，因为"除非中国强我才会开心"，只有回家了，回到河南了，那才美，那才是真正的开心。这一个意外显然比一个平静的结尾更精彩，所以有时无意中也可以成就一段美谈。 节目中的"意外"其实也是一种宝贵的资源，观众喜欢看到节目中出现"意外"，而且这些意外往往包含着重要的信息，也表明了节目的真实可信度，因此电视工作者要学会利用"意外"来吸引观众。 作为一个人物访谈类节目，而且被访者又是柏杨，这一期访谈时间并不长，但内容却极其丰富，访谈中有政治、有历史、有事业、有人生、有生活、有爱情、有家庭、有期望。让观众在短短的节目时间内，感受到一个并不普通的人物——柏杨的普通和不普通感受。而且在节目中有众多出彩之处，让人拍案叫绝，显示了整个栏目组和主持人白岩松的功力的魅力。

第三节 庆祝新中国成立70周年直播节目《向伟大复兴前进》评析

——大型直播中新闻主持与出镜报道的策略与技巧

2019年10月1日，中华人民共和国成立70周年庆祝大会在北京隆重举行。中央广播电视总台当天推出庆祝中华人民共和国成立70周年特别报道《向伟大复兴前进》，总共进行了约6个小时的直播，该直播节目共分庆祝大会开始前、庆祝大会进行中、庆祝大会结束后三部分，对此次重大时政活动进行了全方位、多角度、高时效的报道。第一部分直播在庆祝大会开始之前，主要负责跟进现场准备情况，介绍背景信息，为庆祝大会预热，渲染气氛，吸引广大观众进行观看，同时还要"保密"，避免核心庆典信息"剧透"。第二部分直播是庆祝大会，包括领导人讲话、阅兵式、群众游行等。第三部分直播在庆祝大会结束后，主要负责进行解密、回味、解读，进行一些庆典参加者的情况揭秘，跟进各地人们的反馈，并且展望未来，其中，新闻评论员评论的部分占据了较大的比例。

在此次直播特别报道过程中，新闻主持人串联衔接、出镜记者现场采访报道、嘉宾进行点睛评论、技术部门保障得力、指挥部门调度有方，综合运用口播、专题小片、出镜报道、即兴评论等多种手段，全方面、立体化出色完成了直播报道任务，体现出一流的专业素质和新闻报道能力。其中，演播室新闻主持人和外景出镜记者的作用尤为重要，他们作为一线报道人员，直接出现在镜头前、画面中，成为决定直播报道成败的关键。此次《向伟大复兴前进》直播报道不仅彰显了中央广播电视总台作为国家主流媒体的高度专业性和卓越执行力，而且凭借其精良的制作水准和出色的报道效果，树立了中国重大时政新闻直播报道的新标杆，成为业界学习借鉴的成功典范。

一 ▎ 演播室主持人员的设置与分工

演播室新闻主持人在直播节目中至关重要，他们负责节目流程把控、信息提炼解读，以通俗易懂的方式传递时政内容。凭借深厚的专业素养与出色的临场应变能力，主持人有效串联各个环节，引导舆论走向，并与现场团队紧密协作应对突发状况。他们的表现直接影响节目的质量和影响力，在重大时政新闻报道中发挥着稳定大局、传播价值的核心作用。

（一）主辅主持人互为补充

在《向伟大复兴前进》这一国庆 70 周年直播特别节目中，第一部分（庆祝大会开始前）的演播室布局设计精心，形成了主辅两位主持人联动播报的立体化报道格局（见图 10-4）。其中，资深新闻人白岩松与欧阳夏丹坐镇主播台后方的核心区域，即第一演播区，承担着节目主线推进和重要信息发布的重任，展现出深厚的专业素养和稳健的主持风格。

图 10-4　国庆 70 周年直播特别报道的演播室和主持人设置

第二演播区则由辅助性主持人王春潇担纲，她站在右侧大屏幕前方，充分利用视觉资源，结合预先制作的精彩短片内容，以"回顾历史"和"致敬英雄"为主题进行深度拓展报道，形成了与第一演播区相辅相成、互为补充的丰富报道层次。在此次直播过程中，王春潇凭借其敏锐的新闻触觉和生动的讲述方式，在第二演播区共计亮相 3次，每次出现都如同一位走进现场的资深记者，通过精心策划的问题引导，与主播台后的两位主持人实现自然流畅的话题衔接与互动。

首次出场时，王春潇带领观众一同追溯"国旗记忆"，深情讲述了五星红旗背后承载的民族故事；第二次登场，王春潇则引领大家共同致敬共和国历史上那些不可磨灭的英雄人物和无私的奉献者，通过鲜活的故事弘扬了爱国主义精神；第三次转换场景，王春潇聚焦于中国社会变迁的缩影——人们的交通出行领域，借助"家庭记忆"的视角生动展现了我国取得的日新月异的发展进步。

通过主辅主持人之间的默契配合及两个演播区的有效联动，《向伟大复兴前进》国庆特别节目的直播形式新颖且富有专业性，成功实现了对庆祝活动最新资讯和背景信息的全面解读与深入剖析，为广大观众带来了一场既富于情感共鸣又富含历史深度的视听佳作。

（二）主持人与评论嘉宾各展所长

在《向伟大复兴前进》国庆直播特别节目的第三部分（庆祝大会结束后），演播室进行了布局调整，欧阳夏丹移至中心位置，形成画面上左有新闻评论员杨禹、右伴资深主持人白岩松的新格局（见图 10-5）。这一安排旨在充分发挥每位主持人及嘉宾的专业特长，以提升节目内容的深度与广度。

欧阳夏丹作为经验丰富的新闻播音员，在此阶段担当起节目的核心串联者角色，凭借其扎实的播报功底和敏锐的节奏把控能力，无缝衔接各个报道环节，确保了节目流程的流畅转换。而白岩松则在共同主持的基础上，凭借他深厚的社会观察力和新闻敏感性，适时地进行现场评述，将个人丰富的生活阅历与专业见解融入直播之中，为

图 10 - 5　国庆 70 周年直播特别报道的演播室主持人和评论员设置

观众提供了更深层次的解读视角。

与此同时，特邀嘉宾杨禹以其权威新闻评论员的身份进入，扮演了至关重要的即时评论角色。杨禹凭借精准独到、鞭辟入里的分析能力，对庆祝大会相关热点议题进行精辟点评，往往能令广大观众豁然开朗，收获新的启示。

三人各展所长，优势互补，共同构建了这场国庆直播节目的坚实骨架。他们不仅呈现了一个专业的视听直播节目，更是通过高水准的内容策划和互动讨论，提升了节目的思想性，成功打造了一次深入人心的国庆特别直播报道。

三 ‖ 报道点的设置与记者的出镜报道

（一）报道点的设置

在新闻现场直播报道中，报道点的设置是一项与新闻内容、新闻主题紧密结合的关键任务，通常需要坚持以下原则：一是"选取最具新闻价值的核心现场"，确保在第一时间内精准采集并发布最具关键性的新闻要素。二是必须遵循"效能优化"原则，力求将每一个报道点的采访及报道功能发挥至最大化，同时最大限度地减少对技术装备和信号传输资源的占用，以实现人员投入与报道效果之间的最佳比率，即用最少的人力配置换取最卓越的报道成效。

在《向伟大复兴前进》直播特别报道中，共设置了 14 个出镜记者报道点，庆祝大会开始前的直播中共 10 个，庆祝大会结束后的直播中共 4 个。其具体位置及分工如下：

天安门广场区域是本次直播特别报道的核心区域，所以，这里设置的报道点共 7

个，分别是航拍直升机上的何盈、天安门城楼上的刚强、礼炮阵地的潘涛、纪念碑南侧的王言、华表前敬礼线处的李梓萌、军乐团合唱团处的劳春燕、临时观礼台上的王宁。这几个报道点的出镜记者，除了直升机上的何盈，其他人都是央视新闻播音员或新闻主持人，他们的出镜报道整体上显得信息丰富、清楚准确，镜头感、对象感强，且语言表达水平很好。

在天安门以东的长安街上共设有2个报道点，一是在三军仪仗队位置的王刚，二是在正义路群众游行报到汇合站的孙艳（见图10-6）。

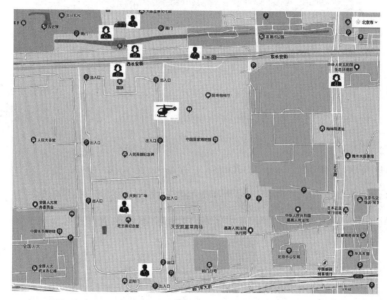

图 10-6　国庆70周年直播特别报道天安门广场及附近区域报道点设置示意图

在庆祝大会服务保障和群众游行指挥部还设立了1处报道点，出镜记者为何畅，共出镜报道两次，第一次介绍庆祝大会开始前的准备情况，第二次是在庆祝大会结束后报道人员疏散情况。

在庆祝大会结束后的直播中，共设置了4个报道点，其中3个是直播报道点，第4个报道点使用录播方式发回了新闻小片。3个直播报道点分别是：南京市建邺区的一个居民社区广场，出镜记者为杨光；北京丰台区的一个电影院，出镜记者是曾文甫；庆祝大会服务保障和群众游行指挥部，出镜记者为何畅。第4个报道点是非洲南苏丹中国维和部队营地，出镜记者是顾雪嘉。

在导播的精心指挥调度下，12位现场出镜记者与演播室主持人高效协同，确保了直播各环节无缝衔接，将新闻现场的最新信息第一时间报道给广大观众。他们每个人出镜报道的时间虽短，但是都进行了认真的准备，充分运用出镜记者现场报道的各种手段，为本次直播特别报道增添了很多亮点。

（二）出镜报道手段的综合运用

1. 特殊视角呈现

航拍直升机绕广场顺时针飞行一周半，何盈从空中介绍了广场上的整体布局以及庆典的基本流程。天安门城楼上的刚强两次出镜报道，介绍了天安门城楼上的景观，以及观礼嘉宾的基本情况。这两个报道点提供的视角都是非常规视角，即普通观众正常情况下无法到达的位置，无法获得的角度，具有较强的新鲜感和陌生化效果，采用记者出镜报道的方式，可以给观众带来强烈的现场感、体验感和参与感，从而满足观众的心理需求。

2. 出镜记者走位与动作引导

本次直播特别报道中各位记者出镜报道的时间都比较短，但是，他们大都没有采用站在固定位置报道的方式，而是进行了一定的位置走动，在运动中进行出镜报道。通过自身位置的变化，可以改变出镜报道的背景环境，呈现出更多的现场信息。通过自己动作的变化，可以引领摄影机拍摄不同的报道对象、报道细节。通过身体姿态的变化，可以利用体态语进行表情达意。比如，潘涛在出镜报道时，就通过自己的走动，展示了礼炮阵列，介绍了礼炮兵。他还有意识地走近礼炮并蹲下身子介绍礼炮和炮弹，不仅通过自己的动作引领交代了报道重点，还能够很好地体现出心中对国家大典的那份庄重和敬意。刚强、李梓萌和孙艳在出镜报道时，都有明显的走位和转身，较好地实现了对自己周围事物及相关场景的全面呈现。

3. 出镜记者的着装与仪表

出镜记者的着装和仪表，也是非语言符号的组成部分，对于新闻报道的效果也有明显的影响。本次国庆直播特别报道中，身在北京的6位男出镜记者都选择了西装、白色衬衫，5位女出镜记者中有4位选择了套装，4位选择了红色上衣。大家的着装都体现出大气、庄重、喜庆的气氛。尽管大家都是提前四五个小时就已经到达直播区域待命，但是，在直播过程中，都表现出了良好的精神状态，情绪饱满，思路清晰，表达流畅，情态俱佳，圆满完成了出镜报道任务。

4. 现场实物互动与新闻叙事深化

在新闻现场报道中，出镜记者充分利用场景中的实物"道具"，通过生动细致的解读和互动，将抽象的新闻信息具象化，是提升报道吸引力和感染力的有效手段。本次直播特别报道中，记者王宁在临时观礼台上精心选取了观众手中的观礼储物包作为载体，对包内国旗脸贴等物品进行了详尽介绍，巧妙地将这些细节与爱国主义情怀和对国家建设者、奋斗者的致敬相结合，有力提升了报道深度和主题关联性。同样，记者杨光在南京市建邺区居民社区广场进行报道时，也较好地运用了现场一位母亲手中的受阅战士照片，通过对这张照片的故事叙述，巧妙地将南京的国庆活动与北京天安门广场的庆祝大会紧密联系起来，丰富了报道内容，并成功构建了一个富有情感共鸣的现场故事。

三 主持和报道的策略与技巧

在《向伟大复兴前进》的直播特别报道中，报道团队遵循人性化传播理念，围绕"我和我的祖国"的主线主题深度挖掘和精心组织内容，运用富有感染力的语言表达方式，巧妙地将宏大的国家叙事与每个普通中国人的日常生活及个体感受紧密结合。报道通过立体化、多层次的叙述手法，从国家记忆、集体记忆、家庭记忆到个人记忆等多个层面全方位展开，使得整场直播在庄重而欢快的情感基调中持续，充满了对祖国深沉而热烈的爱、温暖的人文关怀以及强烈的情感共鸣。

（一）讲故事

视听媒体作品中，"故事"作为一种强有力的载体，以其鲜活的人物塑造、跌宕起伏的情节编织、饱满丰富的情感渗透和具体的历史时空情境，可以有效地吸引并打动广大受众。故事的核心价值在于揭示人物命运与其所处时代背景之间的内在逻辑联系。"生动的细节"往往是故事的点睛之笔，通常具有戏剧性和情感冲击力，既具有独特的个性化色彩，又反映了一定历史时期的典型特征。"讲故事"是视听创作人员不可或缺的专业技能，它能够巧妙地以小见大，将抽象的主题转化为具体的、可感知的叙事元素，从而有效提升信息的传播力和影响力。

在《向伟大复兴前进》直播特别报道中，白岩松作为优秀的故事讲述者，充分展示了其精妙的叙事技巧。他根据不同的环节与主题，在直播的不同阶段穿插讲述了多个具有代表性的故事。例如，在追溯"家庭记忆"的环节，他分享了自己家庭购置第一台电视机的历史片段；在探讨"国庆与姓名"的互动部分，他通过解析自己名字"岩松"背后的时代印记，映射出更广泛的社会变迁；而在直播尾声的"许愿"时刻，他又深情讲述了一个刚刚出生一天的《解放日报》同行之子的动人故事，赋予了节目更为深远的象征意义。同样，欧阳夏丹则借助自家首次购买缝纫机的经历，以及朋友1984年与2019年两次参加国庆游行体验的对比，勾勒出我国社会经济发展、社会变迁的清晰脉络；王春潇也通过回忆家中第一次安装电话的过程，生动展现了科技进步如何深刻影响着每一个中国家庭的生活。出镜记者杨光在南京市建邺区的一个居民社区广场，给大家讲述了一个八〇年老兵和一个受阅士兵的母亲观看国庆直播的动人故事。这一系列生动感人的故事犹如一幅幅历史画卷，形象直观且深刻地描绘出我国发展历程中的社会变革与人民生活的点滴进步（见表10-1）。

表 10 - 1　《向伟大复兴前进》直播中主持人和出镜记者"讲故事"话语摘录

主持人和出镜记者	故事内容	直播话语摘录
白岩松	买电视	其实你看中国家庭的这种历史，都用三大件来说。现在的大件才叫大件呢，房子，汽车，那个时候的大件都是小件。比如说对我印象最深的其实是电视，因为八四年国庆大典，我是在别人家蹭看的，因为我们家没电视。到了八五年我上大学要走，坐火车的那一天，电视搬进家门没开箱，弄得我恋恋不舍，后来那一个学期就急着说回家看一下自己的电视，但今天你看，电视已经是非常普及的物件了。
	起名字	那也有人说了，你的名字跟这个时代有什么关系吗？叫岩松啊，我说是呼伦贝尔，特别讲环保，其实也跟时代有关系，那是因为我哥哥叫劲松，为什么叫劲松呢？是主席的诗，在庐山上，"暮色苍茫看劲松，乱云飞渡仍从容"。所以后来家里头觉得，哎哟，叫劲松。那又有了这个，我庐山上有一个石头，上面有个（棵）松树，好吧，那个叫劲松，这个叫岩松，其实也跟时代有关。
	许愿	我替下一代人许一个愿，因为就在昨天，我们上海《解放日报》的一个年轻同行成了母亲。你看一提到《解放日报》这个名字，你马上会想到70年前。那今天呢，她的孩子一天了，孩子的父亲是一个军人，在今天上午这个国庆庆典直播的时候，抱着这个一天的孩子，在这个直播的屏幕前拍了一张合影。孩子是萌萌的，在那儿睡，什么都不知道，但是你马上会去想30年后，2049年10月1号的这个孩子。30岁零一天，他当时在为这个国家做什么？国家这30年的发展给他的生命历程留下了怎样的印记？他如何三十而立？那么80年后，2099年的10月1号，这一个世纪也将结束。那个时候孩子80岁零一天，已经成为一个老人，我们已经不能再当面问他了，但是特别想知道的是，他会用他们那一代人的方式告诉我们，这个世界上是不是讲中文的人更多了？他这大半辈子走得好吗？山是不是更绿了？天是不是更蓝了？水是不是更清了？从这个今天才一天的孩子身上，你就知道我和我的祖国的新故事已经开始了，不管是多新的故事，它依然拥有"奋斗"和"幸福"这两个关键词。所以祝福这个一天的孩子所代表的下一代中国人。

续前表

主持人和出镜记者	故事内容	直播话语摘录
欧阳夏丹	买缝纫机	我觉得我们家的这个第一个大件，据我妈妈告诉我，她回忆说应该是缝纫机。她说那个时候像买电视机啊，电冰箱啊，缝纫机这些东西都是要凭票购买的。而比如说一个单位票非常紧张，但需要的人又非常多，怎么办呢？就抽签，然后我们家呢，挺幸运的，那次抽签抽到，可以买缝纫机了。缝纫机买回来以后怎么办呢？买了就得用啊，然后我妈妈就自学成材，翻着一本书学怎么做衣服，怎么裁衣服，所以我小时候的服装行头就是这么来的。
	朋友两次参加国庆游行体验对比	其实今天在这个群众游行的方阵当中，我们看到了很多熟悉的面孔。我有个朋友就在其中，他是第二次参加这个国庆庆典的群众游行了，第一次是1984年国庆35周年的时候。然后我就问他，我说你第二次参加的感受有什么不一样？他说整个规模、阵容、场面，包括这种理念的创新，都比国庆35周年的时候有了一个很大的提升。
王春潇	装第一部电话	我记得是我们家的第一部电话，那个时候爸爸妈妈是花光了家里所有的积蓄去买了第一部电话，安装了第一部电话。也是有了这个电话之后呢，其实我们跟亲朋好友的距离就缩短了，因为你想他的时候可以告诉他。
杨光	八〇年老兵	在现场呢，我们刚刚看到这个敬军礼的，还是一位非常特殊的居民啊。他其实是一个八〇年的老兵，他说今天特意穿着这身80年代的军装到了现场观看，并且佩戴上了所有的勋章。他说呢，今天是一个非常特殊的日子，他感觉穿上这样的军装，佩戴上勋章以后，自己和共和国的距离就更近了。
	受阅士兵母亲杨阿姨	那么在现场呢，还有一位非常特殊的观众呢，我要给大家隆重介绍一下，就是站在我身边的这个杨阿姨。 杨光："杨阿姨您好，这个我知道您是非常特殊的，因为您的儿子其实今天就在这样一个阅兵现场，在三军仪仗队上，是不是？难怪看您看得特别认真，您这儿还特地带了一张儿子的照片。我们可以看一下，小伙儿非常英姿勃发，今天您看到他了吗？" 杨阿姨："在现场，看到了，我儿子在第一方阵。" 杨光："第一方阵啊，仪仗方阵，您看到他是一个什么样的感觉？我知道您可能有大半年都没见着了。" 杨阿姨："是的是的，看到他以后心情非常激动，非常自豪，也非常骄傲，我为我的儿子点赞，更为我们的祖国点赞。我在社区担任居委会主任17年，亲眼见证了我们老百姓的日子一天比一天好，这都与我们祖国的发展是分不开的，今天是祖国的生日，我祝福祖国生日快乐。"

（二）提炼和运用关键词

在本次直播特别报道中，无论是主持人、评论员还是现场记者，均展现出卓越的思维整合与语言表达技艺。他们不仅面对镜头时能迅速反应、言辞流畅，而且在信息传递上做到了内容丰富、层次分明，观点明确且情感饱满。其中，"关键词"提炼与运用是他们共同采用的一种策略和方法，这对于提升信息传达效率、强化核心要义及便于受众理解和记忆具有重要意义。

新闻评论员杨禹对关键词的使用最为突出。在对习近平总书记国庆讲话进行深度解读时，他以"奋斗""团结""前进"三个关键词为核心，对讲话精神进行了精准概括，突显了国家发展的核心驱动力。在评价人民军队建设成就时，杨禹选择了"正气""硬气""帅气""底气"四个关键词，并通过强调"体制一新""结构一新""格局一新""面貌一新"的"四个一新"，有效展现了我国军事现代化进程中的显著变革。而在探讨中国对全球影响的话题时，他围绕"和平的力量""发展的力量""变革的力量"以及"正义的力量"这些关键词构建论述框架，有力地阐明了中国在全球事务中的角色定位与价值贡献。

白岩松在介绍受阅方队的特点时，则巧妙运用了"高"这一关键词作为切入点，随后从"高级指挥官""高学历""高颜值""高海拔"等多维度展开详细说明，使得抽象的评价具体化、形象化。在庆祝大会结束后，他对习近平总书记国庆讲话的总结同样精练，通过提炼出"昨天""今天""明天"三个时间线索性的关键词，系统性地勾勒出了讲话的历史纵深感和未来展望。

王春潇在主持演播室环节中，始终秉持着"回望"与"致敬"这两个关键主题词，以此为主线引导整个节目内容的展开，确保了报道脉络清晰、主题鲜明。而出镜记者曾文甫在北京丰台一家电影院进行实地报道时，敏锐捕捉到了观众情绪的核心，以"震撼"和"感动"两个关键词为引领，生动刻画了民众对于国家庆典活动的深切感受。

在本次直播特别报道实践中，"关键词"提炼与运用的专业技巧有效地提升了各传播主体的语言表现力和信息传播效果，实现了内容的高度凝练与精准传达，彰显了专业新闻工作者深厚的专业素养与扎实的业务能力（见表10-2）。

表 10-2　《向伟大复兴前进》直播中主持人和出镜记者"关键词"运用话语摘录

主持人和出镜记者	关键词	直播话语摘录
杨禹	"奋斗""团结""前进"	今天习总书记的这个讲话最核心的一个关键词是"前进"，你看"前进"贯穿这个讲话始终。我概括了三个关键词，一个是"奋斗"，一个是"团结"，一个是"前进"，最终我们中国未来必将更加美好。那么不妨把今天总书记这个讲话跟前天和昨天的两个重要讲话，把这三个讲话连在一起看。你看前天在国家勋章和国家荣誉称号的颁授仪式上，他那篇讲话里边的主题词就是"奋斗"。我们在忠诚中奋斗，我们在执着中奋斗，我们在平凡的岁月里奋斗，去创造伟大。那昨天在国庆招待会上，总书记的讲话实际上关键词是"团结"。他强调团结是铁，团结是钢，团结就是力量。那今天的讲话里边奋斗、团结都提到了，而他落脚在"前进"上。他讲的三个前进征程上，我们要完成的任务就是我们要不断地去创造新的历史伟业，其实就是推进国家的现代化，我们要继续努力实现祖国的完全统一，我们要推动构建人类命运共同体。其实这也是过去几十年来，我们一直致力于去完成的三大历史任务。

续前表

主持人和 出镜记者	关键词	直播话语摘录
杨禹	"正气""硬气" "帅气""底气"	通过刚才盛大的阅兵式，我想体现出了这支军队四个气啊，"正气""硬气""帅气"，还有"底气"。我们捍卫国家利益和主权，我们这样凛然的正气；我们具备硬实力，我们的这个硬气；刚才我看很多身边的观众都在说太帅了，这个帅气体现了我们对人民军队、对战士们的尊重，对军队生活的向往，对他们的感谢。那归根结底，在党领导下的人民军队体现了捍卫我们主权、安全、发展、利益的底气。那刚才的群众游行呢，大家尽情地释放对祖国的爱。
	"和平的力量" "发展的力量" "变革的力量" "正义的力量"	今天中国对世界来说，既是和平的力量，也是发展的力量，还是变革的力量，更是正义的力量。你看我们今天，用我们的能力去维护世界的和平，我们用中国14亿人的这个国家的发展促进了整个世界的发展，我们还在不断地推动这个全球治理体系发生一些新的变革。习近平主席提出的构建人类命运共同体的理念，现在大家越来越多地认同，并且共同去践行它。而归根结底，我们体现了正义的力量。当有人想悖逆潮流的时候，我们能够体现这个世界应有的正确的方向。我想这四种力量汇集在一起，不仅在今天我们这些仪式当中能体现出来，也是在我们这些年跟世界打交道的过程当中一直深刻地体现着。
白岩松	"高级指挥官" "高学历""高颜值""高海拔"	当然这个15个徒步方队是大家特别关注的焦点，如果说焦点当中还有焦点的话，那就跟一个"高"字儿有关，为什么呢？你看首先是高级指挥官的这个方队，咱得看看这将军走出来是什么样，但是有一句话让我增加了非常强的信心，有一个高级指挥官接受采访的时候说我们任务会有分工，但是我首先是一个兵，咱们看看将军这一群兵会走出怎样的一个模样。接下来呢，就是高学历，因为科研院校的这个方队，这是咱们整个军改之后的一个非常聚焦的焦点，我们看看这批高学历的学霸能不能最后走得像浓缩的大数据一样。然后自然是大家格外关注的女兵方队，她们是高颜值、高海拔，然后看看走成什么样。
曾文甫	"震撼""感动"	如果要问我今天上午在电影院观看国庆直播究竟是一种怎样的感受，我想可以用两个词来形容，一个是"震撼"，一个是"感动"。"震撼"是因为当电影院的灯光熄灭，威武的中国人民解放军的受阅部队和装备整齐的队列依次经过天安门广场的场景在电影院的大屏幕上以4K超高清画质呈现在我们眼前的时候，我们的耳边5.1环绕声音响里面回荡的是他们雄壮的军乐声和口号声。我相信，那一刻，对于电影院里面的每一名观众来说，都有仿佛置身在天安门广场近距离观看国庆阅兵的这样一种震撼体验。嗯，说到"感动"，我想主要在于后来的群众游行队伍将共和国70年来中国人民团结奋斗的壮丽画卷——呈现在我们眼前的时候，那种对于国家取得非凡成就的荣耀感和身为一名中国人的自豪感，在今天上午真是油然而生，而无论对于在电视机前的观众还是电影院里的观众来说，我想这份感动都是感同身受的。

（三）互动

在现代传播学的视角下，互动被赋予了更深层次的含义。它不仅是信息发送者与接收者之间双向沟通的桥梁，更是一种能够积极反馈、相互激发，进而优化信息传播效果的策略性手段。通过互动，信息的单向流动得以有效避免，传播的活跃度大幅提升，从而更为精准地确保了传播目标的达成。

在《向伟大复兴前进》直播特别报道中，"互动"成为一种主持人和出镜记者普遍采用的报道方式，主持人与主持人、主持人与嘉宾、主持人与出镜记者、出镜记者与采访对象之间构建了一个多维度、高密度的互动网络。这种互动不仅体现在语言的交流上，更深入思想和情感的碰撞中。

王春潇作为辅助主持人首次出场，就是由欧阳夏丹设定的一个小问题引出的。后续王春潇也多次采用问答方式与白岩松和欧阳夏丹互动，然后导入自己的主持段落。白岩松、欧阳夏丹、杨禹之间不是按照固定的脚本照本宣科，而是真正形成了对话和讨论，语言和思想的火花时有闪现。

在出镜记者当中，劳春燕和孙艳各自与采访群众的互动表现值得称赞。劳春燕与天安门广场上参加合唱的同学们进行了互动，将自己的口头报道和现场互动有机结合起来，不仅增强了报道的现场感，也让观众感受到了新闻背后的温度和情感。而孙艳在正义路群众游行报到汇合站出镜报道时，不仅和现场的群众进行了语言上的互动，还有意识地通过自己的走位，引导摄影师对报道内容进行现场拍摄，将"说"和"看"有机结合，实现了报道内容与视听手段的完美融合。

在这场直播中，主持人和出镜记者与广大观众建立了紧密的互动联系（见表10-3）。这种联系不仅体现在语言的沟通上，更体现在对观众情感体验的深入洞察和精准把握上。通过这种方式，报道成功唤起了观众的集体记忆和强烈共鸣，展现了新闻传播在构建社会共识、凝聚民族力量方面的独特作用。

表 10-3 《向伟大复兴前进》直播中主持人、出镜记者"互动"话语摘录

主持人和出镜记者	互动场景	直播话语摘录
欧阳夏丹 王春潇	演播室	**欧阳夏丹**：今天呢，我们的同事春潇也是在演播室当中和我们共同来主持这样一个国庆特别节目。这方面我觉得你的感触可能会更深啊，因为你的孩子是不是现在也正在上小学呢？ **王春潇**：没错，正是因为今年我们有了一年级的小豆包在家里头，所以我知道刚刚你所提到的这篇课文是新版语文教材一年级的第十课，也正是因

续前表

主持人和出镜记者	互动场景	直播话语摘录
欧阳夏丹 王春潇	演播室	为有了他入学，我知道了每到开学迎新日的时候，很多学校的入学第一课都和国旗、和祖国相关。所以我们……看，这是房山区的小学生和全国各地小学生上学画的第一幅画，很多都和国旗相关。虽然他们国旗画得不是那么标准，但其中的用心我们还是能够感受得到的。而每个人对于国旗的记忆其实都很美好，不知道岩松和夏丹你们对于国旗的记忆最深刻的是哪一次？
王春潇 白岩松	演播室	**王春潇：**接下来的这段回望啊，我们从一些物件说起。先请二位分享一下，如果打开我们小家的记忆抽屉，哪些物件在你们成长的过程当中记忆是非常深刻的呢？ **白岩松：**其实你看中国家庭的这种历史，都用三大件来说。现在的大件才叫大件呢，房子，汽车，那个时候的大件都是小件。比如说对我印象最深的其实是电视，因为八四年国庆大典，我是在别人家蹭看的，因为我们家没电视。到了八五年我上大学要走，坐火车的那一天，电视搬进家门没开箱，弄得我恋恋不舍，后来那一个学期就急着说回家看一下自己的电视，但今天你看，电视已经是非常普及的物件了。
劳春燕	天安门广场	**劳春燕：**这次他们唱的歌会更多，会唱18首歌曲，那都会唱哪些歌呢？同学们。 **同学们：**《走在小康路上》《时代号子》《我爱你，中国》…… **劳春燕：**听了同学们的介绍，我其实也看了歌单，应该说这18首歌曲当中，既有一些大家耳熟能详的老歌，比如说像《社会主义好》《没有共产党就没有新中国》等等，也会有一些更加富有时代特征的、更加有时代感的新歌，比如说《不忘初心》。而这一次特别值得一提的是，在这18首歌曲当中还增加了一首无伴奏的合唱歌曲《今天是你的生日，中国》。应该说在天安门广场上这么多人，将近3 000人来进行无伴奏的合唱，这还是第一次，对同学们来说也是非常大的挑战。没有伴奏的情况下，近3 000人怎么把歌唱齐？8名小指挥怎么能够同时起拍呢？这恐怕就要依靠平时训练养成的功力和达成的这种默契了。另外，今天对同学们来说还有一个难点和挑战，就是他们不仅要唱起来，而且还要动起来，因为有两首歌增加了手部和身体的动作。那么这样一个大胆的创新，也会使得这个演出的效果更加动感十足，更加热情洋溢。同学们，你们都准备好了吗？ **同学们：**准备好了。 **劳春燕：**祝你们有一个完美的演出！ **同学们：**谢谢！
孙艳	正义路群众游行报到汇合站	**孙艳：**现在距离我们的活动开始还有不到一个小时的时间，赶紧带大家来看一下现场。我们知道，正义路站一共集合了8 926人，分别来自七到十三方阵。通过镜头您看一看，这就是我们的七方阵。请跟电视机前的观众朋友们打个招呼吧。 **七方阵群众：**我们是七方阵！我爱你，中国！ **孙艳：**你能感受到他们每个人发自内心的这种愉悦和高兴。其实我们知道，每个方阵都有自己的主题。大家看一下七方阵的衣服、道具，每个人的着装，您看女生麻花辫用丝带系着，还有人胸前系着红花，您能猜到这是一个比较有年代感的着装。他们究竟展示的是什么年代、什么主题呢？一会儿我们拭目以待。

（四）即时评述

新闻直播，以其无可比拟的时效性优势，在报道如中华人民共和国成立 70 周年庆祝大会此类重大庆典活动时，展现出其独特价值。一场大型现场直播，需多部门协同合作，数百人紧密配合，以视听手段即时、客观、全面、真实地呈现活动现场实况，做到"客观记录"与"真实转播"，这本身已是一项巨大的挑战。中央广播电视总台报道团队在追求"纪实"的基础上更进一步，打破时空界限，在实时播报当前新闻事实的同时，深度挖掘过去的历史背景，并前瞻未来发展趋势，将历史、现在和未来串联一体，从而提炼出具有指导意义的历史经验和发展规律，升华出有深度的思想观点。

对于新闻从业人员来说，提供准确无误的事实是基本的职业素养；而优秀的媒体人，则能在传递事实之余，为受众提供独到的观点与见解，对受众的思想观念产生深远影响。新闻主持人和出镜记者不仅要具备精准报道新闻事件的能力，更要能够在叙事过程中有机融合叙述与评论，进行即时评述，这是衡量其职业成熟度的重要标志。现场直播中的即时评述，要求主持人和出镜记者拥有深厚的知识积淀、丰富的生活体验、敏锐的理性分析力以及卓越的语言表达技巧。此外，他们还需深入理解并全面掌握国家的各项方针政策，精准拿捏宣传报道的"分寸"与"口径"，确保主流价值观得以有效传播。资深记者及由资深记者转型的主持人往往在此方面表现出色。

在《向伟大复兴前进》直播特别报道中，主持人白岩松不仅成功串联起了节目内容，其即兴评述更是精彩纷呈。他在探讨"人是回望历史的坐标"时，创造性地运用拟人手法，根据重大历史事件发生的年代，做了非常精妙的类比，如"共和国属牛""改革开放属马""深圳特区属猴"等，生动揭示了历史节点的意义。而在谈到"歌曲亦是回望历史的坐标"时，他一气呵成地梳理了不同时代代表性歌曲与其所处时代背景、精神风貌之间的内在联系。而出镜记者王宁在临时观礼台的报道中，充分利用现场元素，通过展示观礼储物袋内的国旗脸贴，提炼升华出"幸福"与"奋斗"两大主题。他们的主持与报道工作，使得爱国主义、奉献精神、文化自信、团结进步等主流价值观以生动鲜活的方式深入人心，实现了润物无声的价值传播效果（见表 10-4）。

表10-4　《向伟大复兴前进》直播中主持人、出镜记者"即兴评述"话语摘录

主持人和出镜记者	直播话语摘录
白岩松	回望历史的时候，最重要的坐标是人。你看先说远一点，有人说深圳特区属什么？我说深圳特区诞生于1980年的8月份，他属猴啊，所以孙悟空的七十二变真是就像深圳特区不断地变，变成了今天这个样子。那么改革开放属什么呢？改革开放诞生于1978年，它属马，真的就像是骏马奔腾，带着我们看到这40多年巨大的这种前进的足迹。那接下来就要问了，共和国属什么？其实新中国诞生于1949年，他属牛真的再贴切不过了。你会看到今天我们说国家很牛，那是因为有一系列刚才我们在片子当中看到的牛人，他们真的就像孺子牛一样，像老黄牛一样在耕耘，在默默地劳作，在负重前行。所以，不管将来多久，当我们要对国家说"牛"的时候，别忘了这些，虽然他们出生在任何年代的都有，可能他们属什么的都有，但是别忘了他们都属牛。
	历史事件当然是回望历史的坐标，人是更重要的回望历史的坐标，但千万别忘了歌曲也是回望历史的坐标。比如说，一唱起《让我们荡起双桨》，马上我就想起了童年时代；一唱起这个《校园里有一排年轻的白杨》，咱们就想起了大学时代。那其实回望过去这70年的时候，很多的歌曲都立即能让我们想起那个特定的时代，像《我为祖国献石油》，马上想到了五六十年代那样一个峥嵘岁月。然后，唱到《祝酒歌》的时候，它简直像一个报春鸟，（唤起）大家那种兴奋的心情。然后，《年轻的朋友来相会》，还有《在希望的田野上》带有鲜明的80年代的特色。其实，歌曲在中国这70年走过的路程当中，不仅仅是路标，有的时候它甚至就是改革的一部分。比如说《乡恋》这首歌，当诞生的时候引起很多人的争议，大家会觉得，哎哟，这歌是不是太软了？但是后来发现人们爱听，它就成为思想解放的一部分。再比如说，现在大家最熟悉的《我和我的祖国》，据李谷一大姐回忆，八四年把歌交到她手里的时候她有点蒙。呦，祖国这么宏大的意象，能用华尔兹舞曲这种表达方式、八六拍或者这样一种音乐吗？但是，一唱下来，看到那么多人热泪盈眶，唱到今天成了2019年最火的一首歌。显然，它跟人们的心非常近，所以，在歌曲当中有我们走过的足迹。
王宁	观礼嘉宾到达了现场之后，都会把这些脸贴拿出来，贴到自己的脸上，还有贴到手上的，特别欢乐。而且随着音乐的响起，他们挥舞着五星红旗的样子，让我充分地感受到了，真的，新时代一切幸福都是奋斗出来的，而新中国壮丽70年的丰盈收获是由人民创造的，也由人民共享，所以这样的设计充分体现了今天他们在观礼台上不仅仅是观看者，也是参与者，一切的幸福都是由他们奋斗出来的。那今天让他们自己去感受这样的丰盈收获吧。

综上所述，庆祝新中国成立70周年特别报道《向伟大复兴前进》大型直播节目，紧扣"我和我的祖国"的核心主题，成功实现了宏观国家叙事与微观个体生命体验的深度融合。该节目秉承"国庆是所有中国人的节日"的宣传报道理念，在直播庆祝大会、阅兵式、群众游行盛况等的同时，挖掘和呈现不同时代、不同年龄、不同地域、不同行业"你我他"的故事，将国家记忆、集体记忆、家庭记忆与个体记忆交织融合，以丰富多样的形式、生动活泼的话语、精彩感人的故事、真挚热烈的情感载入中国新闻直播史册，其新闻主持和出镜报道采用的策略与技巧有力地推动了主流价值观的广泛传播与深刻认同，为未来的新闻工作者提供了宝贵的经验，值得大家学习和借鉴。

///《中国共产党第二十次全国代表大会开幕会特别报道》出镜记者现场报道评析

中国共产党第二十次全国代表大会的召开，是 2022 年中国政治生活中的一件大事，必将在中国历史上留下浓墨重彩的篇章。2022 年 10 月 16 日，中央广播电视总台对党的二十大开幕会进行了直播特别报道。在大会开始前和大会结束后，白岩松作为出镜记者在人民大会堂东门外台阶上，分别完成了两段与演播室主持人劳春燕连线的现场出镜报道。这两段出镜报道充分体现了白岩松作为一名优秀新闻记者的专业素质和政治素养，也体现了国家主流媒体时政报道指导思想的创新，成为当代出镜记者现场报道的经典案例。下面我们分别对白岩松的两段出镜报道进行评析。

一 /// 中国共产党第二十次全国代表大会开幕前的出镜报道

《中国共产党第二十次全国代表大会开幕会特别报道》直播从一部回顾中国共产党发展历程的短片开始，短片以航拍镜头展现了上海一大会址、嘉兴南湖红船、井冈山革命根据地旧址、遵义会议会址、延安窑洞和宝塔山、河北西柏坡、北京天安门广场等地的旧貌新颜，之后，由新闻主持人和外景记者的连线正式进入现场报道（见图 10 - 7、图 10 - 8）。

图 10 - 7 《中国共产党第二十次全国代表大会开幕会特别报道》中主持人与外景记者连线

劳春燕：这里是中央广播电视总台正在直播的《中国共产党第二十次全国代表大会开幕会特别报道》。今天上午十点，中国共产党第二十次全国代表大会将在北京人民大会堂开幕，稍后我们将对大会的开幕会进行直播报道。现在我的同事白岩松正在人民大会堂东门外广场，参加大会的代表们就是从这里进入大会堂的。我们马上就来连线岩松，岩松带来你的现场观察。

白岩松：观众朋友，演播室的各位，大家好。

站在室外呢，才能感觉到今天北京的天儿可真好，微风，万里无云，感到很暖和。我相信刚才在代表通道呢，我们都共同感受到了过去五年乃至更长时间我们一起所走过道路的这种回望，随着我身后代表们基本上已经完成了入场，我们该展望未来五年了。如果说观察的话，用一句很短的话来说，最重要的看点，这次大会，那就是在面对本世纪中叶我们的第二个百年目标的时候，未来五年乃至更长时间，我们将如何走？有哪些新的思路、新的战略、新的举措？

当然不能这么简单，我们还可以换一个思路，用三个数字"20""9"和"1"来完成这种观察。这是党的第"20"次代表大会，"20"就意味着一个漫长的历程。去年我们共同庆祝了中国共产党成立 100 周年，那么今年就是 101 年，这是第二个百年征程的一条新的起跑线，将如何起步？如何去面对这个新的百年？党自身如何进行建设？如何从严治党？如何提升执政能力？如何进入新的境界？面对新的使命和新的历史任务，因为我们都在中国的这列列车上，共产党作为火车头，他的引领力自然与我们每个人紧密相关，所以，这当然是一个重要的看点了。

接下来要说"9"，这次大会是改革开放之后第九次党代会，在这次这个代表当中呢，一共有 96.9％的代表都是改革开放之后入党的。在过去这 40 多年的路程当中，一次又一次的党代会推动着整个中国的改革开放和快速发展，我们完成了从富起来转向强起来这样一个路程。因此，大家自然期待这一届党代会能够让我们的发展进入更高质量的这样一个层次，同时，中国式的这种现代化行稳致远。这样的话，国家更强，我们每个人更富，然后，经济、社会全方位地发展，我们每个人能分享更多发展的成果。

第三个数字呢，就是"1"，这是世界疫情进入第三个年头的一次大会，我们自然要面对两个变化的世界。第一个是变得更加动荡和撕裂的现实世界，那么中国作为一个大国，你将如何唱响人类命运共同体这样一个主旋律？同时，还有的人带着冷战这种思维，以意识形态站队、拉帮结伙，拦着中国向前走这样一种路程，我们要如何斗争？如何捍卫自己的利益？当然，我们还要面对变化的每个人的内心世界，民心是最大的政治，我们如何用一个确定的未来，让人们走出内心的不确定，让我们更多的国人能够更有信心、更乐观，带着希望以更好的精神状态，再去建设好自己的小家，参与到我们整个大家的这种发展和建设之中。所以，我们当然应该期待未来，而且相信未来。对于未来来说，今天我们再次出发。好了，时间还给春燕。

图 10 - 8　《中国共产党第二十次全国代表大会开幕会特别报道》中大会开幕前出镜报道

（一）情境建构与出镜报道

新闻报道特别讲究如何有效地传递信息，同时吸引并保持观众的注意力。在《中国共产党第二十次全国代表大会开幕会特别报道》直播中，白岩松的出镜报道展现了新闻学、传播学和叙事学理论在实际新闻实践中的应用，有效提升了报道的效果和影响力。

新闻学视角下的环境描绘和气氛渲染是理解白岩松报道技巧的关键。在其《中国共产党第二十次全国代表大会开幕会特别报道》中的现场报道，白岩松通过细致描绘北京的天气，不仅为观众呈现了一个具体的视觉图像，更是巧妙地将观众的情感与报道内容连接起来。"今天北京的天儿可真好，微风，万里无云"，这样的描述，远远超越了对天气的客观陈述，成为一种情感的传达。在新闻学中，这种技巧被称为"情境建构理论"。这一理论认为，新闻报道中的环境描绘不仅仅是为了提供背景信息，更重要的是建立起观众与报道主题之间的情感联系。在这个特定的报道中，它不仅设定了大会的背景，还为大会传达了一种积极、期待的氛围。

此外，这种环境描绘还起到了另一个重要的作用，即在观众心中构建起一种"在场感"。观众通过白岩松的描述，仿佛亲自站在室外，感受到了北京那天清新的空气和温暖的阳光。这种在场感极大地增强了报道的吸引力，使观众更加容易沉浸在报道的内容中。在出镜记者现场报道中，如何有效地利用语言来创建情境、传达情感，是每一位新闻工作者都需要掌握的技能。白岩松在这方面的表现尤为出色，他不仅仅是在报道一个事件，更是在讲述一个故事，一个有关中国未来的故事。通过这样的叙述方式，他不仅增强了报道的信息传递效果，更激发了观众对于报道内容的兴趣和情感共鸣。通过精心的环境描绘，他不仅成功地设定了报道的情感基调，还有效地提升了报道的吸引力和影响力，这是新闻报道中情境建构理论的典型应用。

（二）信息加工与出镜报道

在传播学的视角下，白岩松的报道体现了对信息传递效率的深刻理解。通过将复杂的政治议题分解为"20""9"和"1"这三个数字，他不仅简化了信息的传递，还提高了观众的理解和记忆效率。这种方法是传播学中"信息加工理论"的典型应用，该理论认为结构化和简化的信息更容易被观众接收和记忆。

首先，"20"代表的是中国共产党的第二十次全国代表大会。这个数字不仅代表了一个具体的事件，还象征着中国共产党漫长历史进程中的一个重要时刻。通过这个数字，白岩松巧妙地将一个宏大的历史背景压缩成一个简单的符号，使得观众能够迅速抓住报道的核心内容。

其次，"9"代表的是改革开放后的第九次党代会。这个数字不仅提供了一个时间节点，还隐含了改革开放以来中国所经历的变化和发展。通过这个数字，白岩松有效地将40多年的历史发展浓缩在一个简单的符号中，使观众能够更容易地连接过去与现在，理解中国发展的连续性和阶段性。

最后，"1"代表的是疫情进入第三年时的第一次党代会。这个数字不仅标志着一个新的开始，还象征着面对挑战和不确定性的勇气和决心。在全球疫情的背景下，这个数字对观众而言具有特别的意义，它传递了一种面对困难不屈不挠、积极向前的信息。

这种通过数字来分解和简化复杂概念的方法，不仅使得报道更加清晰和易懂，还增强了信息的传播效果。观众在接收到这些简化后的信息时，更容易进行加工和记忆，从而更深刻地理解报道的内容。此外，这种方法还能激发观众的思考和联想，使他们在了解具体事件的同时，也能够对更广阔的社会背景和深层含义有所思考。

白岩松在其报道中运用的这种分解概念的方法，不仅展示了其对传播学理论的深刻理解，还体现了其作为一名新闻工作者的高超技巧。通过简化和结构化的信息传递，他不仅提高了报道的可理解性，还增强了观众的参与感和记忆效果。这种方法对于处理复杂的政治议题来说，是一种非常有效的传播策略。

（三）叙事策略与出镜报道

在叙事学的视角下，白岩松的报道展示了如何通过精心构建的故事结构来有效传达信息。叙事学，作为研究故事和叙述的学科，强调故事元素的组织和叙述方式对信息传递的影响。白岩松的报道是这一理论应用的典型例证，他不仅仅是在传递事实，更是在讲述一个引人入胜的故事。

报道的开始是通过环境描绘来设定场景的。这一策略不仅为观众提供了一个具体的背景，也创造了一个情感共鸣的空间。寓情于景，借景抒情，是中国文学创作的常用手法。当白岩松描述"今天北京的天儿可真好，微风，万里无云"时，他不仅在描述一个客观的天气现象，而且在为即将展开的故事设定基调。在叙事学中，这种技巧被称为"情境设定"，它帮助观众在心理上进入报道的情境中，为深入理解故事内容打下基础。

接下来，白岩松通过提出问题来引发观众兴趣，这是叙事学中的"悬念设立"。例如，当他问道"未来五年乃至更长时间，我们将如何走？有哪些新的思路、新的战略、新的举措？"时，他不仅在寻求答案，也在激发观众的好奇心。这种技巧有效地吸引了观众的注意力，使他们期待着故事的下一步发展。在叙事学中，这种悬念的设立是保持观众兴趣和参与感的关键。

最后，通过数字化的概念分解来深化理解，是白岩松报道的亮点。他将复杂的政治议题分解为"20""9"和"1"这三个数字，这不仅简化了信息的传递，也使故事更加易于理解和记忆。在叙事学中，这种技巧被称为"情节简化"。通过将复杂的事件简化为几个核心要素，白岩松提高了信息的可访问性，从而有助于观众的理解。

综合来看，白岩松的报道在叙事学方面展示了高度的专业技巧。通过精心设计的叙事结构，他不仅清晰地传达了信息，还创造了一个吸引人的故事。这种叙事方法不仅提高了报道的效果，也增强了观众与信息的连接。白岩松的这种报道方式是叙事学理论在新闻实践中的成功应用，展示了如何通过故事讲述来增强新闻报道的影响力和吸引力。

白岩松的出镜报道是一个展示新闻学、传播学和叙事学理论在实践中如何有效结合的优秀案例。他通过多种策略的运用，将新闻报道水平提升到了新的高度。我们可以看到，新闻不仅是传递信息的工具，也可以是引导思考和激发情感共鸣的艺术形式。这种报道方式不仅为新闻工作者提供了宝贵的启示，也为新闻传播学的学者和学生提供了学习和研究的范例。

三 || 中国共产党第二十次全国代表大会开幕后的出镜报道

在习近平总书记发表讲话阐述党的二十大报告要点后，李克强总理宣布大会休会，大约五分钟后，《中国共产党第二十次全国代表大会开幕会特别报道》直播的主持人劳春燕再次连线白岩松，就他在大会现场的观察进行出镜报道（见图10-9）。

图10-9 《中国共产党第二十次全国代表大会开幕会特别报道》中大会开幕后出镜报道

劳春燕：共产党第二十次全国代表大会已经开幕。我们再一次连线一直在人民大会堂采访的我的同事白岩松。岩松，此刻你最想和观众分享的感受是什么？

白岩松：好，观众朋友、春燕和演播室的嘉宾，大家好。首先的感受就一个字——"短"，感觉报告不仅仅是心理感觉短，实际的时间也短。我们不妨做一个比较，因为五年前的时候，十九大我也在现场，是上午9点开会。那么，报告是过了12点也就是三个多小时之后才结束的。但是，今天的会议是10点开始的，而现在不到12点，报告进行了大约1小时50分就结束了。因此，这的确是一个实际上的"短"。首先，在面对这个"短"的时候会有一个感受，那就是疫情以来这三年我参加过三次"两会"，包括政府工作报告在内都没有超过两个小时，甚至可以说几乎都在一个半小时左右。因此，今天的这份报告1个小时50分钟已经算长了。但是，毕竟跟五年前的这三个多小时相比是短的，所以第一感觉就是这一定是一个浓缩的报告。

当然，我们在休会之后，突然发现了大会堂的一个细节。现场在休会那一瞬间，新闻组马上给记者开始发放全本的报告。我们的记者风一样地跑到这里，现在就拿到了最热乎的全本的报告。我们可以看一下它的这个页数，它的页数是 72 页。的确，从体量来说比刚才这个浓缩的报告可能要大很多。我猜想用不了多长的时间，很多的观众朋友就可以看到或者感受到这份全本的报告。当然说到今天我们聆听的这个浓缩的报告，浓缩的都是精华，所以一个"短"，一个"浓缩的都是精华"，春燕，就是我的这个最直观的感受。

劳春燕： 那在这 1 个小时 50 分钟的时间里，最触动你、让你印象深刻的内容有哪些？

白岩松： 其实触动最深的就是我们每次在面对这个党代会的时候，历史条件不同，时代背景不同，但是，还有一些相似的主题。比如说，用很多大家熟悉的词的话，就叫"方向、方法、道路、旗帜"。但是，如果要用老百姓熟悉的话来说，用十个字可以概括，那就是每一届党代会都告诉大家："往哪走？怎么走？谁领着走？"那么，这一次这份浓缩的报告，让我们感觉"往哪走"不是最重要的命题，为什么？因为在十九大的时候，已经为我们描绘了到 2035 年"基本实现社会主义现代化"这样一个目标。到 2049 年、2050 年，也就是第二个百年的时候，"实现社会主义现代化强国"这样的一个两步走的战略。因此，"方向"在五年前就已经定了。而至于"谁领着走"，那是需要会议后面的这个议程、包括二十大一中全会为我们去确立。因此，这份报告，我们可以说，非常重要的重点就在于说面对未来的目标，在未来五年以及更长的时间我们怎么走？也就是说"方法"。因此，这方面的感受非常多。

我觉得还是用那三个词去概括这份报告，就是"新的思路""新的战略"以及"新的举措"。比如说，从新的思路的这个角度来说，当然我抄了很多，首先总结了过去五年的经验，包括过去十年所做的三件大事，建党百年，然后全面脱贫小康，完成第一个百年目标，还有中国特色社会主义走进新时代，等等。我们当然要关注未来五年，可是对过去五年到十年的很多经验的总结也是非常重要的，这也体现了一些新的思路。比如说，我抄到两个比较重要的，一个是过去工作做得不错，那么为什么做得不错？总结出来的世界观和方法论是什么？其中有六个，坚持"人民至上、自信自立、守正创新、问题导向、系统观念"，还有"胸怀天下"。另外一个很重要的这种新的思路，就是最近很多人开始谈论"中国式现代化"。那什么是"中国式现代化"？今天报告也非常浓缩地告诉大家，它就是"人口规模巨大的现代化、全体人民共同富裕的现代化、物质文明和精神文明相协调的现代化、人与自然和谐共生的现代化、走和平发展道路的现代化"。因此，在这些新思路方面，在今天的报告里感受非常明确。

当然我们也要去感受很多新的战略。比如说，这里明确提到"国家安全体系和能力现代化"。这当然是一个新的战略这样的一个概念，包括会强调很多带有战略性的这样一些思考。比如说在十九大的时候，"人民"这个字眼出现了二百多次，在刚刚这份报告当中我没有具体统计"人民"出现了多少次，但是它把这二百多次浓缩到了一个非常重要的、未来要探索的举措和战略方面，那就是"人民当家作主"要有制度保障。还有什么比制度保障更让所有人感到踏实的呢？那从具体举措来说，也会谈到从人民的这个选举、民主选举一直到民主监督全过程。而且，所有的事儿、中国梦，大家都要一起来想，一起来干。

另外，这里涉及这个举措的非常非常多，因为它很实，因为它就是要探讨"怎么走"这样一个概念。比如说"高质量发展"，又回应了这种"两个毫不动摇"，等等。我相信对于很多关注我们市场经济发展的，它强调"坚持市场经济"的这种改革方向，也给大家吃了定心丸，对民营经济的发展也给大家吃了定心丸，也回应了社会上很多这样或者那样的声音，我觉得那些声音都可以收回去了，还是按照我们的基本国策，发展是执政兴国的第一要务。我觉得（说到）物质基础，同时也是大家需要这个国家向前发展，每个人可以分享成果，因此举措非常多。比如说十九大的时候谈到"乡村振兴"还只是一个概念，但是，在今天就开始有具体的举措出现了。所以，归根到底，我们回头一看，今天这份浓缩的报告以及未来大家会看到的全本，就是集中于通向我们第二个百年目标的过程中我们新的思路、新的战略和新的举措。好，我觉得所有的东西，都已经描绘出来了。看着离去的所有代表，我相信他们也开始思考，那就是从今天开始，未来五年的道路，我们该怎样更快、更好、更安全地行走。

劳春燕：好，这是岩松的现场观察。

与党的二十大开幕会开始前的出镜报道不同，大会开幕后第一时间的现场报道显得难度更高。大会开幕前的出镜报道可以进行较长时间的策划和准备，可以介绍大会召开的背景信息，可以展望未来，提出诸多未知的问题。大会开幕后的出镜报道，需要白岩松在极短的时间内，精准地、高度凝练地概括、总结党和国家领导人讲话的内容和精神，并以通俗易懂的语言，快速、准确、生动地传达给广大受众。白岩松在

《中国共产党第二十次全国代表大会开幕会特别报道》大会开幕后的出镜报道，从新闻学和传播学的角度来看，堪称一次优秀的现场报道。他以其敏锐的新闻触觉和深厚的政治素养，为观众带来了一场深入浅出、时效性与深度并存的政治传播佳作。

（一）时效性强，第一时间，现场述评

白岩松的报道体现了新闻传播学中强调的"时效性"原则。在重大事件发生后，他能够迅速反应，第一时间进行现场述评。常规情况下，对于党的二十大开幕这样的重大选题，任何报道、评论都要经过认真学习，深入消化，精心策划，反复推敲，层层审查，才有可能进行直播发布。这次党的二十大开幕会刚刚结束，白岩松就和团队一起在人民大会堂东门外进行现场直播，不仅陈述事实，还要进行精练的点评。这种即时性的报道方式，不仅展示了其作为新闻人的职业素养，也确保了信息的及时传递，满足了公众对于重大事件的知情权。同时，如此创新安排，也体现了国家主流媒体新闻报道思想的开放，体现出对自己优秀员工、直播团队专业能力的信任，体现出坚定的政治底气。

（二）政治传播，权威准确，人性互动

首先，白岩松的报道彰显了政治传播中的"政治敏感性"，展现了政治传播的准确性和权威性。他能够准确把握党的二十大这一重大事件的核心要义，通过提炼报告中的关键词和核心思想，如"新的思路""新的战略""新的举措"，有效地向观众传达了党的新思想、新方向和新部署。这种有针对性的信息传播，对于帮助观众理解复杂的政治议题、形成正确的政治认知具有重要作用。

其次，白岩松的报道在政治传播的深度和广度上也做得非常出色。他不仅关注报告本身的内容，还深入挖掘了背后的政治意义和社会价值，为观众提供了更加全面、深入的政治解读。这种兼具深度和广度的报道方式，有助于提升观众的政治素养和社会责任感。

最后，白岩松的报道还体现了政治传播的人性化和互动性。他通过自身的感受和观察，将枯燥的政治报告转化为生动形象的现场报道，拉近了观众与政治的距离。他以"六个必须坚持"（人民至上、自信自立、守正创新、问题导向、系统观念、胸怀天下）和"中国式现代化"（人口规模巨大的现代化、全体人民共同富裕的现代化、物质文明和精神文明相协调的现代化、人与自然和谐共生的现代化、走和平发展道路的现代化）为例，阐述党的二十大"新的思路"。以"国家安全体系和能力现代化"和"人民当家作主"要有制度保障为例，阐述党的二十大"新的战略"。以"高质量发展"和

"两个毫不动摇"为例阐述党的二十大"新的举措"。他的报道语言严谨、准确，体现了新闻报道的客观性和公正性，增强了报道的权威性和可信度。同时，他还与观众进行互动，引导他们思考未来五年的发展方向和道路，激发了观众的政治参与热情。

从更广泛的角度来看，白岩松的这次出镜报道也体现了媒体在民主政治中的角色和功能。媒体不仅是信息的传播者，更是舆论的引导者和公共议题的设置者。通过白岩松的出镜报道，观众得以更好地了解党的政策主张和未来发展方向，这对于促进政治透明、增强公民参与、推动社会进步具有积极意义。

三 《中国共产党第二十次全国代表大会开幕会特别报道》直播中出镜记者现场报道的拍摄

《中国共产党第二十次全国代表大会开幕会特别报道》直播出镜记者现场报道的拍摄，采用多机拍摄，协调配合，展现了中央广播电视总台在新闻直播领域的专业实力和操作水平（见图10-10）。

图 10-10 《中国共产党第二十次全国代表大会开幕会特别报道》中出镜报道的拍摄场景

（一）出镜地点的精心选择

在此次特别报道中，出镜地点的选择显得尤为重要。由于未能在人民大会堂内设置出镜报道点，白岩松只能在人民大会堂外进行现场出镜报道。经过深思熟虑，直播团队最终选择了人民大会堂东门外的台阶北侧作为出镜地点。这个地点不仅视野开阔，而且与代表主通道有一定的距离，能够有效避免画面杂乱和现场声音嘈杂的问题。

在这里，摄影师运用长焦距镜头进行拍摄，这一选择不仅有利于虚化背景，突出主体，还能够拉近出镜记者与背景中正在进场和退场的代表们的距离。这种拍摄手法为观众带来了强烈的现场感，仿佛身临其境般置身于大会现场。同时，背景中人民大会堂台阶上的两株绿色植物形成了一个自然的视觉框架，引导观众的注意力更加集中于出镜记者身上。

（二）光线效果的科学处理

光线处理在新闻报道中同样占据举足轻重的地位。在此次特别报道中，摄影师对光线的运用达到较好的效果。上午 9：30 左右，直播开始时，阳光从东南方向投射过来。摄影师有意选择了侧逆光方向进行拍摄，这种光线处理方式不仅较好地表现了画面的层次感，还使得白岩松的形象更加立体鲜明。

然而，白岩松出镜的位置比较开阔，周围无遮无拦，这给光线处理带来了一定的挑战。为了避免出现过大的明暗反差，直播团队精心安排了两位助手用一块反光板遮挡住直接投射过来的阳光。这样一来镜头中被摄主体便处在散射光照明中呈现出柔和自然的效果。这种科学的光线处理方式不仅保证了画面的质量还提升了观众的观看体验。

到了中午 12：00 左右，大会休会时已经是正午时分，光线条件发生了显著变化。此时，现场光线基本从正南方向、较高位置投射过来，形成了正逆光的照明效果。面对这种挑战拍摄小组迅速做出调整，用反光板给白岩松进行补光，以缩小现场光线形成的明暗反差。这种灵活应变的能力体现了直播团队在光线处理方面的专业素养和实践水平。

（三）多机拍摄，协调配合

在此次特别报道中多机拍摄与协调配合也展现出了良好的专业性。在拍摄白岩松出镜报道时，人民大会堂东门外至少设置了三个机位参与直播。第一个主机位负责拍摄白岩松的中景画面，确保主体形象的清晰与突出；第二个机位则负责拍摄现场空镜如人民大会堂上方的国徽、摇摄现场代表进场和退场等，为观众提供更加丰富的视觉信息；而第三个机位则是一台摇臂摄像机，负责拍摄大景别运动镜头，主要是人民大会堂的全景画面。这种多机位拍摄的方式不仅增强了画面的动态感和多样性，还使得导演能够根据实际需要灵活切换画面角度和景别，为观众带来更加全面、深入的现场感受。

综上所述，《中国共产党第二十次全国代表大会开幕会特别报道》中的出镜报道是一次成功的新闻传播实践，充分展现了直播团队的新闻专业素养和政治传播能力。这次报道不仅为观众提供了及时、准确的信息，还对促进政治沟通和民主参与发挥了积极作用。这次出镜报道在拍摄方面展现出了良好的专业水平，无论是出镜地点选择、光线处理还是多机位拍摄与协调配合都充分体现了中央广播电视总台在新闻报道领域的卓越实力和精湛技艺。

参考文献

一、著作

1. 朱羽君，雷蔚真．电视采访学．北京：中国人民大学出版社，1999.

2. 宋晓阳．出镜记者现场报道指南．北京：中国广播影视出版社，2008.

3. 孙玉胜．十年：从改变电视的语态开始．北京：生活·读书·新知三联书店，2003.

4. 国家广播电影电视总局，广播影视从业人员资格管理领导小组办公室．播音主持专业理论与实践．北京：北京广播学院出版社，2003.

5. 王诗文．出镜记者．北京：中国广播电视出版社，2009.

6. 高贵武．出镜报道与新闻主持．北京：中国传媒大学出版社，2012.

7. 张鸥．直播幕后．北京：北京师范大学出版社，2013.

8. 赵玉明，王福顺．广播电视辞典．北京：北京广播学院出版社，1999.

9. 中国传媒大学播音主持艺术学院．电视节目播音主持．北京：中国传媒大学出版社，2015.

10. 张超．出镜报道．3版．北京：中国人民大学出版社，2023.

二、论文

1. 高贵武，张紫赟，张瑾．中国电视新闻出镜报道的样态及其演变．新闻记者，2012（2）：79-82.

2. 毕竟．品牌效用与媒体品牌建设．新闻前哨，2009（8）：32-34.

3. 苏叶．出镜记者的外景主持特征：以央视《远方的家》节目为例．东南传播，2012（9）：196-198.

4. 李文静，孔钰钦．出镜记者的信息传递渠道探究：电视新闻出镜记者对信息的非语言传达．电视研究，2014（1）：33-34.

5. 王楠．出镜记者非语言符号的传播技巧．声屏世界，2014（2）：23-25.

6. 陈昕. 出镜记者如何向记者型主持人角色转型. 东南传播, 2010 (10): 138-140.

7. 史加辉. 出镜记者语言规范问题研究. 语言文字应用, 2012 (4): 94-99.

8. 杨文. 从张泉灵的采访风格浅析出镜记者的采访艺术. 视听, 2009 (3): 25-26, 32.

9. 张秀文. 电视新闻记者出镜要点解析. 今传媒, 2014 (6): 135-136.

10. 傅继昌. 浅谈电视节目主持人如何向出镜记者转型. 当代电视, 2013 (9): 89-90.

11. 马咏川. 论提高出镜记者的素养. 新闻爱好者, 2010 (13): 88.

12. 郑连凯. 如何当好出镜记者. 传媒, 2013 (4): 65-67.

13. 林丽娴. 如何发挥出镜记者在突发事件报道中的作用. 新闻传播, 2013 (11): 164-165.

14. 杨牧. 浅析出镜记者在直播报道中的注意事项. 传媒, 2015 (19): 59-61.

15. 王津津. 记者在电视新闻直播连线中的角色定位. 视听纵横, 2015 (3): 86-87.

16. 辛雪莉. 对话理论与谈话节目主持艺术. 视听纵横, 2006 (3): 87-90.

17. 陈智勇, 陈习华. 浅议新闻节目主持风格的发展趋势. 新闻世界, 2009 (8): 57-58.

18. 王跃骧. 探索新闻节目播音主持的发展趋势. 新闻世界, 2014 (4): 76-77.

19. 闫朝. 探析中央电视台新闻播音主持国际化转变. 新闻知识, 2013 (5): 71-72, 14.

20. 芦艳. 也谈电视新闻节目主持的采访艺术. 新闻传播, 2012 (5): 62.

21. 孙燕妮. 在受众意识的影响下新闻节目主持风格的演变. 新闻知识, 2011 (3): 85-86.

22. 於春. 中国电视节目主持三十年发展史略. 现代传播, 2010 (8): 62-64.

23. 张蓓. 新闻主持的"求索"之路: 记上海电视台主持人施琰. 今传媒, 2011 (11): 1-2.

24. 郑甦. 直播中外景主持注意力分配问题的研究: 以《直播台湾》节目为例. 东南传播, 2009 (7): 17-19.

25. 胡智锋, 周云. 当前电视新闻主播队伍的建设: 问题、经验与思考. 现代传播, 2014 (12): 65-70.

26. 甘霖. 新闻主播应具备的基本素质. 科技传播, 2013 (3): 23, 25.

27. 成倍. 新媒体语境下新闻主播思维能力的培养新路径. 湘潭大学学报(哲学社

会科学版），2012（3）：116 - 119.

28. 李峻岭. 移动互联网时代电视主播语言传播范式走向分析. 现代传播，2015（8）：155 - 156.

29. 闫朝. 探析中央电视台新闻播音主持国际化转变. 新闻知识，2013（5）：71 - 72，14.

30. 赵若竹. 新媒体技术时代电视新闻播音主持创作样态的发展. 现代传播，2015（12）：158 - 159.

31. 张丁. 敬一丹电视新闻评论主持语言表达特点：以《焦点访谈》为例. 语言文字应用，2012（3）：67 - 73.

图书在版编目（CIP）数据

出镜报道与新闻主持/刘培著 . -- 2 版 . -- 北京：
中国人民大学出版社，2024.7.（2025.7 重印）--（普通高等学校应用
型教材）. -- ISBN 978-7-300-33168-3

Ⅰ.G222.2

中国国家版本馆 CIP 数据核字第 2024LU5089 号

普通高等学校应用型教材·新闻传播学

出镜报道与新闻主持
第 2 版
刘 培 著
Chujing Baodao yu Xinwen Zhuchi

出版发行	中国人民大学出版社				
社 址	北京中关村大街 31 号		**邮政编码**	100080	
电 话	010 - 62511242（总编室）		010 - 62511770（质管部）		
	010 - 82501766（邮购部）		010 - 62514148（门市部）		
	010 - 62511173（发行公司）		010 - 62515275（盗版举报）		
网 址	http://www.crup.com.cn				
经 销	新华书店				
印 刷	北京密兴印刷有限公司		**版 次**	2019 年 8 月第 1 版	
开 本	787 mm×1092 mm 1/16			2024 年 7 月第 2 版	
印 张	18.75 插页 1		**印 次**	2025 年 7 月第 2 次印刷	
字 数	332 000		**定 价**	49.80 元	

关联课程教材推荐

书号	书名	第一作者	定价（元）	出书时间
978-7-300-31973-5	出镜报道（第3版）	张　超	59.80	2023-08
978-7-300-32053-3	广播电视新闻业务（第2版）	常　昕	59.80	2023-09
978-7-300-31894-3	广播电视概论（第2版）	周小普	69.80	2023-07
978-7-300-32054-0	融媒体新闻报道实务	红　尘	59.80	2023-08
978-7-300-18903-1	电视新闻	于忠广	29.80	2015-01
978-7-300-25925-3	电视采访学（第三版）	雷蔚真	39.80	2018-07
978-7-300-21066-7	节目主持人教程（第二版）	廖声武	45.00	2015-05

配套教学资源支持

尊敬的老师：

　　衷心感谢您选择使用人大版教材！

　　相关的配套教学资源，请到人大出版社网站（www.crup.com.cn）下载，或是随时与我们联系，我们将向您免费提供。

　　欢迎您随时反馈教材使用过程中的疑问、修订建议并提供您个人制作的课件。您的课件一经采用，我们将署名并付费。让我们与教材共成长！

联系人信息：

地址：北京海淀区中关村大街 31 号 206 室　龚洪训 收　　　邮编：100080
电子邮件：gonghx@crup.com.cn　　　电话：010 - 62515637　QQ：6130616

如有相关教材的选题计划，也欢迎您与我们联系，我们将竭诚为您服务！

选题联系人：	电子邮件：	电话：
翟江虹	zhaijh@crup.com.cn	010 - 62515636
周　莹	zhouying@crup.com.cn	010 - 62511612

俯仰天地　心系人文
人大社网站　www.crup.com.cn

专业教师 QQ 群：
723715191（全国新闻教师群 2 群）

欢迎您登录人大社网站浏览，了解图书信息，共享教学资源
期待您加入专业教师 QQ 群，开展学术讨论，交流教学心得